逃走の権利

移民、シティズンシップ、グローバル化

DIRITTO DI FUGA
: MIGRAZIONI, CITTADINANZA, GLOBALIZZAZIONE

サンドロ・メッザードラ
SANDRO MEZZADRA
著
北川眞也
SHINYA KITAGAWA
訳

人文書院

逃走の権利　目次

第I部

第Ⅱ部

凡例

・本書は以下の全訳である。Sandro Mezzadra, *Diritto di fuga: Migrazioni, cittadinanza, globalizzazione*, nuova edizione, OMBRE CORTE, 2006. ただし、著者の了解のもと、一部構成を変更した。詳しくは訳注および訳者解説を参照。

・原注番号は（ ）、訳注番号は〔 〕、訳者による補足は［ ］、イタリックは傍点で表記した。

・引用は既訳を参照しつつ一部変更した。

逃走の権利——移民、シティズンシップ、グローバル化

第Ⅰ部

序論

「俺達はここから出よう／俺達に残された最後の行動は／ここから出ること／なぜなら俺達にだってもっとマシな生活があるはず／何処かにベイビー／俺は知っている」

アニマルズ「朝日のない街」一九六五[1]

一　逃走、政治的カテゴリーとしての逃走には、いつも懐疑的なまなざしが投げかけられてきた。危険にも、それは日和見主義、恐怖、臆病といった言葉に挟まれているがゆえに、社会主義の伝説的叙事詩からも、愛国主義の伝説的叙事詩からも、忌み嫌われた裏切り行為のすぐ近くに位置しているように思われる。スティーヴンソンの『宝島』の海賊たちのような「明日を気にしない」逃亡者にとって、献身や自己犠牲、そして共通の未来を構築すべく現在の苦難を耐え抜く意志などは、うんざりさせるものでしかない。それと同じように、これに続く義務や責任の感覚も、逃亡者にはいっさい無関係なことにすぎない。それでは、なぜ本書は逃走、むしろ力を込めて、逃走の権利と題されるのか？

逃走という記号論的圏域には、脱走という概念が付属していることを思い出せないだろうか。脱走に関する映画（スタンリー・キューブリックの『栄光の彼方』にはじまる）、そして歴史叙述（一九六八年という特異な年に、第一次大戦期の脱走兵と「売国奴」に対するイタリア軍事法廷の判決を集めた有名なコレクションに、エンツォ・フォルチェッラが寄せた序文は「恐怖の弁明」と題されていた[2]が、私たちに脱走の気高さを認識するよう教えてくれた。戦争が継続するこんにち、これは些細なことではない。一九六〇年代のアメリカでの並々ならぬ大衆運動が、ベトナム戦争からの脱走を組織していたのは偶然ではないのだ。またこの運動は、逃走という記号論的圏域と明らかに関係のあるまた別の政治的概念、市民的不服従という概念にも言及していた。それから二〇、三〇年後に、現存する社会主義が終焉へと導かれた。この諸々の出来事の端緒となったのは同じように、東ドイツからの大規模な逃走運動、アルバート・O・ハーシュマン（Hirschman 1970［一九七五＝二〇〇五］e 1993）にならって言えば、退出（exit）運動だったのだ。

しかし、西洋文化において逃走とは、旅行、発見、知への渇望であり、マヤコフスキーによって「日常の陳腐さ」と呼ばれた事柄の拒否でもある。オデュッセウスの原型的体験から、一六世紀から一七世紀に「インドへの欲望」によって魅了された若いイタリアのイエズス会士たち（Roscioni 2001 参照）、旅のなかで自由の夢を追いかけた多くの世代から、映画『テルマ&ルイーズ』の無鉄砲な浮沈過程に至るまでのあいだに、逃亡者という形象は、臆病者のまわりで積み重ねられるそれとはまったく異なった価値を担ってきた。しまいには、こうも言えるだろう。西洋の起源それ自体に、逃走をめぐる力強い神話が存在していることをどうして思い出さずにいられようか？　それは聖書に描かれた脱出である。この脱出は、古いヨーロッパの腐敗を背後に残し、アメリカで新たな世界を樹立する「聖なる実験」（Bonazzi 1970）を助長するという以上に、何世紀にもわたって、解放と革命をめぐる諸過程の隠喩表現に相当していたのである（Walzer 1985［一九八七］参照）。

二　以下のページは、逃走の権利について割かれる。逃走の権利の背後には、上述のすべての事柄に関する何かしらが——またとりわけ、最近のイタリアの批判的思想の内部で考え抜かれてきた脱出というカテゴリーをめぐる一定の読解も[13]——確かに存在する。だが同時に、それほどもったいぶった意味ではなく、ここではもっと一般的な意味においてもそれは理解される。ある具体的な歴史的経験、つまり一九世紀末の東プロイセン諸地方からのドイツ人農民たちの移住、さらには若きマックス・ウェーバーによって提供されたこの現象についての解釈（本書の第一章はその再構築にあてられる）に基づくなら、逃走とは何よりもまず、移住過程の主体的次元を示すものとして理解されることになる。つまり、この主体的次元によって、移住過程に備わる社会運動の性質が浮き彫りにされるのだ。またそれによって、経済学的あるいは人口学的摂理といった「客観的な」諸要因によって自動的に引き起こされる「自然な」類の過程へと、移住のそれが還元されるのを阻止できることになる。こんにちでもなお、このような還元は広く流通しているが、それは「洪水」ないしは移民の「滝」といった隠喩表現のなかに含意されている。ただ、移民が自らの出身国の経済的・社会的・政治的構造によって課された数々の拘束から離脱する動作のなかに——他の人たちが、脱出というカテゴリーについて思考することで成し遂げようとしてきたこととは反対に——政治的行為の新たな様式についての完成されたパラダイムを見出すことは難しい。そこには、せいぜい痕跡を突き止めることができるくらいであろう。それは、移民自身が定住する社会の内部においてさえも、その意味を探求する価値のある痕跡ではあるが。しかしながら、移民たちの匿名の逃亡は、第二章でも説明が試みられるように、プランテーション・システムの専制主義からの離脱行為、さらには工場の専制主義からの離脱行為との連続線上に位置してもいる。資本主義的生産様式の全歴史的軌道を通じて、これら数々の離脱行為というのは、労働の移動性の主体的次元を体現するものなのである（Moulier Boutang 1998）。

逃走の権利というカテゴリーが移民に適用されるなら、それは実質的に二つの役割を果たす。移民をひとつの「文化」、「民族」、「コミュニティ」の「特徴をよく示す代表者」へと還元すること。こんにちでは、このような還元がかなり流布しているが、逃走の権利というカテゴリーは、一方においては、それに逆らい、移民の主役たる人間たちの個体性、還元不可能な特異性を強調する方向へと向かう。「文化」や「コミュニティ」は、移民たちのアイデンティティに関する当然の前提として想定できるものでは些かもない。これらは具体的な社会的・政治的構築物であり、それらが生産され再生産される過程を問いただすことが必要なのである。逃走の権利のカテゴリーは、他方において、移民の具体的な特異性を強く主張することで、かれらの置かれた条件、かれらの経験が有する数々の模範的特徴なるものに光を当てられるようにする。つまり移民という形象は、自由への力強い主体的圧力と、権力の具体的な技法である数々の障壁や境界の働きとのあいだの交差点においてこそ定義されるのだ。別様に言うなら、移民とは、西洋の近代「文明」を支える中心軸のひとつとして讃えられた移動の自由に、構造レヴェルにおいて本来的に備わった矛盾の総体を、それ自身の内部に凝縮した形象なのである。

さらに言えば、本書でなされる分析が、非常にはっきりとした政治的意図によって支えられているのは明らかである。ここでは、移民たちの主体性、それによって運ばれてくる「豊かさ」を構成する諸要素を強調する。それは弱い主体としての移民のイメージ、つまり飢餓と欠乏による痛烈な打撃を受けて、何よりもまずケアと支援を必要とする移民のイメージに異を唱えることを目的とするからだ。近年、とりわけイタリアでは、このようなイメージが大きな広がりをみせてきた。はっきりとしているのは、世俗またカトリックのボランティア団体の内部では、このイメージの周辺で、移民たちとの連帯というこの上なく高尚な経験が積み重ねられてきたことである。これらの経験は、その他の「社会化機関」の危機——福祉国家を筆頭に——によって砂漠となった社会編成の内部に基準点を提供するという意味では、たびたび不可欠な役割を担ってきた。しかし、理論的観点からするなら、このイメージは「パターナリズム」的諸論理を再生産するのに力を貸すものであることが強調されなければならない。つまりこのイメージは、移民たちに主体形成のいかなる機会をも否定することで、かれらを従属的位置へと追いやる言説秩序と実践一式が繰り返されることに手を貸してしまうのだ。異なっているとはいえ、少なくとも隣接する水準においても、これと同様のことが起こっている。それは、「差異への権利」を強調することである。これは政治的かつ社会的左翼の大部分によって共有された「多文化主義」的良識を特徴づけるものだ。しかしながら、それはきまって移民たちを不自然なやり方で表象する（そこにおいて「文化」は結局のところ、「民俗」的要素として利用される）のに好都合な方向へとすすんでしまい、現代社会のなかで移民という形象を規定している地位と問題の複数性を実質的には取り除いてしまう結果となるのである。

すでに述べてきたとはいえ、ともかく、以下のことを念押ししておくのがよいだろう。移民たちの主体性を浮き彫りにすること。それは当然ながら、移住の起源にある「客観的」諸要因を取り去ることと同義ではないと。同じように、移民たちの置かれた条件が、どれほど物質的・象徴的欠乏の諸条件、差し迫る支配と搾取の過程、さらには排除とスティグマ化をめぐる独自の力学によって特徴づけられた（Dal Lago 1999）ものであるかを忘れてしまうというわけでも断じてない。つまり本書の観点は、英語圏の「カルチュラル・スタディーズ」や「ポストコロニアル研究」からの影響をまったく受けていないわけではないにせよ、これらの研究潮流においてきまって無批判に採用される、以下の態度からは確かな距離を保つようにしているわけである。それは、移民をポストモダン的主体の有する根こぎと「異種混淆的」特徴の模範的形象とみなす理論的態度のことである。この主体は、いかなる類の根にも拘束されずに、文化とアイデンティティの境界をノマドのごとく自由に横断できるとされている。言葉を換えるなら、第三章でなされるように、現代の移民によって引き起こされる経験圏域のなかで、「異種混淆」や文化的「脱臼」の諸過程が実際に作動していることが明らかにされるときでもまた、こうした諸過程を生きる人びとに、いかに字義通りの破局的な影響がもたらされているのかを忘れることはないということだ。

三　私たちの時代、グローバル化の時代においては、移民たちの置かれた条件と経験に「典型的な」諸特徴と定義されてきたものが著しく明らかとなっている。あらかじめ、こう断っておくのがよいだろう。本書でグローバル化について考えるメソッドの根底には、グローバル化の過度に単純で直線的なすべてのイメージに対する根本からの警戒心が働いていると。こうしたイメージは、しばしば「ネオリベラリズム」や「単一思考」のような決まり文句への執拗な言及によって広まってきたものである（Mezzadra, Petrillo, a cura di, 2000 参照）。明らかではあるが、これらの決まり文句に確固たる真実の核心が含まれていることを否定するのが問題なのではない。むしろ論点はこうである。分析的観点からするなら、グローバル化の諸過程が、経済と文化、政治と社会、国際関係と戦争形態にいっせいに襲いかかるときに、それらがどれほど激しく不安定で矛盾をはらんだ枠組みを描き出しているのかを強調してみせるほうが、かなり生産的に思われるということだ。全体として考えれば、これらの過程は、越境（Galli 2001, p. 133 参照）、転地（displacement）という共通のコードへと結びつけることが可能だと思われる。それは、地‐政的かつ地‐経済的レヴェルでの境界の堅固な輪郭に異を唱えるだけにとどまるものではない。それは「アイデンティティ」や日常的行為の水準さえをも混乱させる方向へとすすむ。

またこの結果でもあるが、本書で取り入れられるアプローチは、グローバル化の文献に非常に浸透しているもうひとつの立場からも区別されることになる。この立場は、グローバル化の実質、また「現実」さえをも否定してしまう傾向にある。ときに発展を遂げている主要な国民経済を「開放」するときの乗り越え不可能な諸限界に力点を置くことで。ときに世界市場の確立よりもいくつかの大規模な地域ブロックが強化される傾向を重視することで。ときにグローバル化の諸過程に介入する多数の抵抗や妨害を強調することで。もう一度言おう。グローバル化が様々に表現される渦中において、この立場は進行中の力学に内在する数々の現実的要素を把握してはいる。しかし、これらの要素によって、同じひとつの論理のなかでこの惑星が統合されていく趨勢の重要性は些かも否定されない。むしろそれらは、グローバル化によって実際に生み出されている様々な効果が、いかに矛盾を含んだものであり、いかにおよそ直線的なものではないのかを示しているのだ。言葉を換えれば、グローバル化が「全体性」を意味することは断じてあり得ないということである（Altvater, Mahnkopf 1996）。大地を利益のあがる地域、ないしは搾取のなされる地域へと、様々な強度で分割すること。経済の「開放」と「閉止」が共存すること。所得の分配と資源へのアクセスの明らかな不均等。これらのいずれもが、世界規模の富と貧困の生産に万人を参加させつつあるこの過程の全体に矛盾を刻みつける。しかしこの過程によって、歴史上はじめて、「人類」なるものが、単なる理想や規範的観念ではなく、「人間諸個人の実存条件」（Balibar 1997, p. 238）にもなるのである。

こうした矛盾を象徴するのが、境界という形象にほかならない。これについては、第三章で包括的に研究するつもりである。商品と資本の自由な移動に対しては数多の障壁がなぎ倒される一方で、労働の自由な移動に対してはそれを阻むべく、新しくて変わりやすい数々の境界が生まれている。これは現代のグローバル化の目立った特徴であり、それについては頻繁に注意が払われてきた。ここでは、第二章で展開される分析の筋道に立ち、目下のところ、境界において繰り広げられている数々の闘い、正真正銘の闘いの強度を強調するつもりである。闘いという用語は、決して隠喩的に理解されてはならない。

私たちのもっともよく知った例をあげるにとどめるが、「シェンゲン空間」に入ろうとして、毎年命を落としている数千人の人びとを思い起こしてみれば十分である。以下のページで表現される基本的なテーゼは、こうした闘いの強度は、暴力によって定められているというものである。この暴力のために、移民の内側で存続する客観的にはコスモポリタンな自由への要求は、労働の移動に対する制御命令と衝突することになる。この命令は、そのはじまりからずっと資本主義的生産様式の内部で中心的なものであった。しかし、移民たちの移動の特徴となっている予測不可能性、乱流に起因する多数の要素によって、こんにちではまさしくグローバルなスケールにおいて挑戦にさらされているのだ。さらに言えば、この不安定な領域においては、市場、さらには市場によって促進される社会的諸関係の「流動的」で柔軟な特徴への「ネオリベ的」賞賛が、「小さな祖国」のレトリック、また想定された文化の純粋性を防御しようとする姿勢、つまりしばしば公然と外国人嫌いでレイシズム的な姿勢と交わり、特別な困難もなく共存することになる。この文化の純粋性は、「パダニア」[4]から「西洋」まで、可変的なスケールで想定されている（Burgio 2001 もまた参照）。

　この視角において考察するなら、移民は、もうひとつのグローバル化に光を当てることを可能とする。より適切に言うなら、移民は、グローバル化という現在の過程の隠れた系譜を明るみに出す。このテーマについては、特に第四章でゆっくり述べることになる。このグローバル化の過程によって描写されるのが、以下のような特徴をもつ歴史的局面であることが、近年かなり説得力のあるやり方で主張されてきた。つまり、この歴史的局面における資本の支配というのは、二〇世紀のプロレタリア階級と反帝国主義による数々の闘争のリズムを後ろから追いかける必要性に強制されて、その拡大を実現してきたものだということである（Hardt, Negri 2000［二〇〇三］）。そうであるがゆえに、共産主義のインターナショナリズム、数々の反植民地反乱、一九六八年のグローバルな蜂起は、グローバル化の「秘史」の根本にある変転を体現するものにほかならないわけだ。同時に、これらはここ二〇年のあいだにはっきりとその発展をしるしづけてきた資本のヘゲモニーとは根源的に異なる輪郭をした惑星統合の視角を描いてもいる。新しい移民たちの移動というのは、これと同様に、たとえかなり異なった水準であっても、「下からのグローバル化」と呼べるものの力強い実験室に相当している。「下からのグローバル化」、それはシアトルからジェノヴァまでのあいだに形成され、強化されてきたグローバル運動の活動を定義するのに用いられる決まり文句だ。「ジェノヴァの日々」[5]が、二〇〇一年七月一九日の移民たちの大規模デモによって開始されたという事実が、すすむべき方向について最良の目印を与えてくれている。資本主義のグローバル化によってもたらされた挑戦に追いつくためには、運動自らがこの方向へと前進していかなければならないのである（Mezzadra, Raimondi 2001)。

四　移民は、主体性を構成する様々な要素によって刺激を与えられている。これらの要素から、移民について思考すること。これは、シティズンシップというカテゴリーをめぐってなされてきた昨今の論争に由来する、いくつかの助言を実行に移す独自の方法である。近代という時代においては、シティズンシップの制度レヴェルでの変遷は、あくまでもナショナルな空間の内部で展開されてきた。しかし、この思考方法は、この空間の外部においてこそ実行に移されるべきものだ。シティズンシップについての包括的検証は、第三章でも提供するつもりである。ここでは、マーシャルの古典となっている教えに基づいて、シティズンシップのカテゴリーを、その動態的な諸特徴を強調する視角のなかで採用する。すなわち、それはシティズンシップの歴史的・理論的運動の解読に細心の注意を払う視角である。フーコーの仕事を様々に引用するこのテーマについての文献がとりわけ強調してきたように、構造上、シティズンシップに本来的に備わる主体性の管理とその抑制的生産の諸効果を過小評価するわけではない。しかし、たとえそうだとしても、私は一言で言えば、自律的な主体形成と定義しうる様々な政治・社会運動が、シティズンシップを改変するさいに与える決定的影響力を強調するつもりだ。この視角においては、シティズンシップは「客体的」(つまりは制度的また主権的)であると同時に、「主体的」(つまりは運動の、行為の)空間として設定される。政治は、この空間において、歴史的に規定された状況のなかで、全体の不安定な代表＝表象をそのつど見出すのである。

そういうわけで、どのような意味で、移民たちをシティズンシップの法権利の彼方の市民として、滞在許可証のない移民の場合なら、シティズンシップの法権利に抗する市民として論じることができるのかが理解されよう。ここで注意を向けたいのは、当の移民たちによって運ばれてくるシティズンシップの具体的諸要求であり、さらには、かれらがこうした諸要求をかなえようとするさいの行動様式である。急速な成長をみせる国際レヴェルの文献の中心にあるテーマのいくつかを少し思い出してみよう。「ディアスポラ」空間の増殖、現在の「トランスナショナルな」移住の内部で引き起こされる所属の解体、同国人／外国人の二項対立にもはや直線的に結びついたままではない「異種混淆」する人間の増大。これらのいずれもが、シティズンシップの「客体的」輪郭それ自体に重大な影響を与える要素である。たとえば、シティズンシップの国境での縁取りは瓦解しつつあるが、この傾向に対し、これらは乗数的に作用するというわけだ。しかしそれと同時に、西洋社会ではこんにち、移民たちの移動が、以下のような特徴をした筋書きの内部に位置するようになっていることを決して忘れてはいけない。それというのは、労働の果たす基盤的、構成的役割を通じて、社会国家、またそれによって駆動させられた統合諸回路のなかに表現されていた、シティズンシップの所定の様式が危機に瀕していることである(Mezzadra, Ricciardi 1997)。ここにおいては、いま一度、移民労働が模範となるべき価値を担う空間が開かれる。つまり移民労働は、「労働市場」が脱構造化され、様々な権利が剥奪されていく諸過程に焦点を合わせることを可能とするのだ。このような過程は、移民だけに関わることでは断じてない。移民の地位の規定に関して言うなら、これらの力学は、法的観点からみても、シティズンシップの有する普遍主義が破棄されることを是認している。それらは、行政上の諸論理が憲法レヴェルの重要性をもつ諸領域へと入り込む手助けをしているのである。さらに言うなら、これらの力学には、ここで示唆されている事柄を、ヨーロッパの「土着の」住民たちの幅広い階層もまた経験しはじめているという意味も含まれている（Balibar 2001［二〇〇八］参照）。

　しかしながら、この観点においてもまた、たとえ著しく明白かつ劇的であろうとも、言及してきた過程の「否定的な」側面のみを強調するだけに分析をとどめることはできない。たとえば、確かに非常に抽象的な水準ではあるが、移民たちによって強く求められる逃走の権利は、それとは別の様々な「離脱」運動との連続線上に位置している。これらの運動は、一九六〇年代以降に西洋の大都市で広がり、フォード主義と定義されるのが習慣となっている蓄積体制を危機へと追いやることに寄与してきたものだ（Mezzadra 2001 参照）。ここでは、二つの例を挙げるにとどめよう。ひとつは、プロレタリア階級による「工場という刑務所」からの集団的脱出である。これは、大衆化された労働者によって実行された労働の拒否[6]が、長期にわたって高まりをみせたことを象徴するものであった。もうひとつは、福祉政策それ自体の前提として想定されていた家族という型枠からの数多の女性たちの逃走である。この逃走によってこそ、フェミニズム運動の活動は地下水脈のような広がりをみせることになったのだ。それに加えて、もっと包括的にみようとすれば、以下のことに力的を置く必要があろう。つまり、移民たち自身のアイデンティティには、所属に対するあやふやな関係が刻まれているが、それが伝統的な社会参加の諸回路が被っている浸食作用、そしてずいぶん前から代表制の制度と論理を襲ってきた危機のなかに読み取ることのできる離脱、停止、個人的分離といった態度の総体と、いま一度、はっきりとした類似性を見出していることである。以下のテーゼが何らかの根拠を有しているのなら、ここで問題となっているのは、必ずしも「非政治的な」態度だというわけではない。それというのは、今年［二〇〇一年］の七月にジェノヴァに現れた運動によって採用された運動の形態そのものが、このような態度によって、力強く、また確実にしるしづけられていたとするテーゼだ（Dal Lago, Mezzadra 2002）。

五　そういうわけで、ここでたどられてきた移民に関する議論の筋道が、現代における政治の諸形態と深い関わりを有する一連の問いを直に提出していることを十分に理解できよう。排除の場面があからさまに帰還しているのである。それは、滞在許可証のない移民の形象のなかに、もっとも際立ったかたちで象徴的に表出している。これはシティズンシップの拡張という歴史的サイクル全体の終焉を裏づけるように思える。それと同時に、シティズンシップの近代的言説のなかに含意されていた「政治人類学」それ自体もまた危機を迎えている（あるいは、不断の浸食作用を受けている）。それとはつまり、市民としての個人という独自の観念の危機だ。これは、政治思想によって長い歴史的軌道のなかで構築された観念である（Costa 1999 e Santoro 1999 参照）。もちろん、このイメージの通用する範囲を区切ってきた数々の境界――階級・ジェンダー・「人種」の境界――が作動するのをやめたというわけではない。本書の議論にとどまりながらほんの一例を挙げてみれば、現在のトランスナショナルな移住においても、ジェンダーに基づく搾取の諸関係が再生産され、また頻繁にいっそうひどいものとなっているが、このような暴力について考えてみるなら、それはすぐに理解できよう（たとえば Davis 2000, p. 88 参照）。しかしそれでも、一九六〇年代以降に様々な「反システム」運動によって、これらの境界が根底から批判にさらされるようになってからは、境界を「自明のもの」として引き受けることは断じてできない。さらには、資本主義的生産様式の「客観的」発展それ自体が、これらの境界をたえざる緊張状態のなかに位置づけているのである（たとえばBoltanski, Chiapello 1999［二〇一三］参照）。ただし、たとえそうであっても、これらの境界が途方もない残忍さにおいて再び肯定されるための諸条件が定められている。すでに示したように、移民たちはこの「境界の弁証法」の模範的形象だ。それは、一方では、移民たちが境界を越える可能性の物質的な証左となっているという点において、他方では、境界の支配が多岐にわたる仕方で、毎日のように是認されることで被ってきた数々の傷口や裂傷を、移民たちの身体がさらけ出しているという点においてである。

本書の属する理論的‐政治的視角が、「アイデンティティ・ポリティックス」のそれではないことは明らかだろう。ちょうど移民に関して言えば、アイデンティティ・ポリティックスは、とりわけ「多文化主義」の様々な理論のなかに、自らの特権的な活用場所のひとつを見出している。しばしばポストモダン[2]と定義されるこのパラダイムのなかに内含された社会地形学は、実のところ、社会の脱政治化されたイメージのまた別の局面として姿を現す結果となっている。つまり、このイメージのなかでは、個々の特殊なアイデンティティ（「エスニック」、セクシュアルなど）が、ひとつの構造の内部で自らの地位の承認をめぐって交渉を行うわけである。しかしそこでは、この構造の諸前提に対して疑問が投げかけられることがないというのみならず、こうした構造それ自体が検討に付されることもない（Žižek 2000［二〇〇五、二〇〇七］, pp. 208 s.）。そして、このようにして代表＝表象される差異、数々の差異から構成された、多様性に満ちた見本市が開催されることになるのである。しかし、その下方においては、マルクス流の商品と貨幣の「まぼろしのような対象性」、つまりは資本主義社会の真に超越論的なものが再生産されている。ポストコロニアル研究の中心にあるラカン流の用語で言えば、それはいつも予め排除されているのである（特にSpivak 1999［二〇〇三］参照）。

その一方、アイデンティティ・ポリティックスから育まれたコミュニタリアニズムに対して、多くの自由主義者たちによって希求される普遍主義の有徳クラブを対抗させることもできない。自由主義の立場においては、法の中立性が想定されており、それが称賛されている。しかし、政治的なものにその構成上備わる分裂の諸要素を再びクローズアップするには、むしろこの中立性が中断されなければならないのだ（Žižek 2000［二〇〇五、二〇〇七］, pp. 221-228）。政治的なものは、以下のような地点においてこそ、生産的な仕方で再び切り開かれるのではないか。構造化された社会的身体と、「分け前なき者」（Rancière 1995［二〇〇五］）とのあいだに存在する緊張が、主体形成の運動全体によって開示される地点において。構造化された社会的身体のなかでは、あらゆる部分＝分け前がそこに自らの場所を見出すことになる。「分け前なき者」というのは、ただ単純に「排除された者」というわけではない。むしろそれは、社会と政治を根底から支えている本源的暴力の証左、痕跡なのである。この意味でこそ、たとえ「人権」の好戦的レトリックに敵対し、普遍主義のいかなる「単純な」再提案からは距離をとるとしても、ここで提出したテーゼにしたがうなら、政治についての批判的思考を、普遍的なものをめぐる思想領域のなかに位置づけることができるのだ。ただし、普遍的なものに内在する構成上の両義性が強調されなくてはならない（Balibar 1997, p. 233）。図式的に言えば、すでに構成されたひとそろいの内容として普遍的なものが姿を現すということはない。ある仕事のなかで、ディペシュ・チャクラバルティ[7]（Chakrabarty 2000）によって提出された用語を用いるなら、それはむしろ空っぽの形式として、プレースホルダ（place holder）として姿を現す。第四章で展開される多くの主張は、チャクラバルティのこの仕事から引き出されることになろう。

したがって、重要なのはいわば、普遍的なものの抽象的で空っぽの形式の背後に、それを支配する（階級という）特殊な内容を探し当てようとするイデオロギー批判の古典的身振りを反転させること、そしてこの抽象的形式そのもののなかに、それを「占拠」するべく存続する数々の闘争の痕跡を発見することにこそある。さらに言うなら、近代的なものの遺産を、意識して選択的かつパルチザン的に解読するさいに、平等自由（égaliberté）、つまり自由と決して区別することのできない平等という命題を採用することも重要だ。平等自由は、普遍的なものの概念を蜂起という観念と結びつけ、容認できない事柄に対して反乱するというこの観念の字義通りの意味を取り戻す運動の動力なのである（Balibar 1997, p. 246）。普遍的なものは、このように、平等と自由の名のもとで、支配に対してなされる集団的反乱と同時に生起する。またそれゆえに、反乱の結末が普遍的なものによってあらかじめ定められることは断じてない。移民を現代の申し分なき「分け前なき者」として参照するとすれば、このような誤解を生んでしまう可能性もあろう。それを避けるべく、結論的な物言いをしよう。こうした反乱がそこにおいて表現される主体形成運動は、すでに十全に構成された主体性の運動とはまったく別物なのであると。すなわち、主体形成運動は、以下の事柄によってこそ真の政治的意味を獲得する。全体とみなされた社会の内部で、この主体形成運動そのものが生み出す総体的な効果によって。この運動が刺激を与え、相互に関係を形成しあえるさらなる主体形成過程によって。つまるところ、はっきりと言うなら、移民たちのなかに新しい架空の革命的主体を見出すというのは、本書の精神からは極めてほど遠い位置にあるということだ。その一方で、本書の精神にかなり近いのは、グローバル資本主義を批判するあらゆる運動は、自らの重要な主役たちのなかに、移民たちを加えずにいられないという確信にほかならない。

第一章と第三章の旧版は、『アウト・アウト（aut aut）』誌上で公表された。前者は、二七五号・一九九六年九－一〇月、後者は、二九八号・二〇〇〇年七－八月である。

本書を実現してくれた人びとのなかでも、とりわけ、ジェノヴァ開放都市アソシエーション（Associazione città aperta di Genova）と、ジェノヴァ大学教育学部で、アレッサンドロ・ダルラーゴによってコーディネートされていた、政治・社会理論の常設セミナーに参加してくれた人たちに感謝したい。それから、ここ二年は、ピエル・チェーザリ・ボーリとラッファエッラ・ゲラルディによってコーディネートされた、ボローニャ大学政治・制度・歴史研究科のセミナーでも、本書で提出されるテーゼのいくつかを議論することができた。このセミナーへの参加者、とりわけ、ラッファエッラ・バリトノ、ティツィアーナ・ボナッツィ、ルーバ・サリーのことを思い出すが、彼女たちはいくつもの正確な指摘を寄せてくれた。

しかし、他にも多くの人たちが、ここに濃縮されている考察と探求に寄与してくれた。特に、ジョヴァンナ・ベッティーニ、サンドロ・キニョーラ、ヘルムート・ディートリッヒ、カルロ・ガッリ、フェルッチョ・ガンビーノ、ラウラ・ランツィッロ、ヤン・ムーリエ＝ブータン、アゴスティーノ・ペトリッロ、マリオ・ピッチニーニ、エミーリオ・クアドレッリ、フェデリーコ・ラオーラ、マウリツィオ・リッチャルディ、フェデリーカ・ソッシ、パオロ・ヴィルノに感謝したい。

ここ数年のあいだに、私は二人の友人を失った。かれらは、それぞれ異なったやり方で、私の知的労働の「スタイル」を形成する上での一助となった。レナート・レヴレーロは、ご馳走とラム酒への愛以上に、研究への情熱、現状への批判をもくろむある種の態度を、私と共有してきた。若きウェーバー、一八九〇年代の東プロイセン諸地方における移民の移動について、私が研究を開始して以来の数々の議論を、簡単に忘れることはできない。ルチャーノ・フェッラーリ＝ブラーヴォは、私にとって、もうはるか昔であるが、研究方法の最良の実例のひとつを示してくれていた。それ以降、私はここからヒントを得ようとしてきたのだ。

レナートとルチャーノの思い出に、本書は捧げられる。

原注

（1） Castellano 1996, Virno 1994 e De Carolis 1994 参照。異なってはいるが、ともかく強い関心を引くのは、Mazzi 2001 によって提出されている読解である。

（2） とにかく「ポストモダン」に関するこうしたイメージを、国際レヴェルの議論にこのカテゴリーを導入した著者であるJ・F・リオタールに結びつけるのは困難であると思われる。リオタールの思想が内包する数多くの側面を検討するには、以下の文献に集められた論考を参照。Sossi (a cura di) 1999.

訳注

〔1〕 The Animals, We gotta get out of this place, 1965.

〔2〕 エンツォ・フォルチェッラ（Enzo Forcella）、イタリアのジャーナリスト・評論家、一九二一－一九九九。序文「恐怖の弁明（Apologia della paura）」が掲載されている著書は『死刑囚射撃隊——第一次大戦の裁判』(Forcella, E., Monticone, A., *Plotone di esecuzione: I processi della Prima guerra mondiale*, Laterza, Roma-Bari, 1968)。長らく誰にも語られず、歴史叙述からもれていた軍事法廷について、はじめて取り組んだと言われる作品。フォルチェッラは軍隊からの脱走を、政治的異議として賞賛するのではなく、ただ死が恐いと告白した人びと、それを恥じない人びとを賞賛した。

〔3〕 「脱出（esodo）」とは、イタリアの思想家パオロ・ヴィルノによるなら、革命のように、国家権力の奪取、政治的意思決定の独占をねらうのではなく、国家からの大衆の離脱、いわば非国家的な公共圏の確立へと向かう集団的な政治的活動である。この活動の基盤に位置するのが、一般的知性（general intellect、第六章訳注14（二三五－二三六頁）参照）である。脱出は、一般的知性に含まれた知やコミュニケーションの過剰性に自律的な表現を与えることで、それらが国家の行政管理装置へと移転されることを防ぎ、資本主義的諸関係を転覆する行為と位置づけられている。

〔4〕 「パダニア（Padania）」とは、一九九〇年代以降、イタリア南部・国家・EU域外移民を敵視し、北部の自治ないしは分離を要求してきた、北部同盟（Lega Nord）という右翼政党によって、北部一帯に名づけられた名

称である。

〔5〕 二〇〇一年七月二〇日から二二日にかけて、ジェノヴァでG8が開催された。この時期に、G8に反対するおよそ三〇万の人びと、七〇〇以上の集団がジェノヴァに集まった。ジェノヴァの経験は、特に一九九〇年代を通して、政治的代表回路の外部でつくり上げられたイタリアのラディカルで自律的な知と運動の協働を体現すると同時に、一九九九年一二月のシアトルでのWTO閣僚会議への異議においてその姿を現していた「グローバル運動」を構成し強化するものであった。警察による若者一人の銃殺、治安維持部隊による激しい暴力、運動と警察の激しい衝突もあった。

〔6〕 労働の拒否（rifiuto del lavoro）とは、一九六〇年代、一九七〇年代に、イタリアのオペライズモ（operaismo、新版へのはしがき訳注8（一五〇－一五一頁）参照）と呼ばれた議会外の左翼運動のなかで頻繁に用いられた用語。それは、当時の労働者に広がっていた反生産志向の社会的振る舞いを指す。ズル休みや無断欠勤といった個人的行為にはじまり、ゆっくり働くこと、できるだけ休憩すること、さらにはサボタージュ、ストライキ、商品や工場設備の破壊、工場での集団的・組織的行為にまで及んだ。労働の拒否は、資本主義のリストラクチャリングに対する労働者たちの強固な抵抗を構成していた。さらに、マリオ・トロンティらオペライズモの知識人によって、労働の拒否（いわば労働者の側の創造的行為や集団的闘争）は、資本主義の発展それ自体を資本に先行して規定する行為として、理論的・政治的に位置づけられた。以下を参照。フランコ・ベラルディ（ビフォ）、『ノー・フューチャー――イタリア・アウトノミア運動史』（廣瀬純、北川眞也訳、洛北出版、二〇一〇）。

〔7〕 ディペシュ・チャクラバルティ（Dipesh Chakrabarty）、歴史学、サバルタン研究・ポストコロニアル研究、シカゴ大学。インド・ベンガル出身。代表的著作に、本書でメッザードラが頻繁に言及する *Provincializing Europe: Postcolonial Thought and Historical Difference*［『ヨーロッパを地方化する――ポストコロニアルな思考と歴史的差異』］（Princeton University Press, Princeton, 2000）（新版は二〇〇七年）、*Rethinking Working Class History: Bengal 1890-1940*［『労働者階級史を再考する――ベンガル一八九〇－一九四〇』］（Princeton University Press, Princeton, 1989）。

第一章　若きマックス・ウェーバー、ドイツ人移民たちの逃走の権利、ポーランド人たちの胃

「この汽車……自由の鐘が鳴っているのが聞こえないかい」
ブルース・スプリングスティーン「希望と夢の地」一九九九[1]

極めて珍しい鳥たち

夏の六ヶ月のあいだ、私たちの村落、道を通るなら、誰であろうと次のことを気にせずにはいられないでしょう。それは、一定規模の土地の価値を見積もる数人の土地持ち農民とかれらの妻を除けば、およそ老いぼれた老人か子どもにしか出会わないということです。より大きな農園にある季節労働者たちのためにしつらえられた建物に向かったとしても、多くの住居は空っぽです。かつてはそこに人びとが隙間なく住んでいたというのに。空っぽではないとしても、そこでも部分的ないしは完全に衰弱した老人、寡婦、独身女性、さらには何らかの理由から永遠に地主の援助に身をゆだねることになってしまった人びと（身体障がい者、精神薄弱者、癲癇病患者、これらの者たちと同種の人びと）に出

くわすのみです。仕事に利用可能なごく普通の働き手、あるいはたくましい労働者は、今では年の盛りにやってくる、極めて珍しい鳥になってしまいました（cit. in Saul 1983, pp. 129 s.）。

一八九一年一〇月、保守系の新聞紙『十字新聞（Kreuzzeitung）』に宛てた書簡のなかで、ある地主はこのように東プロイセンの農村について記述していた。さらに言うと、このような黙示論的時評は、保守系機関紙の紙面上でしか読めなかったというわけではない。「労働者不足（Arbeiternot）」、農村の砂漠化、「田舎の人口減少」、都市と西方の工業地区によって「吸収される」大量の人びとの農業からの逃亡を不安に思う叫び声。これらはむしろ、一八八〇年代末から大戦の勃発までのあいだの、プロイセンの政治的・経済的・社会的発展のなかで途絶えることなく流れていた伴奏にほかならない。叫び声の勢いは、工業が大きな飛躍を遂げる局面にはより増していき、工業の拡大リズムが遅くなるたびに減ぜられた。このような叫び声が、農業利害を代表する数々の組織の内部でなされた議論の記録文書、周辺地域の行政事務所の報告書、内閣議事録を埋め尽くしている。それは、国会議事堂にもたびたび達していて、プロイセン議会の討論を速記した報告書の内容を方向づけている。

私たちの旅は、近代の移民によって提示される問題系を横断する。上述の遠く離れた国境地帯から旅をはじめることにしよう。そこにおいて、私たちはひとりの若き研究者に出会うことになる。彼は少し前に法学の勉強を終了し、ちょうど東プロイセン諸地方の農業労働者たちの置かれた条件についての仕事を行いながら、社会学の「古典学者」へと向かう行程の下地を据えているところであった。[1]「社会政策学会（Verein für Sozialpolitik）」の依頼でなされたマックス・ウェーバーの数々の研究のなかで、移民は少なくとも二つの観点からみて必要不可欠な役割を果たしている。実のところ、若きウェーバーの仕事についての批評的文献は今や充実しているのだが、かなり奇妙なことに、この点については立ち止まっていないのだ。[2] さて一方では、「労働者不足」について考えることは、多くのドイツ人農民たちに当該の土地を捨てさせ、西方へと移住するように仕向けた諸々の動機について問うということであった。他方では、この労働力不足によって引き起こされた諸問題を解決するために、プロイセン政府はユンカー（Junker）（東方諸地方の貴族階級を形成していた大地主。そのときにはもう「近代的な」農業経営者に変わっていた）による圧力を受け、一八八七年に閉鎖された国境を部分的とはいえ、再び開放するよう命じていた。一八八五年に、相当な数のポーランド人と東方ユダヤ人が、ドイツから追放されて以後、国境は閉じられていたのである（Neubach 1967 参照）。国境を再び開放した結果、非プロイセンのシティズンシップをもつポーランド人季節労働者の大掛かりな流入が追随することとなった。この非プロイセンのシティズンシップという定義は、それほどおおげさであるとは思えない。なぜなら、いま話しているプロイセン諸地方のかなりの部分は、ポーランド王国に属していた地域——一八世紀と一九世紀のあいだのその「解体」まで——から成り立っていたからである。したがってその地域の住民のなかには、プロイセンのシティズンシップを保有している数多くのポーランド人たちがいたわけである。まさにこうした理由のために、とりわけドイツの統一、そして一八七一年のドイツ第二帝国の成立に続いて、これらの地域を「ゲルマン化」するという問題が、プロイセン・エスタブリッシュメントの関心の中心に位置するようになった（Hagen 1980 e Blanke 1981 参照）。一八九〇年代には、ナショナリスティックな世論の中心的構成員によって、ガリツィア（オーストリア＝ハンガリー帝国の支配下にあった）といわゆるポーランド立憲王国（ロシアの支配下にあった）からのポーランド人移民たちの流入のなかに、ドイツの国益に対する「脅威」が見出されていた。まさしくこのような観点からこそ、マックス・ウェーバーは、ナショナリストたちの論争的レトリックの明確な特徴づけに大きく寄与するべく、ポーランド人移民たちの移動を分析するのであった。

その上、一八九〇年代は、様々な面で、ドイツ史における決定的な転換期でもある（たとえばEley 1991 e Ullmann 1995, pp. 95-37参照）[2]。一八八八年の皇帝ヴィルヘルム一世の死、その二年後のビスマルクの辞任は、「建国者たち」の英雄的時代の終焉を示す象徴的な出来事だ。この時代の国家統一の達成と産業革命の完全なる始動によって、ドイツの様相は変貌した。この二年のあいだ、一八八九年には、ゲルゼンキルヒェンとヴァルデンブルクの鉱山地区の労働者大衆のストライキが、ある幻想を完全に葬り去る役回りを引き受けた。それというのは、反社会主義的抑圧に社会保険を節合するならば、ここ数十年のあいだに「社会問題」や「労働問題」という題目の下で学術的・政治的議論の中心に位置した諸問題の全体を解決できる――少なくとも帳消しにはできる――という幻想だ。続く十年には、新たな大衆勢力――社会民主主義と数々の労働組合、さらには農業者同盟と艦隊協会（Flottenverein）のような組織の攻撃的でナショナリスティックなポピュリズム――が力を増してきたことで、政治的枠組みは完全に再定義された。他方では、社会的衝突、つまり一八九六年から九七年のハンブルクの港湾労働者と船乗りたちの大規模ストライキにもっとも苛烈かつ劇的な瞬間を見出した社会的衝突が、徐々に激化するという文脈のなかで、大規模な独占と大カルテルの形成過程がそのはじまりを告げていた。それは政治と経済の関係を著しく複雑化し、国家とその行政機関に、統合と管理運営をめぐる新たな諸問題を投げかけることで、企業の伝統的な均衡状態を根底から変更するものであった。だが、「生活様式」の観点からみてもまた、一九世紀末は日常のなかに「モダニティ」が決定的に急襲する事態を告げたときでもあった。それは、増大する空間的移動性と「伝統的」諸価値の趨勢としての風化というかたち、さらには真の「文化的な」次元として「大都市（Großstadt）」の存在が有力になるというかたちで告げられた。「大都市」は、新しい時代に顕著な数々の特徴を、それ自体において要約するものだと思われていた（Matzerath 1985, 241-246）。

ウェーバーの研究委託者である「社会政策学会」も、新たな状況のなかで自らの役割を再定義しようとしていた[3]。「社会政策学会」は、いわゆるマンチェスター学派の自由主義者たちに採用された自由貿易主義の立場を認めない経済学者集団のイニシアチブで、一八七二年に設立された。この「学会」は、ドイツ科学の制度レヴェルにおける主要な具体化のひとつであり、新帝国の発展のために基礎的、構成的な役割を果たそうとするもくろみと極めて密接な関係にある社会勢力であった（Schiera 1987 参照）。ビスマルクの失墜と実現されることのなかった国会の反社会主義法の書き換え、新宰相レオ・フォン・カプリヴィの期待を抱かせる力強さとヴィルヘルム二世による社会政策における「新航路」の公表。これらのいっさいが、政府の政策に対して学術的に介入し、直接に影響を与えることのできる類のない可能性を引き起こしているように思われた。つまり、これらのことは、この学会を真の「君主の集団的助言者」に変貌させるという見込みを現実化するものだったのだ（Pollak 1986）。「学会」の執行部は一八九〇年九月に、三つの重要研究――一つ目は、帝国の農業労働者たちの置かれた条件についての研究で、ウェーバーが協力するよう求められることになる研究である。二つ目は、より発展している国々の通商政策についての研究。三つ目は、大洋を横断する出移民についての研究である――を計画準備することを決定したが、これらの研究は、まさにこのような意味において、第二帝国の将来にとって、第二帝国の「アイデンティティ」そのものにとって中心的なものと予告されていたある問題に介入することを目的としていた。それというのは、農業を発展させる諸条件、そしてその見込みのことである。ブルジョア階級、あるいは貴族階級が、帝国の均衡において決定的な社会勢力であることが定められているとするなら、工業と農業のあいだに、ドイツにおいてはいかなる独自の均衡が実現されなければならないのか。数々の激しい社会的・政治的・「イデオロギー的」コンフリクトが展開されるようになっていた状況下においては、実際、それはなおも開かれたままの問いであった。

自由の魔力

「人工的に妨害することのできない……生来の運動」。一八九二年にフォン・フィリッポヴィッチ（von Philippovich 1892, p. IX）は、学会によって敷衍された論題の研究結果を概括した書物の導入をこのようにはじめることで、新世界へと向かうドイツ人移民の定義を行っている。それと同時に、彼は次のような信念を表明していた。このような「生来の運動」は、来たるべき年月においてその強度を損なわれぬまま維持されると定められており、特に北東地域におけるドイツの社会的シナリオに自ずと刻印を残し続けるものである、と（*ivi*, p. XXV）。しかしながら、ちょうど一八九〇年代の前半に、この趨勢は反転しはじめることになる。つまり、商品の輸出が徐々に労働力の輸出をはるかに上回る重要性を獲得するようになり、すぐさまドイツは、外国から労働力を輸入するよう強いられたのである。エルベ川の東に位置するプロイセン諸地方からの移民たちの移動が、とどまりをみせることは微塵もなかった。かれらはもはやアメリカ合衆国ではなく、ドイツ西部へと、まずはルールの炭田・製鉄地帯へと向かいはじめていた。毎年、数万に及ぶ人びとが、シレジア、あるいはポズナンから工業地帯の目的地へと向かう列車に乗り込んでいた。ラインラントとヴェストファーレンの目的地では、容赦なしに、かれら全体の九〇パーセントの到着が待たれていた。結果的に、ドイツのプロレタリア階級の構成は、これらの過程の総体によって全面的に再定義されることとなった。歴史的‐社会的観点からすれば、これらの過程によって、ひとつの鋭い切れ目が刻印されたと言える。つまり、この瞬間までドイツにおいては些かも知られてはいなかった諸問題、「同化」と統合をめぐる諸問題が引き起こされたのだ（Bade 1980, pp. 275–280 e Herbert 1986, pp. 15 ss. 参照）。

すでに述べたように、移民の力学への関心は、農業問題に関するウェーバーの文章のなかにはいつも存在している。まず印象深いのは、そのすばらしい明晰さである。この明晰さを用いて、彼はこの過程の単なる量的次元で（工業のより高い賃金によって行使される引力という明らかな力で）立ち止まるのではなく、ドイツ人移民たちの諸々の主体的な動機づけを、自身の分析の中心に据える。これらに基づくなら、ドイツ人移民たちの移動は、社会運動としての姿を完全にみせることとなる。それは、こんにちでもいまだ栄華を誇示する移民の「水力学的」読解（それは移民を「客観的」諸要因の働きへの単なる「自動」反応に還元してしまう）には切り縮めることができないものだ。さらに言えば、私たちはここにおいて、続く年月に――『プロテスタンティズムの倫理と資本主義の精神』以降――、「生活態度」というウェーバー流のカテゴリーのまわりで深められることになる数々の問題系がはじめて予告されていることに気づく。それは、次の文章を読むときだ。

> 農業労働者はパンのみにて生きるにあらず。当人の物質的利害にしたがってのみ、その生存を維持するわけではない。経済的‐物質的観点から言えば、かなりの部分は幻想にしたがって、いやそれよりも私たちからすると、その心理的基礎が部分的に問題を抱えており、純粋に経済的な考察には不可解でもある諸契機にしたがって、農業労働者は生存を維持しているのである（MWG I/4, p. 102）。

確かに、それは「幻想」である。しかし、物質的に作用している。それは、社会的諸関係の均衡全体を分解させる上で、決定的な諸力のひとつとまでなる――まさしく移民たちがそれを証明しているように――ものだ。この均衡は、国内の経済的、「客観的」諸要因によって明らかにすでに危機にみまわれていた。しかし、これらの諸要因に豪然と結びつき、危機を倍加させる装置として機能するものがある。それは、裁判権の変更を求める要求[3]（Gambino 1996）――それは書かれた法の意味のみならず、「風俗習慣」の意味においてもだ、たとえ前者が、プロイセンにおいては田舎と都市を、多くの面で差異化し続けていたとしても――であり、なおも田舎において効力を有していた家父長制の集団的拒否だ。この拒否は、土地所有者の専制権力からの逃亡、離脱という選択へと翻訳されるものである。「実のところ、一方の都市の内外において制約のない生を提供、予告するものと、他方の故郷の家父長制的諸関係とのあいだには、いかなる類似性も、いかなる和解の可能性も存在しない」（MWG I/4, p. 134）。都市のなか、工業のなかの生が、「制約のない」ものでは微塵もないことを、移民たちは自らの肌の上にすぐさま発見することになろう。しかしいずれにせよ、「『自由』という強力で純粋に心理的な魔力」（MWG I/3, p. 920［二〇〇三：一七三］）が、田舎から労働力を奪い続けていた。この魔力によってこそ、移住過程が「隠れたストライキ」として形づくられるのだ。空間的移動性が、雇用主によって大いに非難されていたが、それは「階級闘争へと向かう動員の最初のはじまり」（MWG I/4, pp. 448 e 457）となるからである。この「最初のはじまり」がもっぱら問題であった。それは逆説的なことに、土地所有者たちの決意によって確証されている。土地所有者たちは――たとえ労働力不足をたえず嘆き、自由な移動を制限する方策を嘆願していたとしても――、都市で失業中の農村出身の労働者たちを再雇用するのをいつも拒否していた。それは、労働の規律に対してかれらが反感を抱いていること、そしてかれらが政治化していることを恐れていたからなのだ（Saul 1983, pp. 175 ss. e 192 ss. 参照）。

家父長制的諸関係の長い影は、徐々に異なったかたちをとりながら、マックス・ウェーバーの仕事全体へと伸びていく。特にそれは、彼の仕事のとりわけ政治的な展開を深く条件づけることになる。悲劇的な調子をいっそう背負い込んでいくような態度で、ウェーバーは家父長制的諸関係に、近代的個人主義を対抗させようとしていた。近代的個人主義の中核はここでまず、ドイツ人移民たちの振る舞いの「心理的」型枠として発見されている。そのため、ウェーバーの文章は、それへの深い共感が現れ出るのを何とかして抑制するものとなっている。「学会」用の一八九二年の記念碑的な研究報告書の結論において、ウェーバーは、記述してきた数々の激しい変容の内側にある「労働者たちの主体的な態度」に関して、その結果を総括的に要約している。そこで彼は、「非常に個人主義的な傾向」について論じており、それをこう手短に述べる。「いかなる代償を払っても、故郷のないプロレタリアートになってでも、家父長制的な家計－経営共同体から解放されたいというのが、労働者のなかのまさしく最も有能な分子が抱いている、最も際立った志向なのである」（MWG I/3, p. 919［二〇〇三：一七二］）。とどのつまり、これこそがプロレタリアという条件へと向かう主体的選択、つまり大衆のプロレタリア的個人主義であり、自由の「幻想」の背後に——多かれ少なかれ自覚的に——具体化しているものなのだ。「自由」は、田舎の「伝統的な」社会的諸関係の解体を引き起こす一助ともなり、「心理的」観点からみても、それらに消滅を迫りもする。執拗に繰り返せば、これこそがウェーバーの研究の最初の結果である。ここで、以下のことを確認しておくのが有益であろう。それは、この研究結果が、本書の中心に位置する逃走の権利というカテゴリーを、萌芽レヴェルにおいて定式化しているということだ。

敵の社会

さて、ウェーバーの研究実験室にもっと直に入り込んでみよう。東プロイセンの農業の状態、そしてその発展の見込みを理解するべく、労働者たちの「心理的欲求」にまで割り込んでいる数々のおびただしい変化を中心に据えることで、方法論の水準に重大な影響がもたらされることとなる。さらにはそれによって、ウェーバーは、「学会」の調査計画に対して社会民主主義勢力から向けられていた批判を、部分的に埋めあわせる方向へとすすむことになる。ドイツの他地域についての研究報告書の作成に取り組む研究者とは逆に、ウェーバーは手元にある資料の抱える必然的な「偏り」によって示されている問題を真剣に受け止めた（MWG I/3, pp. 62-64［二〇〇三：一一－一五］）。つまり、「学会」の秘書官フーゴー・ティールによって用意されたアンケートの質問事項が、土地所有者たちにのみ送付されており、それゆえに、ウェーバーにとっては決定的であるはずの労働者たちの観点に関する直接の情報が欠けていると考えられたのである。こうして、ウェーバーは、アンケートの質問項目への解答を、かなりの冷徹な慎重さで用いることになる。問題のもっぱら「統計学」レヴェルの不十分さについては相当に関心がもたれ、検討もされていた文脈において、彼はこの慎重さのおかげで、計算不可能な諸契機の決定的重要性を考慮に入れるのだ。これらの計算不可能な諸契機を等閑視することは、この仕事全体の科学的信憑性を危険にさらすという犠牲を払うことでしかない（MWG I/3, pp. 93 e 920; MWG I/4, pp. 77 s. e 102 s.）。また「学会」用の報告書の作成をはじめると同時に、ウェーバーは、エルベ川東部の東プロイセン諸地方における農業労働者たちの置かれた諸条件についてのさらなる研究計画に協力した。それは、「福音社会会議」の活動の枠組みにおいて実施される予定のものであった。技術的困難と資金不足のために、たとえ労働者たちに直に質問するのは断念したとしても、ウェーバーは偏った経済的利害によってあまり傷つけられていない情報を得るには、この協会によって維持されていた田舎のプロテスタントの牧師たちとの関係網が役に立ちうると考えていたのである（MWG I/4, pp. 209–219）。

さて、一八九二年の研究報告書の冒頭のページから、「方法論的」批判は、より包括的な命題についての考察と交差するかたちで提出されている。それは「農業利害」という表現のイデオロギー的負荷への注意のなかに要約される。大土地所有者たちのレトリックとプロパガンダは、この表現に集中していた。ウェーバーが書くように、もしこの表現で理解されるのが、「雇用主の利害」のみではないとすれば、実際には以下のことを認めなければならない。このような利害が「決して［農業］従事者すべてにとって同一方向にあるのではなく、しばしば著しい利害対立を内包しているのだということを」（MWG I/3, p. 65［二〇〇三：一五］）。最終的な分析では、ウェーバーの研究全体がこの問題に集中する。要するに、田舎の雇用主と労働者とのあいだで、何はともあれ一定の「利害共同体」について語ることがなおも可能なのかどうかという問題だ。この問題は、報告書において、ウェーバーによって予告された方法論的考察のもうひとつの重要な局面である。これに取り組むためには、「大量現象」という性格を帯びており、本質的に、住民の全般的な社会的編成替えの強い圧力に基づいている」いくつかの変移というものを――分析される諸地域の個々の区域を差異化する特殊事情のまとまりのない積み重ねのなかで――選び出す必要がある。それに比べると、言及されている特殊事情というのは、ただ「促進するかもしくは阻止する契機」という二次的な役割を果たしうるだけなのだ。したがって問題は、ただ単純に状況のできるだけ余す所のない一枚の写真を提供することではない。むしろ、「農業労働者の状態の典型的で、至るところで反復されている特徴」を抽出することにこそある。それは「認識しうる発展傾向」(MWG I/3, pp. 62 e 64 [二〇〇三:一二、一四])を、こうした特徴に基づいて組み立てられるようにするためである。

傾向という概念に置かれたこの中心性こそが、方法論的領域において主張されたものであり、「社会政策学会」の名で編集された農業問題についての他の研究報告書においては欠如している遠近法的次元を、ウェーバーの文章に付与する要素だ(Dibble 1968 e Tribe 1989 参照)。ウェーバーが実施された経験的なデータ収集の相対的価値を評価するために、過去数十年のあいだになされた数々の研究を、確かな参照地点として採用するとしても、彼の関心が特に向かうところが、未来のために、そこから引き出すことのできる様々な兆候にあることは明らかである。また、ウェーバーが仕事を行うさいの基本的概念(「大量現象」、「典型的特徴」、「傾向」)が、当時の統計学によってかなり再利用されているというのもやはり事実である(Riesebrodt 1985, p. 557)。しかし、一八九二年の研究から最終的に浮かび上がってくるものは、異様な発展のイメージである。特に経済学の分野で、「発展段階」論をめぐってますます激しい分裂を記録していた同時代の議論と比べるなら、それはまったくもって異様である。発展段階論は、ロードベルトゥスによって、ビュッヒャーによって（さらには老エンゲルスによって）、それぞれ異なった流儀で定式化されていた。ここで問題となっているのは、いま私たちが取り組んでいるウェーバーの文章が作成された時代をはるかに越えたところで、ウェーバーの仕事を条件づけるよう定められている問いなのだ。

三圃式経営と休閑地と家畜の夏季放牧地との消滅、商業作物栽培の結果としての穀物生産の相対的意義の低下、とりわけ甜菜栽培の普及が、労働制度の変質をもたらした。これらの影響に較べると地域的な原因に由来する影響は完全に背後に退いてしまう（MWG I/3, p. 62［二〇〇三：一一］）。

ウェーバーの分析は、労働制度（Arbeitsverfassung）へと集中する。しかしながら、これまで採用されてきた「労働の構成（costituzione del lavoro）」というこの用語の文字通りの翻訳にだまされてはいけない。つまり実のところ、たとえ労働諸関係を法的に規格化することが、不可欠な契機としてこの制度の一部を占めているとしても、この制度は些かもそこで使い果たされてしまうようなものではない。むしろこの概念は、ウェーバーによって完全に広義に解釈されている。それは――繰り返すと、労働諸関係の法的統制を越えて――労働の技術的組織化（それに対応する働き手の構成）、その技術的組織化を可能とし必要ともする経済的諸規定、さらには労働者と雇用主のあいだにある支配的諸関係の広い意味での「社会的」次元――またそれゆえに、先ほど強く主張された当の「主体的な」構成要素――が収斂する中間領域を明示することを目的としているからである。

ウェーバーは、元来の法についての関心から、経済的・社会的現実についてのより広範に及ぶ考察へと徐々に移動していく。むしろ「労働制度」という概念を考慮に入れてこそ、この「進行する」ウェーバーの関心の移動を把握できる。シュタインとハルデンベルクの改革――一八〇七年の勅令で「隷属身分制」を廃止し、ちょうどウェーバーの生きる時代に「農民解放」と定義されはじめていた過程を始動させた――以後の東エルベのプロイセン諸地方において、支配的な労働制度の形態を記述するため、実のところウェーバーは、法的制度、いわゆるインスト関係（Instverhältnis）から仕事をはじめている。農奴の地位が解体されて以降、たとえ有力になっているとしても、インスト関係はまだ、賃労働の近代的関係を形成してはいない。つまり、実際にはそれは「労働者個人との労働契約ではなくて、労働者家族との契約なのである」。家長、つまりインストマン（Instmann）は、地主――通常は貴族、一八七二年まで公式に警察権と裁判権の機能も行使していたユンカー――の個人的意向に完全に服従を強いられ、農場で自らの家族にも労働をさせることに専念していた。その代わりに、インストマンは、地主の農場のなかの住居、菜園、一定数の動物用の放牧地の利用許可、特には打穀と製粉の分け前を普通は与えられていた。現金給は、全体的にみれば、インストロイテ（Instleute［インストマンと同義］）の「家計」においては周辺的な位置を占めるものであった。それは主として播種期と収穫期に与えられていた。[4]

したがって、ウェーバーは、典型的に「家父長制的」である関係について論じているわけである。それはいわば、専制的な関係にほかならないものだ。なぜなら、それは「インストマンの人格に対する支配関係を、すべての労働契約の場合のように単に事実上（de facto）のみならず、法的（de jure）にも基礎づけており、しかもそれは行政法的にも私法的にもそうであったからである」。こうして、インストマンは「領主の能力と恣意」に完全に従属させられる。しかし同時に、その関係は共同体的なものでもある。それは、「領主」と領民たちの双方を土地へと根づかせ、ひとつの運命――収穫の質、作物の価格変動に対する同一の関心によってしるしづけられた――のなかに結びつけていたという点において

だ (MWG I/3, pp. 79 s. [二〇〇三：三三])。こうして、徐々に「経済的」機能と「政治的」機能の見分けがつかなくなっていき、それがウェーバーによって分析の出発点として採用された、貴族の農地内部で有効であった諸関係の全体組織を、数多の点でオイコス・モデルへと接近させる。このモデルは『経済と社会』のなかで、さらに次のように定義される。それは、「究極の主導的動機が資本主義的貨幣増殖ではなく、領主の入用に対する組織化された実物充足にあるような、王侯、荘園領主、貴族の権威的に指導された大家計のことである」(Weber 1922, vol. I, p. 83［一九七五：五九三］)。オイコスを——それが有する数々の専制的特徴にもかかわらず——「共同体」、「有機体」とするのは、まさしくこの「入用」に基づいた組織化にほかならない。

今のところ、ウェーバーが主張するように、このモデルが一九世紀半ばにおける東プロイセン諸地方の典型的な「労働制度」に、実際に対応しているかどうかはたいして重要ではない[5]。実際、ウェーバーが以下のように書くことで、研究によって答えを与えられねばならない根本的な問いを要約するとき、現実には彼がその解体について記述するつもりであることはすでに明らかである。「以上の関係［インスト関係］に表われた雇用主‐被用者間の利害共同体が将来にも存続するかどうか、従って全農業労働者階級のなかでこの範疇の労働者の持つ相対的意義が増大しつつあるのか減少しつつあるのか」(MWG I/3, pp. 81 s.［二〇〇三：三五］)。これこそが決定的な局面なのだ。この解体の原因については、一方では「利害共同体」のまさしく家父長制的特徴から逃亡するドイツ人移民たちの主体的振る舞いに帰せられよう。だが他方では、純粋に経済的な諸要因がそこには含まれるだろう。外国の穀物輸出業者との競争圧力を受けて、ユンカーたちは、土地の集約的耕作へと移行するために、耕作の伝統的な輪番(「三圃式経営」)を放棄するよう強いられていた。そして、インストロイテ、さらには家父長制に服従する他種の労働者たちが、そこから自らの食物を得ていた土地は、甜菜によって徐々に浸食されていく。

二〇世紀の初頭に、ドイツは世界一の甜菜生産国へと成長するようになる。しかし、とりわけ甜菜は——はじまったばかりの機械化と組みあわさって——、伝統的な職務を廃れさせてしまうものでもある。それは労働力不足のなかに基本的な季節ごとの差異を導入し、冬よりも夏に、より莫大な労働力不足をもたらす（MWG I/3, pp. 902 s.［二〇〇三：一五八、一六四］）。ユンカーたち——そしてかれらのすぐ脇にいる「ブルジョア階級」。かれらは田舎に引っ越しせずとも、権力をますます手にするようになっている——は、「その階級にふさわしい食料」（性質上、ここでの「階級」は経済的概念ではなく「政治的」概念である。MWG I/4, p. 487）を、自身が最優先すべき動機づけとなった利潤へと取り替えていくことになる。その一方で、農業労働力の構成もまた根源的に変容していく。要するに、一方では、土地所有者の「家庭経済」に何らかのかたちで結びついていた労働者の相対的意義が減少していくわけである。そして他方では、仕事を行う地域には居住せずに、新たな作物の有する季節のリズムにしたがって移動する人びとからなる「自由な」労働者たちの影響力が増していくのだ。この労働者のなかには、移民たちも含まれている（MWG I/4, pp. 374-378）。

シレジアについてウェーバーが書くことは、現実には——傾向としては——東プロイセン諸地方の全体にあてはまる。「この州では農業労働制度は廃墟に似ている。家父長制的な組織は資本家的組織へと転化した」（MWG I/3, p. 735［二〇〇三：一一六］）。資本主義は、中世の商業社会やローマの農業史についてのウェーバーの先行する仕事のなかに、問題を含んだ地平としてすでに存在してはいる。しかしたとえそうだとしても、この研究が進展するただなかにおいて、資本主義はここでこそその文字通りの意味で発見される。それは当初から、マルクスとニーチェの影響をあからさまに示す特色を帯びて提出されている。つまり、ウェーバーの仕事全体が、この二人の著者によって与えられた標識のなかに組み込まれているのだ。(6) 資本主義とは何よりもまず、転覆的な力、虚無的な力である。別様に言えば、それは雇用主と労働者を正面切って対立させることで、すべての「利害共同体」を破壊するのである。地主とかれらに雇われた働き手たちとのあいだにある「共感のきずな」のいかなる残滓もが壊滅させられてしまうわけだが、それは特には、農業労働の報酬が提供される主要な形態として、貨幣賃金が課される（たいていは手間賃の形態で）ようになるからだ。それどころか、もしその客観性＝対象性のなかにウェーバーによって実施された研究の全体から浮かび上がる特色があるとすれば、それは農業労働者たちがますます進展する「プロレタリア化」の過程を経験しているということにほかならない。すなわち、「確かな成長を遂げるなかで、物質的利害に関するかれらの全体的観点、さらに言えばかれらの社会的人相学は、産業労働者たちのなかに、一般的には近代プロレタリア階級のなかに見出すのが常となっているそれへと接近しているのである」(MWG I/4, pp. 324 s. e 327)。

　ウェーバーのまなざしは、この転覆的かつ虚無的な力の広がりによって、社会的結びつきの諸形態のなかに開かれた空白に引きずり込まれるかのようだ。だがそれは吸い込まれる一方で、不安に誘われてもいる。なぜなら、実際このような「発展」が「驚異的であるのは、それが現存するものを破壊しながら、しかもそれに取って代わるものをもたらさないからである」(MWG I/3, p. 915［二〇〇三：一六八］)。家父長制世界を特徴づけた人格的諸関係の有する倫理の具体性（また『経済と社会』のくだりを思い出そう。そこでウェーバーはただ「人間と人間との純人格的な関係は、どのような形のものであれ――完全な奴隷的関係をも含めて――いずれも倫理的に規制することが可能である」と書きとどめている。Weber 1922, vol. II, p. 268［一九七六：二七六］）は、「純粋に「営利主義的」」で、客観的＝対象的な「型の諸関係」に道を譲ることになる。その全体を貫くコードは、「所有による支配、いかなる所有をも奪われた人びとに対してなされる、階級としての所有による支配」だ。

個々の経営者は、ある程度「代替可能なもの」となり、なおさら単なる階級の一形態となる。人格的責任のある関係は消え去り、非人格的な何がしかがその場所の後を継ぐ。それは通常、資本の支配と呼ばれる。

この過程がもたらす「心理的」余波は恐ろしいものだ。ウェーバーはこう書いている。「領主」とかれに従属する労働者たちのあいだの古い人格的諸関係は、感情的調子の程度にしたがって変化できるものであった。それは「共感」にはじまり、もっとも暴力的な場合には「個人的憎悪」にまで及んだ。めったになかったが、農民は地主に対して「個人的に仕返しを行う」ことさえできた――かれを殺害することで。しかしながら、計り知れない何かが資本主義の発展には伴っている。それというのはつまり、支配の諸関係が非人格化するという点で、「まったく当然に、個人的憎悪の場所に、「客観的＝対象的憎悪」……階級に対する階級の憎悪という現象が入り込むようになる」(MWG I/4, pp. 327 s.) ということである。

転覆的かつ虚無的、その上、資本主義は客観的＝対象的力なのだ。これは、『プロテスタンティズムの倫理と資本主義の精神』と、『宗教社会学』の論考にある「中間考察」のような、正当にもよく知られたウェーバーのテクストの中心に置かれる問題である。また同時に、それは「人間類型」についての「ニーチェ流」の問いがそこにおいて重要な意味をもつ理論空間を設定するものでもある。ヴィルヘルム・ヘニスのテーゼによれば、これはウェーバーが絶え間なく取り組むことになる問いである。しかし、私たちの目的にとってより注目すべき重要なことは以下のことである。それは、ウェーバーの分析においては、資本主義の「客観性＝対象性」が、資本主義がそれに基づいて確立される分裂、起源の分離という構造的特徴と同じ場所において生じていることだ。地主と労働者とをひとつの「利害共同体」に結びつけていた「有機的」拘束が断ち切られること、かれらを文字通り単一の土地にしっかりと固定していた根が引き抜かれることによって、社会的諸関係は今や、外在性と敵意という要素を出発点として構造化されるようになるのである。この要素は、いつも開かれた闘争へと翻訳される地点に位置している。たとえ専制的なものであっても、家父長制世界を特徴づけていた親密な「倫理性」が消え失せることで、あらゆる権力関係が——また賃金の存在自体が、ウェーバーにとっては、東プロイセンの田舎においては「純然な力関係の問題」である（MWG I/3, p. 913〔二〇〇三：一六六〕）——、音のしない抽象的な客観性＝対象性のなかで現れることになる。またいかなる関係も潜在的には、正当性が空白であるために中断させられるのである。ウェーバーはここにおいて、一方の互いの階級によって育まれる「客観的＝対象的憎悪」の「心理的」基盤と、他方の「敵の民衆に対する国民的憎悪」の「心理的」基盤とのあいだに、非常に意味のある対比を取り入れる。

歴史上の敵が、人格としてではなく、その国民の所属構成員である限りにおいて闘われていくように、経営者はおのれの階級の所属構成員である限りにおいて闘われるようになる。この階級がなすことに対し、かれに道徳的に責任があると考えられるという理由で、闘われるわけではない（MWG I/4, p. 330）。

異なってつくられた胃

実のところ、ウェーバーの文章においては、田舎の伝統的な労働制度が粉砕されるさまに関する正確な記述には、国家間の隠れた戦争のイメージがたえず重なっている。この戦争は、プロイセン北東部において闘われることになる。労働者と雇用主の「利害共同体」は、貨幣賃金が徐々にヒエラルキー化されていくことで、そして労働の季節分化がいっそう目立つようになることで破壊される。それによって、ドイツ人のインストロイテの持ち場を、「ポーランド人放浪者集団」(MWG I/4, p. 323) が引き継ぐための条件がつくり出されるのだ。すでに先の年月に甜菜が導入されることによって、農業では部門間の移動性が増大していた。つまり、甜菜はとりわけ、ザクセン渡り (Sachsengängerei) という現象、つまりザクセンや他の地域へと向かうドイツ人日雇い労働者たちの季節移住という現象を引き起こしていた。これらの地域では、甜菜栽培によって土地が徐々に取得されていたのである。この点に関してもまた、ウェーバーは現象の起源にある主体的動機づけを明らかにすることを怠りはしない。つまり、ザクセン渡りという選択は、いつも基本的に、安定した仕事がもたらす拘束に対する不満によって、またしばしば非常につらいことではあるが、出身地から遠く離れた土地での一定期間の仕事への意識的選択によって引き起こされている。それは「冬期にしばらくのあいだ働かない」で、積み重ねてきた少ない蓄えで暮らしたいという望みのうちで動機づけられているのだ。しかしながら、これらの蓄えは、ただ労働者自身の生活水準全体を犠牲にしてのみ実現できる。だからこの場合、「この移動は文化水準を押し下げる危険をはらんでいるのである」(MWG I/3, p. 361 [二〇〇三:八二])。

文化水準 (Kulturniveau) とは、ウェーバーの研究において戦略的重要性をもつ用語である。それがまず示すものは、読み書き能力のレヴェルではなく、労働者たちの栄養摂取状況に存する。「社会関係に内在する無意識的な目的論のせいで、労働制度の資本主義的な改造が、労働者の高い生活水準の当然の敵」となるのは、基本的にはこの点においてだ。土地を所有しない農民たちのあらゆる独立経営が破壊されることで、かれらの食養生には徐々に困窮化 (肉が馬鈴薯に取り替えられることで) が引き起こされてきた。これは申し分なく「ポーランド人放浪者」に好都合なことであった。それは、かれらの「少ない食事需要」のためである。逆説的なことに、これこそが、労働市場に開かれた激しい競争に、より準備を整えたかたちで、ポーランド人放浪者たちが立ち向かうことを可能とするのだ（MWG I/3, p. 914［二〇〇三：一六六－一六七］）。こうして非プロイセンのシティズンシップをもつポーランド人たち（Preußengänger）が、ザクセン渡りを凌いでいくようになる。このポーランド人たちは、大地主ユンカーのもとで仕事を見つけるべく、なおのこと帝国の東部国境を越えていくようになる。ウェーバーは自らの立場を、以下のように要約している。「はっきりと自分の見解を表明するならば、異なった肉体組織、異なってつくられた胃をもつ二つの国民＝民族を、労働者として同一の地域で競争させるのは不可能である」。エルベ川東部のプロイセン諸地方で闘われる「生存への闘争」においては、「より優れた文化」は敗北するよりほかにはない。ドイツ人農業労働者たちにとって残された選択は、外国人労働者と同じ水準に身を置くことで「文化的階段を下ること」か、移住することである（MWG I/4, pp. 182 s., c.n.）。農業問題に関するどの発言においても、ウェーバーはこの基本的テーゼを繰り返すこととなる。その調子は徐々により刺々しくなっていく。「ポーランド的要素が向上していくこと。それは国民＝民族にとってみれば、労働能力と大衆のエネルギー、そして特には軍事的勇敢さを著しく喪失することと結びついている」（MWG I/4, p. 143）。はっきり言えば、これこそが、ウェーバーの分析とその実践への諸提案が計画されるときの最重要地点となるものだ。ウェーバーはいつも、完全にただ国家理性の観点からのみ、「農業労働者問題」について考察していることをはっきりさせようと執着していたが、それを考慮するならば、このように言えるわけである（MWG I/4, p. 183）。

事実、大戦までのプロイセンの移民政策は、「国家理性」（先ほど言及したように、プロイセン東部の「ゲルマン化」をめぐる諸問題を通して）と、大地主であるユンカーたちの経済的利害という両極のあいだの緊張の場において形づくられていた（Bade 1980b, 1984, 特に pp. 110-130 e 2000, pp. 222-231 参照）。この状況を例示するのが、一八九一年一一月一一日の命令だ。すでに述べたように、これによって新たなリーダーのカプリヴィは、東部国境を部分的に再度開放することで、ユンカーからの圧力に歩み寄りをみせたのであった。実のところ、そこには労働力予備軍を東部の大農業経営に確保することを目指しながらも、労働力を運んでくる人たちのプロイセン諸地方での統合や「同化」を不可能とする一連の条項が含まれていた（Nichtweiss 1959, p. 43 e Forberg 1990, pp. 111 s. 参照）。外国のシティズンシップをもつポーランド人季節労働者たちは、結婚してはいけなかった（女性にとって、妊娠は即時追放を命令するための十分な理由をなすものであった[7]）し、冬期にはプロイセンの領土から立ち退く義務があった。それは、いわゆる「待機期間（Karenzzeit）」というものであり、一一月二〇日から二月一日まで続いた。これは文字通り、かれらが「そこで根をはる」ことをできないようにするためだった。

この問題の系列が、プロイセンの政策をどれほど左右したのだろうか。それについてのイメージを得るには、次のことを思い出せば十分であろう。それはこの命令の準備作業のあいだも、それ以後の年月においても——「外国人の侵略（Überfremdung）」や「ドイツ的要素の後退」という危険に抗するゲルマン化政策の支持者たちのプロパガンダが強化されるや否や——、プロイセンの関係閣僚たちのあいだで、中国から労働力を輸入するという仮説が真剣に考慮されたことだ（Nichtweiss 1959, pp. 38 s. e 63 さらに Roller 1993, pp. 79-81 参照）。ウェーバー自身、これらの計画について肯定的に言及している。彼の意見によると、これらの計画は、東部国境の再度の開放に比べたら、「文化的観点からみた場合」、ただ限りなく小さな脅威に相当するのみなのである。なぜなら、中国人たちは「同化」を考えられないものにするほど、プロイセンのシティズンシップを有するポーランド人農民たちの文化水準（Kulturniveau）からは隔たっているからである（MWG I/4, p. 183）。ただ技術的困難によってのみ、とりわけ冬期に中国人季節労働者たちの祖国への帰還を準備するのが不可能なこと、またそれは結果的に地主にとって費用の増大を伴うといったことによって、これらの計画は留保を強いられたのである[8]。

「ポーランド人問題」は、第一次大戦の開戦まで、ドイツ、特にプロイセンにおいて、外国人労働者の移住に関する議論をリードするものであった。以下のことを忘れてはいけないだろう。それは、一八八〇年代半ばのポーランド人の追放以降、反ポーランド人感情、つまりドイツの反ユダヤ主義の広がりといっそう結合するようになったこの感情が、一九一三年の血統主義（jus sanguinis）に硬く縛りつけられた国籍法の制定へと国家を導いた過程の根本的理由のひとつを構成していることだ。血統主義は、実質的に二〇世紀の末まで効力を有したままとなる（Bade 2000, p. 216）。いずれにせよ、「ナショナルな均質性」を懸念することで、労働市場をひどくエスニック化された二重構造としてこしらえ、さらには強化することを目指した政策が促進される結果となったわけである。つまるところ、この労働市場のより低いレヴェルに位置する、権利のない外国人から基本的に構成された農業・産業予備軍の存在というのは、第二帝国の全期間にわたって、国内の移住、きびきびとした発展のリズム、そして工業と農業のあいだの均衡の変化によって駆り立てられた数々の緊張を相殺する必要不可欠な要素として機能するものだったのだ（Bade 1990b, pp. 228 s. e 297 s. 参照）。

非プロイセンのシティズンシップをもつポーランド人季節労働者たちは、いわばこの労働市場の二重構造化の生きたしるしであった。かれらのおかげで、大農業経営者たるユンカーは、高度な生産性を維持することができたのである。だが、とりわけこれらポーランド人季節労働者たちは、時代を経るにつれて厳しさを増していく正真正銘の特別法レジームに服従させられ、労働市場の二重構造化のもたらすもっともつらい結末を被った。外国人の移民たちは、自らの生活条件をよりよいものにしようとしていた。それゆえに、はじめにかれらを雇った地主とは異なった地主からのより好都合な仕事の申し出を受諾することもあったし、西部工業地帯での求職活動を禁止していた命令（一八九一年の命令によって規定されていた）を数多のやり方で欺いてもいた。それによって、移民たちによる契約の破棄が広がりをみせていたのである。そしてこの広がりを阻止するために、一九〇七年に「法令遵守義務」が導入された。プロイセンでのポーランド人季節労働者用の「滞在許可証」は、雇用主の名のもとで準公的機関（プロイセン農業労働者センター（Preußische Feldarbeiterzentrale））によって交付されていた――雇用主はこれらの機関の仲介を通して直に国境において採用を実施していたし、思うままに雇用条件を決定することができた。契約の破棄、つまり「逃走の権利」の実践的要求に対しては、即時追放による制裁措置が採られていた。結果的に、非プロイセンのシティズンシップをもつポーランド人たちからすれば、「自由な移動」など架空の夢のままであった。大地主への全面的な人格的従属。実際、この条件は公式にも認可されるところとなったのである（Nichtweiss 1959, pp. 138-143, Bade 1984, pp. 120-130, Herbert 1986, pp. 34-40 e Sassen 1996, pp. 62 s. 参照）。

ウェーバーは、ポーランド人移民たちについては、その選択の主体的動機を自問することはない。彼にはもっぱらドイツ国民＝民族の敵だと思われた人びとの「文化水準」の劣等性を激しく非難するだけにとどめられている。ここには、何らかのことがほのめかされている（Morawska 1989 参照）。そこにおいてウェーバーは、社会ダーウィニズムに多くを負い、時にあからさまにレイシズム的な色調を帯びた修辞学的様式をたっぷりと用いているのだ。「この二つの民族は心理上・肉体上の人種的資質の点でそれぞれちがっているために、経済的・社会的なさまざまの生活条件に対して、ちがった適応力をもっているのだと。この考えは間違っていません。実際そのことが先の差別の……原因なのです」（Weber 1895, p. 8［二〇〇三：一三-一四］）。その一方で、ここで問題となっているのは、この時代のドイツの――もちろんドイツだけではない――政治文化にかなり流布していた立論でもあった。左翼自由主義者の代議士メラー（一八八六年一月一五日に議会でなされた演説で、プロイセン政府によって決定された数々の追放を厳しく批判した）のように、外国人労働力の利用を擁護していた人もまた、より進歩した地元民にはあまり尊厳があるとはみなされない仕事をする上で、「より無教養で、文化的に遅れている民族の構成員」を利用できることで得られる経済的利点を強調していたのである（Roller 1993, pp. 82 s. 参照）。しかし、明らかにウェーバーこそが、エルベ川東部の諸地方における農業問題について、伝統的な武器とは異なったそれで格闘しあう国民＝民族間の戦いというイメージに、体系的かつ科学的な形態を与えようとした最初の人物だ。それを行うべく、彼はあるテーゼを提出していた。それは、ポーランド人たちのより優れた「文化的」適応性――と欲求の少ない胃――によって、かれらには競争において不可欠な優位性が与えられていたために、ポーランド人たちは、ドイツ性（Deutschtum）を西方へと「追い返す」ことができたとするテーゼだ（特に MWG I/4, pp. 176 s. 参照）。

このテーゼは、転地理論（Verdrängungstheorie）という名でよく知られたものとなり、ナショナリスティックな団体によってプロパガンダの手段として利用された。また、ドイツでなされた移民たちの移動についてのさらなる研究においても、長々と再び持ち出された（たとえば Knoke 1911, pp. 59-86 参照）。確かにこのテーゼは、全体としてより安く（より少ない間接的責務を負うだけでよいからでもある）、そして必然的により「従順」でもある外国人労働者を雇用したいと欲する地主たちの意向のなかに、うわべだけの裏づけを見出していた。しかしながら、ポーランド人季節労働者たちの流入のなかに、ドイツ人農民たちが田舎から逃亡する要因を指摘することは、移民たちの移動、そして農業の構造的変容について、ウェーバー自身によって展開された分析の豊かさをないがしろにすることに相当している（Kransnodebski 1995, pp. 368-371 参照）。だからこそ、このテーゼは、とりわけ若き日のウェーバーのそれのように、国民＝民族という価値への信仰によって完全に支配された政治思考の内部において、その正当性を見出せていたのである。[9] もし一九世紀から二〇世紀にかけてのドイツの国家統一が強化される過程を、ポーランド人移民たちの観点から眺めるならば、さらに、もしベネディクト・アンダーソン

（Anderson 1991〔一九九七＝二〇〇七〕）の有名なテーゼが言うところの、この過程と同時に生じてきた国民を想像するという仕事、ウェーバーの若き頃の文章もまたその一部を担う国民を想像するという仕事を、ポーランド人移民たちの観点から眺めるならば、アルジュン・アパデュライの言い回しをはっきりと確認する結果となるだろう。「想像の共同体は政治的牢獄にもなるわけだ」（Appadurai 1996, p. 51〔二〇〇四：六八〕）。

原注

（1）本章によって主にとりあげられる一連の文章は、ウェーバーの仕事の校訂版において再び出版されたものである。本文で用いられている略号（MWG I/3 と MWG I/4）は、この版を参照している（参考文献参照）。正確に言えば、MWG I/3 は「学会」の依頼に基づいてウェーバーによって作成された研究報告書を参照するものであり、MWG I/4 は一八九二年から一八九九年までのウェーバーの文章と講演の選集を参照するものである。

（2）このテーマの文献に関する総合的論評については、Mezzadra 2000, pp. 284 s. 参照。

（3）「学会」の歴史については、Lindenlaub 1967, Roversi 1984 e De Feo 1992 参照。

（4）インスト関係（Instverhältnis）については、MWG I/3, pp. 71-82（引用は p. 71）〔二〇〇三：二三－三五（引用は二三頁）〕参照。最良の要約は、Marra 1995, pp. 79-81 である。

（5）東ドイツの歴史編纂学は、農業の資本主義的発展へと向かう「プロイセンの道のり」について第一級の研究を生み出してきたが、東プロイセンの田舎においては一八四〇年代に資本主義的生産関係が十分に認められているとして、実際よりも時期を前倒しする傾向がある。Harnisch 1983 参照。この文献ではともかくインスト関係の崩壊についてのウェーバーの分析が、肯定的に引用されている（*ivi*, p. 142）。

（6）農業問題について論じられた一八九〇年代の文章のなかで、ウェーバーは資本主義の概念を用いて仕事を行っているわけであるが、この概念に対するマルクスの直接的な影響が――なかでも――以下の文献によって強調されている。Riesebrodt 1985, p. 553. 一八九一年から一八九五年の時期については、W・ヘニス（Hennis 1987［一九九一］, pp. 197–199 e 210 s.）によって、ウェーバーの仕事のなかの最初の「ニーチェの痕跡」が突き止められている。

（7）ここでは、以下のすばらしい仕事を参照せよ。Roller 1993, pp. 79–81. ポーランド人季節労働者たちの半分以上は女性で成り立っていたことに留意せよ。女性の時間給は、男性の受け取るそれよりも、かなり低いものであった（Perkins 1981 参照）。

（8）最大の成功を収めたのは、ガリツィアからのルテニア人季節労働者たちの雇用を促進するプロイセン官僚の試みであった。注意深い調査を行ってから、ルテニア人が選ばれたのである。なぜなら——一九〇三年にプロイセンの農務省によって、作成を要請された報告書に記載されているように——ルテニア人とポーランド人のあいだには、「水と火のあいだの隔たりよりも深くて、克服不可能な大きな隔たりが存在している」からである。こうして、ポーランド人に対する「闘争と追放（Zurückdrängung）の適切な手段」としてルテニア人は——ここでは内務省の資料を引用すれば——如実に「動物学」に起源をもつモデルにしたがって、きちんと役目を果たしてくれたというわけである（Bade 1984, pp. 117–120 参照）。

（9）この点について深めるには、以下を参照。Mezzadra 1996, pp. 38–42.

訳注

〔1〕B. Springsteen, Land of hope and dreams（1999）.

〔2〕参照頁の表記は、メッザードラの原著がこのようになっている。引用文献は入手できなかった。

〔3〕当時の東プロイセンでは、裁判権は、インストマンが経済的・家父長制的に従属する領主によって保有・行使されていた。

第二章　はじまりはさらし絞首台だった
――移民、労働の移動性、資本主義史

「良心など、気にするな。おれたちのように、飢えと牢屋の恐れがある奴は、地獄の恐れなど知らないし、知ってはならないのだ」[1]
マキァヴェッリ『フィレンツェ史』（一五三二）

第一章でなされた分析のいくつかの要素について考察しておくのが有益であろう。最初にまず、ウェーバーの立場をとりあげよう。東プロイセン諸地方の農業労働者たちの置かれた条件に関する、彼の若かりし頃の文章のなかに、確かに私たちは、移民たちの移動についての極めて明瞭な分析を見出している。この移動の主人公は、ドイツ人の農民たちである。何よりも驚くべきこと、移民研究に対するその革新的価値が強調されなければならないこととして、移民たちの主体的な動機づけに与えられた注意力、この現象の規模に対する注意力を挙げることができる。つまりそれは、この現象に社会運動としての輪郭を与えることを可能とするものだ。これは「シカゴ学派」の研究者たちによる移民についての基礎的諸研究が公表された一九二〇年代以降になってようやく、社会科学が決定的な重要性をもつとみなしは

じめる側面なのである。その一方で、これらの研究は、『ヨーロッパとアメリカにおけるポーランド人農民』（1918-1920［一九八三］）に関するW・I・トーマスとF・ズナニエツキのすばらしい研究によって、有意義なかたちで開始されたとはいえ、いずれにせよ、以下のような特徴を有していたことは注目に値する。それというのは、計画レヴェルの「進歩主義的」しるしにもかかわらず、いやある意味ではそれが理由となって、「受け入れ社会」の観点を一方的に採用するという特徴、さらには移民たちのアメリカ社会への統合過程において、かれらのエスニックまた文化的「出自」の問題を中心に据えるという特徴である（Eve 2001 参照）。ウェーバーの研究は、それが展開された文脈のために、こうした懸念事項からは解放されている。彼の研究は、移民たちの移動の起源に、拒否という個人的身振りを発見するものとして提出されている。この振る舞いは、東プロイセン諸地方において支配的な家父長制組織からの離脱、逃亡の要求であり、大量化されたものとして姿を見せるという点において、ひとつの社会的過程へと生成するのである。

すでに考察したように、ガリツィアとロシアからやってくるポーランド人季節労働者たちの移動に対して、ウェーバーによって採用された視角は、これとは完全に異なっている。今しがた言及したアメリカの事例にとどまるなら、このウェーバーの立場は、シカゴの社会学者たちによって採用された立場というより、ここでは次のような立場を先取りしているのだと思われる。それは、第一次大戦に先立つ時期にアメリカで広まった、外国人を嫌う移民排斥主義の高まりを支持した政治家・オピニオンメーカー・知識人の混成集団によって採用された立場だ。この排斥主義の高まりは、その社会的構成と地理的出身地を理由とした、新規の移民たちの移動に対する反動として広まったものであった。これは、アメリカで政治・労働組合のラディカリズムが大きく高揚した季節のなかで、新たな移民たちによって果たされた中心的役割を思い出させる出来事である。このラディカリズムは、二〇世紀初頭のアメリカでは、何よりも世界産業労働者組合（ＩＷＷ）の経験でその頂点を迎えた。同時代のドイツでの支配的条件とは、確かに非常に異なった条件ではあるが、アメリカにおいても、新たな移民たちの存在は、多くの人びとによって国家の統一性に対する脅威として告発されていたのである。またこの議論のなかに、以下の内容を見出すのは困難なことではない。それは、ウェーバーが「外国人の侵入」（Überfremdung）の危険に取り憑かれたドイツのナショナリスティックな世論に準備した論拠と類似のそれが、そこにおいて展開されていたことである（Rauty 1999 参照）。

ドイツ人移民たちによって要求され、実行された移動性の称賛と対立するのは、ポーランド人移民たちによる同様の移動性の要求と実践である。私たちには、本章で確かなものとしたい以下の仮説がある。すでに分析した著作のなかで、ウェーバーの移民に対する判断は、二つの極の周辺で揺れ動いていた。私たちの仮説は、この二つの極というのが、近代資本主義の発展に構造的に植えつけられた歴史的力学を構成しているというものだ。それと同時に、一九世紀と二〇世紀のあいだにドイツまたプロイセンの移民政策がねらっていた目的――従順で安価な労働力の利用可能性を保証すると同時に、ドイツ諸地域へのその労働力の運び手たる人びとの定住はできる限り困難なものにする――が、不安に取り憑かれた状態にあるこんにちの諸特徴を、どれほど備えたものであるかを明らかにするのも適切なことだろう。それを理解するには、移民たちの滞在を制限する「滞在契約[2]」の導入をめぐって、イタリアで最近繰り広げられた議論を思い起こしてみれば十分ではないだろうか。それは、たいていは季節的で、いずれにしても不安定な雇用関係の期間、方式にしたがっているのだ。

歴史なき人びと

移民に関する歴史叙述は、近年、非常に活気に満ちた季節を迎えてきた。それによって、すでに堅固なものとして確立されていた数々の方法論、数々の信念に対して疑問が投げかけられてきた[1]。一例として、一九九六年のサスキア・サッセンの仕事をとりあげてみよう。このオランダの社会学者は、このテーマを扱った一連の古典的仕事を再び見出すことで、ヨーロッパの「もうひとつの歴史」、「歴史叙述によって支配文化へと伝え続けられてきた基礎的知識の影で展開された歴史」(Sassen 1996, p. 9) を再構築しようと力を傾けてきた。サッセンはこう書いている。「ヨーロッパ史の本影には、国外に追放され、根こぎにされ、放浪している人びとの大群が存在している。それは、外国の土地、かれらにはいかなる「所属」も認めることのない国々で生きる人びとだ」(*ivi*, p. 18)。彼女の仕事の主な目的のひとつは、ヨーロッパを大量の出移民の大陸とする支配的図像を打ち砕き、国家間ないしは地域間の労働移民のフロー、季節的ないしは定住的な労働移民のフローが、ここ三〇〇年のヨーロッパの都市化と産業化の歴史のなかで、いかほどまでに「戦略的構成要素」に相当してきたのかを明らかにすることにある。

こうして、サスキア・サッセンの文章から、私たちのよく知る数量(一八七六年から一九七六年のあいだに「ヨーロッパを建設するために」、この大陸の他の国々へと移住したイタリア人は一二六〇万人である)の傍らで、忘却へと引き渡されていた主体の多種多様な実例が浮かび上がってくる。それは「オランダの巡礼者たち」から、アムステルダム南方の泥炭地で季節労働者として働くべく、一八世紀から一九世紀にかけて北海諸地域へと移住したヴェストファーレンの小農民たち、一九世紀後半のフランスの葡萄畑地域にいた移民労働者たちにまで及ぶ。さらには、トンネルを掘り、同時期の数十年のあいだにヨーロッパの新たなコミュニケーション・ネットワークを実現した鉄道建設に取り組んだ移民たちから、第一章で考察した東プロイセン諸地方で農業に従事するポーランド人の季節労働者たち、一九世紀から二〇世紀にかけて高シレジアの鉱山やルール地方の工場で働いていた数多の外国人。ここにおいてヨーロッパのもうひとつの歴史は、大陸の新しいイメージが形づくられる数々の大作業場のただなかにて、真にもうひとつのヨーロッパと遭遇している。このヨーロッパは、移民労働者という流動する人びとが住み着いた歴史だ。これら流動する人びとは、「ブルジョア」世論には、「習俗への脅威として、粗暴性と犯罪性、さらには潜在的な社会的・革命的危険の温床への脅威」(Bade 2000, pp. 94s.) としてみなされていた。

サッセンの著書では、この歴史のない人びとの大群が主役であった数々の出来事が再構築されている。さらにこの再構築は、諸々の過程の総体に関する分析と絡みあっている。これらの過程を通じて、西洋の昔からの概念――亡命という概念――が、一九世紀と二〇世紀のあいだにその意味を根源的に変化させ、ヨーロッパの主な諸言語のなかに、難民や無国籍者という一連の新しい用語を生み出すことになるのである (Sassen 1996, pp. 45 s. e 77 ss.)。一八四八年の革命的動乱の亡命者たちは、たとえそれなりの例外がなかったわけではないにしても、外国で友好的な受け入れを見出すことのできた最後の人びとだ。社会階層や出身地に関して、マッツィーニやマルクスとは非常に異なった諸主体が対峙することになる状況は、かなり別様のものである。さらにこれらの主体は、伝統的な政治的亡命者たちよりも、決定的なまでにその数が多かった。一八六四年から一八七一年にかけてのドイツ統一に至る戦争のあいだに、破壊された都市や村落から逃れてきた人びとの大群、上昇する反ユダヤ主義の潮流とポグロムから西方へと逃げるよう強いられた、ロシアと東ヨーロッパに居住していた二五〇万人のユダヤ人、大戦の終末に形成途中の新しい脆弱な「国民国家」から追放された「無国籍者」の大多数。

移民と難民。何がかれらをただひとつの運命へと結びつけるのか？　ひとまずそれは、新しい亡命者たちの多くが「貧困であり、受け入れ国のなかで労働者階級と混じりあう」(*ivi*, p. 45) という単純な状況である。だがその一方では、移民と難民が、「外国人」として、ヨーロッパの諸国家によって実行される管理・統治技術の特権的対象へと変化しているという事実がある。これは、まさにヨーロッパの諸国家が十全に国民的なものになりつつある時機であった。これこそが、サスキア・サッセンの研究のもうひとつのとりわけ興味深い分岐点だ。彼女は、「外国人」という概念もまた、いかにこの時期に根源的な変容を被るのかをかなり効果的に例証している。まさに国民的な基盤に基づいて（シティズンシップの）「包摂」規準が再定義されており、それと平行するかたちで、「外国人」の概念は、政治的「排除」のパラダイムへと変化することになるのである（この点についてはまたBade 2000, 特にp. 218参照）。これは、まさしく政治哲学の古典的テーマにほかならない。それは少なくとも、大戦末のヨーロッパにおける「無国籍者」という形象に関するハナ・アーレント（Arendt 1951［一九七二］, pp. 372 ss.）の一節にはじまる。現代により近いところでは、ジェラール・ノワリエル（Noiriel 1991）が、ヨーロッパの庇護権についての細部にわたる歴史のなかでこのテーマに取り組んでいる。これらの研究によって明かされるのは、移民の歴史叙述を行うときの政治的カテゴリー、政治的次元の戦略的重要性である。これらは、基本的には次章で注意を向けるシティズンシップに要約されるものだ。それゆえに、この観点に立つならば、ナチの戦争経済において強制労働があてにされたこと（それについてはHerbert 1985 e Bade 2000, pp. 287–292参照）、さらには、ショアーにおいてヨーロッパのユダヤ人を絶滅させること。これらが、いかに人口と労働の移動性を制御する政策の展開と大きな関係を有していたのかを強調しておくのがよいだろう。

このテーマについて、サッセンは自身の仕事では十分に立ち止まってはいない。サッセンの分析にはしかし、また別の納得のいかない論点がある。それは、移民たちの移動には構造化され、「自己調整される」システム論的な特徴があるという主張だ（Sassen 1996, pp. 128 ss.）。これは、避難民と移民に対して、国境を厳しく閉鎖する政策を正当化するべく、現代ヨーロッパの右翼によって（また多くの社会民主主義によって）用いられている「洪水」や「侵略」という黙示録的レトリックに対抗するという称賛すべきもくろみのなかで、サッセンによって用いられる主な論拠である。ここでは、十分に確認することのできる「移民システム」の存在に異を唱えることが問題ではない。移民システムは、何より個々のヨーロッパ諸国の植民地主義の歴史によって構造化された精緻な「移民の地政学」を形づくっている。しかしながら、現代の事例からすればむしろ、移民のシステム論的特徴が過度に強調されることで、グローバル化時代の移民を際立たせている乱流と「予測不可能性」といった特徴が、いかにおざなりにされるのかを明示しておく必要があるのだ（Papastergiadis 2000 参照）。また他方で、歴史叙述の観点からみるならば、サッセンはこれらの移動の主役であるはずの「歴史なき人びと」を、再び舞台の奥へと押しやってしまうという危険を犯しており、それゆえに、移民たちの移動の起源に一種の自動作用の輪郭を与えているのである。

鉄の檻

この危険を避けるには、おそらくは横道を踏査するのがよい。まずは、資本主義的生産様式の歴史的起源を探求するなかで、莫大な数の人びとが近代的工場の世界へと沈められてきた過程の規律的かつ専制的な特徴を明らかにしてきた一連の研究からはじめよう。一七世紀と一八世紀のあいだの自由主義に内在した強制収容所のイマナジリーは、「大いなる拘禁」についてのフーコー流の分析を基盤にして、特にはイギリスという大実験場における「貧困」についての立法や論争を研究してきた人びとによって詳細に検討されてきた（最近のはBohlender 2000 参照）。しかし、アメリカのマルクス主義歴史家ピーター・ラインボーの仕事は、フーコーによって一七世紀と一八世紀の「大いなる拘禁」について提出された過度に直線的なイメージを批判することから出発する。ラインボーの仕事は、一七〇三年から一七七二年までのあいだにロンドンで科せられ、実行に移された数々の絞首刑を再構築することに力を注いでいる。それはつまり、ラインボーの意見では、フーコーは規律化や近代の全制的諸施設についての研究のなかで、その歴史に刻印を残してきたはずの多様な拒否の形態を正しく強調してこなかったということなのだ。軽犯罪者収容所、工場、病院、学校、大西洋船団の大きな船においては、拘留が実行されていた一方で、「逃走、脱走、移住」が日常的な振る舞いでもあった。このような振る舞いによって、形成されつつあったプロレタリア階級は、厳格な時間的・空間的規律を有する資本主義的蓄積の新たな規範の押しつけから離脱しようとしていたのだ（*ivi*, p. 23）。

ラインボーの文章には、ジャック・シェパードという神話的人物が登場する。彼は「逃走の技法」に精通する悪党であり、ロンドンのプロレタリア階級の英雄となるほどまでに、イギリスの陛下の監獄から何度も脱獄することに成功した人物だ。かの地のプロレタリア階級は、一七二四年一一月に行われたシェパードの絞首刑に大群で押し寄せ、彼を路上のバラードと詩の主人公へと仕立て上げた。つまりシェパードという人物は、先ほど言及した「逃走、脱走、移住」といった日常的振る舞い全体のメタファーなのである。「たとえ彼の数々の行為が、驚嘆すべきもの、さらには信じがたいものとして現れるとしても、シェパード自らが、おのれの属する階級、世代の中心に位置した経験を共有していなかったならば、こうした行為がこのような興奮、このような情熱、このような重要な議論を引き起こすことは断じてなかっただろう」（*ivi*, p. 9）。その反対に、ロンドン・タイバーンのさらし絞首台、資本家階級の名の下で執り行われる死刑は、以下の全過程の具体的なメタファー——最終的には保証——にほかならない。それというのは、労働諸関係の慣例法に攻撃が加えられ、神聖かつ不可侵の私的所有権が確立される、そして都市警察の切要な仲立ちを介して、工場の規律に身体、精神を従わせる新しい行動基準が課されるという過程である。

さらに言うと、マルクスの『資本論』第一巻第一三章の古典的文章において、工場の規律が、労働契約の前提をなす賃労働者の形式的自由と、少なくとも問題含みの関係を続けているということは示されていた。しかし近年においては、マルクスとは異なる視点から、労働規律の専制的特徴に関心を示してきた一連の研究が存在する。これらの研究は、労働規律の起源が、いかに産業革命を基準にしたそれとは異なった場所・時代のなかに見出されなければならないのかを明らかにしている。たとえば、それは一七世紀のカリブ海植民地のプランテーション（たとえばMintz 1985［一九八八］, pp. 49 ss. 参照）、一八世紀の英米船団の大洋を横断する大きな船だ（Rediker 1987）。とりわけ、ラインボーの分析との実り豊かな知的連帯のなかで引き続いて展開されたレディカーの分析（Linebaugh, Rediker 2000 参照）においては、大西洋は、一方のジャック・タール［水兵の化身］と、他方の船長にあてがわれた専制権力に具体化された「権威」と「特権」の諸原理とのあいだの極めて激しい衝突の舞台へと変貌しているのである。

田舎から追放され、どんな仕事をも欲してさすらっていた人たちによって、海辺の町の安宿や食堂で不払いのままにされていたツケを支払っていた遠慮のない連中がいた。レディカーの研究の主人公である英米の船乗りたちは、たいていはかれらに力づくで雇い入れられた人たちだ。この船乗りたちは「混ざり物でできた安物の道具で、厳格な管理のもと、変わることのない任務、集団的任務の総体を果たすため、閉鎖された環境に閉じ込められていた」（Rediker 1987, p. 105）。大洋を横断する一八世紀の大きな船は、労働の標準化と技術的分割にとっての、また数十年後は工場システムのなかにその栄華を見出す厳格な規律のもとでなされる協働と相互依存の融合にとっての並外れた実験場だったのである。しかしながら、この大きな船は、コスモポリタンで「多人種的」、反権威的で著しく戦闘的な「集団的労働者」が形成される舞台でもある。かれらは、後に労働運動によって採用される闘争形式の多くを予示する力を有していた。レディカーはこう書いている。「「ストライキ」という用語自体が、ロンドンの船乗りたちによって一七六八年になされた、船の帆を下ろす（strike）という集団的決定に由来している。こうして、かれらは交易の流れと資本の蓄積をストップさせたのだ」（*ivi*, p. 251）。

しかしながら、ここで明らかにすべきより重要なことは、一八世紀の全体を通じてこの英米の船乗りたちが主人公であった路上のストライキや闘争のラディカルさのみではない。船乗りたちの「対立の文化」が、逃走のイマジナリーによって支えられていたこともまた重要なのだ。このイマジナリーこそが、船乗りたちの頻発する集団的命令拒否、さらには海賊行為のただなかにおいて、民主的‐根源的な離脱という慣行が実現されていたことを見出せるようにしてくれる。離脱の慣行は、近代の搾取される者たちの経験のなかで生き続けることになる（*ivi*, 第六章）。タイバーンの絞首台が頭上にのしかかり、ロンドンから逃走するなんと多くの人たちが、大洋を横断する船に乗り込むことで、自由を見出すことを考えただろうか？　逃走の衝動と専制的な絶対権力。これこそが、一八世紀の英米船団のなかの不安定な均衡を規定するさいの二つの極であるように思われる。デッキや船倉に広まっていた労働を組織化する原‐産業的特徴が強調される一方、海賊行為はマルーンたちの共同体との連続線上に位置している。マルーンとは、近代的工場のまた別の原型を体現する、アメリカのプランテーション・システムから逃げ出すことに成功した奴隷たちのことである（Genovese 1979, pp. 51-81 参照）。

逃走と制御

しかしながら、逃走の衝動と専制主義とのあいだに確立される緊張を、資本主義的生産様式の歴史全体を走り抜ける構造レヴェルの要素とみなす地点まで、私たちを前進させるのはまた別の最近の研究である。それはヤン・ムーリエ＝ブータン[3]の分厚い著書に要約されよう（Moulier Boutang 1998）。過去への見方を改変できる仕事がきまってそうであるように、この研究が、この千年紀末のニュースによって示されているひとつの政治的懸念事項から出発していることを強調しておくのがよいだろう。それというのは、グローバル化時代において、商品と資本の移動性は、今ではあらゆる障害をなぎたおしているようにみえるが、労働力の移動性には、新旧さまざまな障壁が介入していることである。一方では、世界の数多くの南において、奴隷制の古い形態、新しい形態がその勢いを増している（Bales 1999 e Gambino, Mungiello 2000 参照）。他方では、戦争、貧窮、社会的・政治的圧制から逃亡する人びとは、数々の要塞化した境界に出くわしている。そして、資本蓄積の中心部では、これらの避難民と移民のなかのもっとも幸運な者たちが、かれらの移動性を抑制するレジームに服従している。そこでは、柔軟性とプレカリティの旗印のもとで、「土着の」労働もまたその型をつくり直されている。また不安定な滞在許可証を保有するかれらからすれば、労働契約を解消することは、たいていは「非合法性」、不可視性、非‐人格という条件（Dal Lago 1999）へ堕ちていくことと同義である。さて、これらの見かけ上の諸矛盾をどのように説明できようか？　資本主義は、マルクスの言うところの「永遠の運動」によって、「あらゆる社会状態」、「あらゆる固定した、錆ついた関係」の「たえまない動揺」[4]によって特徴づけられるはずのものである。しかし、それがグローバルなものになろうとするときに、自らの前史に閉じこめておきたいはずの不自由と強制の諸形態を、完全なる亡霊として再生産しているのだ。資本主義のこの逆説を、いかに理解できようか？

　これらの疑問に回答するべく、ムーリエ＝ブータンは長い回り道を唱える。彼はこの回り道をすすむことで、こんにちでもなお普及したイメージ、つまりは歴史学、社会科学、経済学によって、資本主義のイメージが構築されてきたときの基本的概念のいくつかを再考し、議論の俎上へと載せることになる。それはまず、マルクスの経済学批判においても中心的な位置を占める概念、形式上は自由である賃労働という概念からはじまる。「新大陸」、つまり「I・ラカトシュのリサーチプログラム論の意味におけるパラダイムのように、システム論的に征服すべき大地」は、この歴史の周航過程のなかで、徐々に姿を見せるようになる（*ivi*, p. 16）。つまり、自由にせよ不自由にせよ、従属労働の逃走というものが、プリームモービレ（primum mobile）として、資本蓄積の原動力かつ根幹にある問題として、徐々に著者の目のなかに入ってくるようになるのだ。労働諸関係の契約という形式の採用、労働に関する近代的法規に成文化され保証されるようになった賃労働者の地位、さらに様々なかたちでなされる労働市場の歴史的制度化、そして一般的には資本主義的競争と蓄積。これらのことは、移動性を制御することの決定的重要性、すなわち、従属労働者たちからの一方的な雇用関係の破棄に対抗し、保証と均衡が困難を抱えながらも探求されてきたことの決定的重要性を無視するようであれば、理解できないままで終わってしまうだろう。これがムーリエ＝ブータンの研究の基本的テーゼだ。

資本主義は、自らのより優れた経済的・法的合理性のもとで、他のあらゆる労働関係の歴史的形態を服従させられるはずであった。しかし、この視角においては、「自由な賃労働」は資本主義によって徐々に課されていくはずの規範であることをやめることになる。それは、「自由な賃労働」が従属労働というより広い概念へと独自に語形変化するからだ。この概念は自らの内側に、労働の自由な諸形態、半ば自由な諸形態、自由ではない諸形態を許容する。これこそが、資本主義的生産様式にとっての必須の概念なのである。西ヨーロッパにおける「労働の自由市場」の確立それ自体――ムーリエ＝ブータンが一三四九年のイギリスの労働者取締法の公布から追跡している（Moulier Boutang 1998, pp. 273 ss. 参照）――が、経済の仕組みを統治する上で決定的かつ内在的な役割を果たす公権力による労働の移動性への介入を、自らの不変数としていることを示している（*ivi*, p. 312）。彼がとりわけ説得力をもって主張する論点であるが、従属労働者たちの逃走や離脱が執拗に続く状況に直面して制定された救貧法を、ポランニー（Polanyi 1944［一九七五＝二〇〇九］）とともに、市場の「過剰」に対するリアクションとしてみなすことはできない（Moulier Bountag 1998, pp. 375 ss.)。むしろ、新しく設けられた全制的諸施設の帰結からすると、こうした立法は、労働の移動性を迂回させ規律化することに寄与したという点において、市場そのものの強化と拡大の条件に相当するものであったのだ。また、やはりこの非常に重大な問題こそが、「自由主義時代」、そして二〇世紀の福祉資本主義へと至るまでの労働市場の発展に、通奏低音のように伴っている権威への永続的欲求（ivi. p. 19）を説明してくれるものにほかならないのである。

しかしながら、I・ウォーラーステインの教えを真剣に受け止め、その歴史のはじまりから資本主義を世界＝経済とみなすならば、ムーリエ＝ブータンのテーゼはよりはっきりとしたものになるだろう。社会科学や経済学の伝統的にヨーロッパ中心主義のそれとは異なったまなざしでみれば、異例にみえていたもの、せいぜい「いわゆる本源的蓄積」段階へと追いやられる若気の過ちといったものが、資本主義的生産様式の歴史的かつ構造的成り立ちのなかの構成的な役割の内部で完全に姿を現すことになる。それらは、自由な賃労働という規範とは「食い違った形態」として、構成的な機能を果たしてきたのだ。極めて厳密な具体的研究のなかで、ムーリエ＝ブータンによって明示されるように、中央・南ヨーロッパにおける「第二の野蛮」の樹立、大西洋経済の奴隷制、植民地での強制労働システムを起源とする強制送還の様々な形態は、労働の自由な移動を「抑制」するシステムなのである。このシステムは、資本主義システムの中心に「賃労働者の経済」が確立される過程の「隠れた側面」として自らを構成しているのである（ivi. p. 12)。ムーリエ＝ブータンは次に、アメリカ、ブラジル、南アフリカにおいて奴隷制レジームが放棄されたときの様々な方式について論じることによって、以下のことを説明する。それは、この新たな「移行」に、労働の移動性に対する数々の新しい内的かつ外的境界の確立がいかほどまでに付随してきたのかということだ。たとえば、それは契約下での国際移住（カリフォルニアの中国人日雇い労働者（coolies）や日雇い労働システムによって見事に例証されている。その上、ムーリエ＝ブータンの意見では、賃金関係もまた、自らの法律上の策略のなかに、労働を抑制することにまつわる刻印を帯びている。賃金関係とはつまるところ、資本主義的指令から離脱しようとする（具体的に言おう。それはより好ましい機会が訪れるや否や、労働契約を破棄しようとする傾向である）労働者たちの傾向と、労働者たちの従属を確保するという資本にとっての死活的必要性とのあいだの不安定なバランスを象徴するものにほかならないのである。

ムーリエ＝ブータンの研究は、十全に発展した資本主義的生産様式について語ることが可能となるには、自由な賃労働が必要不可欠の条件（conditio sine qua non）に相当しているとする見解に対して、またそれと同時に、ついにはある前提に対しても疑問を投げかけるものとなっている。それは、資本主義の発展を、絶対的剰余価値の抽出から相対的剰余価値の抽出へ——別様に言えば、「労働の資本のもとへの形式的包摂」から「実質的包摂」へ——と直線的な軌道をすすんでいくものとする前提だ。実のところ、この前提はマルクス自身の文章というよりも、いくつかのマルクス主義諸派のなかで流布しているものである。資本主義の歴史的軌道の全体において、自由ではない労働の諸形態が存続するということは、言い換えると、それぞれがそれぞれの剰余価値抽出様式を有する形式的包摂と実質的包摂が、必然的に同時に共存するということだ。しかしそれと同時に、資本主義に構造的に備わった労働を強制し、また労働の自由な移動を抑制する様々な要素が存続することによって、つまりその「権威への永続的欲求」が存続することによって、「資本主義は冷たいシステム、水力学的専制主義の西洋における遅まきの異形」となるというより、「……終わりなき、休息なき運動となる」（*ivi*, p. 27）。実のところ、資本主義的社会関係の本質的要素、つまりそこにおいて資本主義的社会関係が、そのつど暫定的な均衡を見出す「蓄積体制」の力学を理解する要石というのは、匿名の脱走にほかならないわけである。それは個人的なものでもあれば、集団的なものでもあるが、それによって、人びとは様々なかたちをした従属労働の専制的レジームから離脱しようと試みるのだ。

この観点に立てば、移民は資本主義的生産様式の歴史、その具体的働きにおいて、いかなる周辺的特徴をも失うことになる。なぜなら、それはむしろ労働の移動性の制御をめぐって行われる複雑なゲームのパラダイムとなるに至るからである（*ivi*, pp. 11 s., 247 e 690 s.）。移民は、労働の移動性を主体性レヴェルにおいて刺激する離脱と逃走の振る舞いをまさしく具体化する存在である。しかし、移民はまた、自らの皮膚上に、自由の「抑制」がもたらすもっとも厳しい影響を被るよう定められた形象でもある。第一章で考察したように、ひとつの修辞学的形象から、「制御」の機能を引き受ける数々の方策は展開されるようになる。それはきまって「国民」という形象である。

原注

（1）歴史叙述研究における有力な動向についての初期の総括に関しては、「移民と国家的諸論理——ヨーロッパ、一九‐二〇世紀」の特集号である『社会運動（Le Mouvement Social）』一八八（一九九九）と、「移民」に特化した号の『歴史ノート（Quaderni storici）』一〇六（二〇〇一）を参照せよ。

訳注

〔1〕マキァヴェッリ、齊藤寛海訳、『フィレンツェ史（上）』岩波書店、二〇一二、三一二頁。

〔2〕滞在契約とは、ヨーロッパ諸国で採用される移民制御策のひとつ。イタリアでは、二〇〇二年七月の通称ボッシ‐フィーニ法によって法制化された。それは滞在許可を労働許可に従属させる。イタリアへの合法的入国の前に、自国において、イタリアにいる雇用主からの労働許可を得ていなければならない。でなければ、大使館や領

事館でビザを取得できない。しかも、労働許可の期間は、一年、半年以内とされた。それゆえ、滞在契約は、純粋な労働力、一時的な労働力としてのみ、移民がイタリアに合法的に入国・滞在できるようにする方策として批判された。またそれによって、移民の正規滞在という「公的」問題が、移民と雇用主の関係という「私的」関係へと道をゆずることにもなった。

〔3〕ヤン・ムーリエ＝ブータン（Yann Moulier Boutang）、フランスの経済学者。一九七〇年代、八〇年代に、イタリアのオペライズモのテクストを紹介・翻訳。それについて日本語に訳出されているものとして、アントニオ・ネグリ、『転覆の政治学――二一世紀へ向けての宣言』（小倉利丸訳、現代企画室、二〇〇〇）に所収されている解説がある。二〇〇〇年に雑誌『ミュルティチュード（Multitudes）』を設立、編集を務める。ここでメッザードラが参照しているのは、彼の博士論文に基づいて、フランスで先に出版された著書（*De l'esclavage au salariat: Économie historique du salariat bridé*, PUF, Paris, 1998）のイタリア語版 *Dalla schiavitù al lavoro salariato*［『奴隷制から賃労働へ』］（Manifestolibri, Roma, 2002）。七〇〇頁をこえる大著である。訳書に『アルチュセール伝――思想の形成一九一八‐一九五六』（今村仁ほか訳、筑摩書房、一九九八）。労働力移動については「あらゆる壁の敵意と敵意の壁の間――マイノリティの流動性の対角線」（箱田徹、市田良彦訳、『トレイシーズ』第二号（別冊『思想』第九二八号）、岩波書店、二〇〇一）。

〔4〕これは、『共産党宣言』からの引用である。カール・マルクス、フリードリヒ・エンゲルス、「共産党宣言」（大内兵衛、細川嘉六監訳、『マルクス＝エンゲルス全集』第四巻、大月書店、一九六〇、四七九頁）。

第三章　境界地帯の市民とシティズンシップの境界

「奴らから逃亡《マルーン》しよう　かつてぼくたちが鞭を持った奴隷主から逃亡したように」

エメ・セゼール、ハイチの詩人R・デペストルへ（一九五五）[1]

資本主義的生産様式の標準型として、「自由な」労働、契約、賃金を認めること。もし移民が、構造上この認識に刻まれている両義性に光を当てるリトマス試験紙に相当しているのなら、シティズンシップについて、次のように想定するのは筋の通ったことであろう。シティズンシップもまたこのような両義性のおびただしい痕跡を自らの内部に寄生させていると。それはシティズンシップが、歴史においても、概念においても、移民たちとの関係のなかに位置しているからにほかならない。一方でのシティズンシップの近代的諸形態と、他方での社会的移動性、つまり契約によって象徴される身分（status）の解体原理とのあいだの関係というのは、実のところ、西洋の法的言説の原点そのものだ。それは少なくとも、『古代法』（1861）についてのヘンリー・メイン卿の基本となる仕事の出版にはじまる。[1] 第一章で、ひとつの歴史的事例について学ぶことを通じて、移民たちに課された契約の形態が異形であるということに出くわした。それはドイツのナショナル・シティズンシップに対してよそ者、さらには潜在的な敵であるというかれらの置かれた条件に対する一種の報復として課されたものであった。加えて、私たちは、二〇世紀初頭のドイツにおける労働市場の全体的均衡を保つべく、経済のある特定の分野に、こうした契約の類が広がりをみせることで引き起こされていた数々の結末もまた示唆してきた。

こんにち、シティズンシップ、労働、移民のあいだの関係が、とりわけ西洋において引き受けようとしている独自の形態とはいかなるものだろうか？　本章でなされる分析を方向づける出発の仮説は、移住過程について政治的に思考することである。それは同時に、目下のところ、シティズンシップの概念、さらにはその制度レヴェルでの実践に対しても傷跡を残している危機、「脱臼」、緊張の全体について、独自の遠近法的角度から思考することでもある。ここ三〇年のあいだに、労働市場とシティズンシップのあいだに存在した所定の均衡が解消されてきたように思われる。第二次大戦以後は、労働市場とシティズンシップの双方ともに、基本的には、統合を基準として再編されてきた。だがこの均衡は、まずは様々な社会運動の圧力のもとで、次に資本主義のリストラクチャリングとグローバル化の過程が刻印されるなかで、解消されたように思えるのだ。理論的な観点からみると、ここから生じる社会的荒廃の影響の傍らで、シティズンシップの運動に対する関心が一新されてきたと言える。その関心は、この運動の物質的表現たる主体的要求の総体へと向けられる。これらの要求は、そのつど、立法また「構成［＝政体］」のなかに結晶化されるのだが、それによって示されるのは、あくまでも暫定的な統合であるために、そこに内在するコンフリクト含みの諸規定に対しても新たな関心が育まれてきた。本章では、こうしたテーマを扱った文献を精査するが、シティズンシップという「レンズ」を通して現代の移民を解読しようとする試みは、この双方の側面を考慮しなければならない。一方では、現代の西洋社会を特徴づけるシティズンシップの危機という総体的文脈をおざなりにすることはできない。しかし他方では、移民たちの移動、まさに社会運動としての移民たちの移動によって表現されるシティズンシップの具体的な主体的要求へと注意を向けなければならないのだ。

シティズンシップの危機のなかで

さて、シティズンシップに関して、近年イタリアでなされてきた議論にすばやく目を向けることからはじめよう。ヨーロッパにおけるシティズンシップについての壮大な歴史書の第一巻の冒頭で、ピエトロ・コスタ[2]は、以下のことに注目する。哲学者と社会学者の言葉のみならず、毎日の新聞や政治についての論争のなかで、シティズンシップという用語がしばらく前からますます多くの幸運を享受するようになっている。それというのは、「この用語の記号論的圏域の多少なりとも意識的な拡張の過程」（Costa 1999, p. VII）と一致しているということだ。シティズンシップは、長いあいだ、イタリアでは単なる法的‐形式的基準としてみなされてきたが、実のところ、それは数々の価値に満ちた概念へと変貌を遂げつつある。これらの価値には、とりわけ制度への主体的参加に関するいくつかの基準が伴っている。それはつまり、アイデンティティと参加、「可変幾何学」的属性としての権利と義務である。シティズンシップは、「権利の正式の保有資格（entitlement）と権利の実際の享有（endowment）という二面性のある観点に特権を与える」という点で、民衆の側から（ex parte populi）政治システムをまなざすように強いるものなのだ。そしてここから、少なくとも三つの観点において、シティズンシップが、多大な分析上の有効性をもつ着想であることが明らかとなる。ダニーロ・ゾーロ[3]が考察するように、実のところシティズンシップは、諸制度の機能に関する問題系を、公共生活の「質」をめぐる問題系とつなぎあわせることを可能とする。それはさらに、（政治的経験の個人的次元と集団的次元とのあいだはもちろん）権利の普遍主義と所属の排他主義とのあいだの関係について、非常に興味深い研究視角を切り開いてくれる。そして最後に、シティズンシップは、こんにちでは、国内でも国際的水準においても現れている、数々のグローバルな過程と、数々のローカルな「アイデンティティ」とのあいだに存在する緊張を主題化できるようにするのである（Zolo 2000, 特に p. 18 参照）。

このシティズンシップという概念の「目新しさ」は、多くの面で、明らかに相対的なものだとみなせよう。より適切に言うなら、この目新しさは、第二次大戦後のイタリアの政治文化と大きく関係している。大陸ヨーロッパの法学分野には、シティズンシップの記号論的豊かさ、さらにその動態的特徴を強調することに関心を示してきた確固たる研究の伝統が存在する。この意味では、「人格」（シティズンシップの法的原型）を不変のサイズとはみなせない局面が、ゲオルグ・イェリネックによって、強調されていたことを思い出せば十分だろう。人格とは「何よりもまず潜在的な何か」、様々な資格を付与された「主体的諸権利」と接続可能な地位を示すのである。さらにイェリネックはこう付け加える。「近代という時代におけるすべての社会的・政治的闘争は、実質的に、人格の概念を拡大する効果を有していたのだ」（Jellinek 1892, pp. 57 e 84, c.n.）。こうしたやり方で、このドイツ人法学者は、たとえ異なった諸前提からであっても、イギリス人社会学者T・H・マーシャルによって再開され、展開された、シティズンシップを概念化する歴史的・理論的様式を先取りしていたわけである。マーシャルによる『シティズンシップと社会的階級』（1949［一九九三］）に関する一九四九年の講義は、続く数十年の議論に多大な影響を与えるものであった。このテクストにおいては、近代の政治的変遷の総体が、次のような観点から再読されていた[2]。それは、元来そこから排除されていた様々な主体がシティズンシップの内部へと漸進的に包摂されていく、市民の諸々の権利の諸規定がたえずその強度を増していくという観点だ。後者は、いくつかの基本的社会権が承認されることで、二〇世紀にその頂点を迎えることになる。

ともかく、シティズンシップというテーマについての議論が、近年極めて活況を呈しているわけである。しかし、これがイタリアに限られた現象では些かもないことが思い出されなければならない[3]。そこで、次のような仮説を提出することができよう。それは、この活況の要因は、法権利に基づく社会国家の全般的危機に帰されるべきであるというものだ。マーシャルの読解では、この社会国家において、シティズンシップの近代的運動は、自らの暫定的総合を見出してきた。なぜなら、この運動は、労働という基本的（社会的また行政的）媒介を通じて、個人という形象を、労働組合と労働運動政党によって構成された集団的配列へとつなぎあわせるものだったからである。[4]「ネオリベの反動」という定型通りのイメージには還元不可能な、長く複雑な歴史を伴いながら、福祉国家は解体されている。それを受けて、きまって「グローバル化」の語りを基準点とした諸過程の総体によって、シティズンシップの伝統たるナショナルな輪郭にもたらされる数々の挑戦について検討されるようになっている。これは、主権と領土とのあいだの政治的・法的結びつきにもあてはまる。この結びつきは、超国家的な権力と制度の増殖によって、さらには生産と資本循環の新しいグローバルな回路によってますます検討に付されているのだ。これはさらに、他と区別され相対的に自律した「国民文化」が存在するという暗黙の前提にもあてはまる。「国民文化」とは、シティズンシップに成文化された固有の所属形態の型枠として——その架空の、もしくは「想像された」本性にもかかわらず——機能していたものである。[5]というわけで、シティズンシップをめぐる現代の議論が位置するのは、全般的な危機のただなかにほかならない（Zincone 2000）。当然、シティズンシップと移民たちの移動のあいだの関係についての考察も、この危機を度外視することなどできない。

排除

しかしながら、このような考察は一見すると、シティズンシップという概念の有するもっとも単純な意味へと舞い戻っているようにも思われる。つまり、シティズンシップとは、「「市民」、あるいは「外国人」としての、所定の国家に対する主体の位置」(Costa 1999, p. VII) を示すものであると。これは、現実の問題と明らかに一致した感想であろう。つまり、包括的な理論的考察を行うさいに、シティズンシップについて考えるのであれば、それが有する排除の次元について、「外部」から「内部」を分離するラインについて認識しなければならないのだ。これは、戦後の長い数十年のあいだは、哲学的また社会学的議論によって、それほど重要ではない位置に置かれがちであった側面である。というのは、すでに軽く言及したように、シティズンシップの包摂的かつ拡張的イメージが、完全に優先されていたからである。しかしこの側面が、先ほどの節の結論で述べた危機に対峙するなかで、こんにちではそのいっさいの重要性において注意を向けられるようになっている (Joppke 1999, 特に p. 630 参照)。たとえば、その確かな兆候として、現代の西洋社会のなかで移民たちが置かれた位置について述べるさいに、「排除」というカテゴリーが相当の広がりをみせてきたことを挙げることができよう。けれども、それは移民に限られたことでは断じてない。「排除」のカテゴリーは、様々な情勢を解釈するより包括的なツールとしてもまた流布しているのである[6]。

フランスのアルジェリア人社会学者アブデルマレク・サヤッド[4]は、その根本においてこの問題に触れていた。それは、彼が次のように書くときだ。「移民について考えることは、国家について考えることである。移民について考えることで、国家は自らについて考えるのである」(Sayad 1996, p. 10 e より包括的には 1999)。シティズンシップ空間の内部へと包摂するさいの様々な規準を定め、それと同時に排除の様々な仕組みを調整すること。これは自らの領土に「外国人」が存在するという理由で、国家が毎日のように「考え」、考え直すよう強いられている重大な問題だ。基本的に、これは「所属」というものを概念形成する不断の仕事と符合する。この仕事には、数々の憲法規範、通常法、行政職務が介入する。そして、権利の普遍主義と所属の排他主義とのあいだで、独自の均衡形式が構想されるわけであるが、それはシティズンシップそのものに刻み込まれるのだ。外国人の身体に対する場合、この均衡形式は、次のような場所において確認される。国境警察の仕事がなされる不明瞭な空間において、現代のヨーロッパについて言うなら、「シェンゲン空間」の内部に、いくぶん至るところに出現するようになった国外追放を待つ移民用の拘禁センターにおいて。[5]

この均衡の形式がいかなるものであるかを、あらかじめきっぱりと決めることはできない。当然、それは移民たちが置かれる条件にとっても無関係なものではない。この意味では、血統主義（jus sanguinis）というモデルと、生地主義（jus soli）というモデルのあいだの区分について思い出せば十分である。血統主義は、子孫たちの共同体として制限的な仕方で市民の共同体を形成する。生地主義は、理論的には拡張へと向かう見地から、領土的共同体として市民の共同体を定義する。この結果、移民統合の機会に違いが生じる。それは、帰化をめぐる問題系を越えたところでもかなり確かな違いとなる。[7]ここにおいては、ヨーロッパの一九九〇年代の特徴でもあるが、移民への態度に硬化が引き起こされて、血統主義的要素の導入を迫る圧力が強化されてきたことは偶然ではない。これはイギリスやフランスのような、伝統的には真逆の方向へとすすんできた国々においてもそうなのだ（Stolke 2000 参照）。その一方で、これは政治哲学に対してやっかいな問題を提出するテーマでもある。この点に立ち戻ろう。そしてとりあえず、正義の民主主義理論の立場から観察してみよう。そうすると、以下のテーゼには、支持されるにふさわしい理由があると強調することから話をはじめられる。それは、血統主義に基づいてシティズンシップを成文化している国家空間から、移民たちを追放することの規範的正当性に異を唱えている人びとによって主張されているテーゼである（たとえば Hampton 1995 参照）。こうしたテーゼによっては、基本的に、血筋の相互合意的ではない特徴が強調されているが、それをふまえるなら、さらに前進して、所定の領土における生まれという要素それ自体を、本来的に相互合意的なものと定義するのも、相当に難しいと指摘するのは適切なことだろう。もちろん、それは、血統主義と生地主義という相異なるモデルのあいだに存在する具体的な差異を決して視野から失うことなくである。ただともかく、シティズンシップと移民とのあいだの関係を、それがもたらす様々な規定と帰結を含む全体として考察するならば、正義についての規範理論の内部では組み立てるのが困難であり続ける、現実の諸条件の決定的な政治的重要性へと引き戻されるように思われるのだ。

それゆえに、ただ隠喩的なかたちでのみ、ここで示された諸問題の全体をシティズンシップ概念の「単純な」意味へと結びつけることができる。シティズンシップの諸権利を十全に保有する諸主体の総体からなる大文字の私たちの法的・政治的・象徴的空間から移民たちを排除することをめぐる問い。それは、理論的観点からみても、実践的観点からみても、ひとつの戦略的重要性を帯びている。あらゆる「アイデンティティ」の輪郭（すでに述べたように、ナショナルなそれを筆頭に）が、多数の緊張によって急襲される時代、多少とも表立ってレイシスト的な「小さな祖国」内部への、防御的かつ反動的な閉止へと向かう趨勢が支持される状況に包囲される時代においては、なおさらこのように言えよう[8]。このような問題は、「帰化」の問題をただちに関心の中心に置くものだと思われるかもしれない。しかしながら、それが最終的に結論的なものとなるようなことは断じてない。その理由は、形式上のシティズンシップに移民たちがアクセスできたとしても、社会・行政の執拗な差別形式によって、諸権利を実質的に享受する水準までたどり着けないままであるというだけには限られない（Castels, Davidson 2000, pp. 103-128 参照）。とりわけ、シティズンシップと移民の関係をめぐる問題を、いわば「下から」、つまり当の移民たちがその運び手たるシティズンシップの様々な独自の要求という観点から考察している人たちからすれば、帰化が決定的な事柄になるということはあり得ないのである。実際、昨今の数多の研究において解き明かされてきた重大な側面がある。それは、移民たちの大多数が、市民という地位と構造的に結びついている諸権利を取得することに対しては、はっきりとした関心を抱いているとしても、「居住国のシティズンシップを取得することは望んでいない、たとえ二〇年滞在した後であっても、帰化に対しては乏しい関心しか示していない」(Sassen 1996, p. 139) ということだ。

移民たちの二重空間

国家の厳格な境界画定に切り詰めようのない、シティズンシップの次元を示唆するときに、これらの研究が指摘するのは、「二重意識」、政治的・文化的な「二重空間」と定義できる問題だ。この空間のなかで、移民たちは境界地帯の市民として生存している。W・E・B・デュボイスに由来するこれらの概念は、アメリカでアフリカ系アメリカ人たちが置かれた位置、さらにはアメリカ政治空間のナショナルな輪郭に対する、かれらの運動の破壊的機能を示すためにたびたび用いられてきた(たとえばGambino 1993 参照)。しかしながら、暗示的であろうと明示的であろうと、近年、これらの概念は、新しい移住現象を研究する仕事のなかで、力強いほどに再び提出されてきた。これらの研究によって強調されたのは、この新たな移住現象こそが、新しいトランスナショナルな空間を構成するその端緒に位置するということである。トランスナショナルな空間は、「移民の出身地と到着地のあいだ、さらにはそれらの上方に広がることで、双方の地域の関係性や社会的結びつきを変容させるのだ[9]」。

これらの研究は、イタリアの状況についても検討しはじめているが(Grillo, Riccio, Salih 2000 参照)、その多くの中心に位置しているのは、アメリカの南部国境地帯におけるラティノスの移民たちの越境的コミュニティである。一九七六年の軍事クーデター後にメキシコに移住した、アルゼンチン人人類学者ネストル・ガルシア＝カンクリーニが、非常に魅力的な仕事のなかで示すように、この国境はアメリカ側においては、要塞化がすすめられ、軍事的監視の厳格な体制下に置かれているとはいえ、移民たちの側の――合法、また特には非合法の――越境という日常的経験によって、それは途方もなく「多孔的」なものとなっているのだ。こうして、ティファナのような都市は、移民たちのイマジナリーによって、さらにはマキラドーラ地帯の厳しい労働条件によって形成される社会的・文化的大実験室へと変貌してきたのである。ガルシア＝カンクリーニ自身は、ミチョアカン州アギリヤというメキシコのとある田舎町を、シリコンバレーのレッドウッドシティと結びつける諸関係の複雑なシステムに注意を促してきた。レッドウッドシティでは、数多くのメキシコ出身者たちが、工場労働者として、またサービス部門で働いている。交通とコミュニケーションの発展によって、これらの人びとの経験は、文字通り二つに分かれるようになっており、もしかれらの「所属」を一義的に定義するとすれば、それは問題を含んだものとならざるを得ないのである。また、以下のようにも言えるだろう。出身地のコミュニティの経済に、こうした移民たちの送金が決定的な寄与を果たしているわけだが、それ以上に、メキシコ南西部のひとつの町の社会的・文化的空間それ自体が徐々に変化しているのだと。この空間は、「カリフォルニア的」特色を帯びるようになり、さらにはその特色をも作り直しているのである。[10]

付け加えるなら、数多くの研究によって、以下のこともまた強調されている。それは、現代の移民フローが、定住地と出身地のあいだの単純な一方向の結びつきを中心として組織された二重空間を生産する以上のことを行っているということだ。すなわち、経験を脱領土化しては再領土化する絶え間のない矛盾した運動が、「グローバル化」によって生み出されているわけであるが、現代の移民フローはこの文脈のなかに位置しており、空間と所属を真に多面的なかたちで解体する事態を引き起こしつつあるのだ（たとえば Papastergiadis 2000, p. 121 参照）。アルジュン・アパデュライ（Appadurai 1996［二〇〇四］, pp. 71-92）によって提出された定義によると、人口移動と、テレコミュニケーションの新たな回路における情報循環とのあいだの交差点において、数々の新しい「グローバルなエスノスケープ」が形成されている。つまり、客観的にはコスモポリタンな経験構造の内部で、西洋の人類学と民族学によって「民族的なもの」として概念化されてきた諸文化の断片が、大都市の文脈のただなかにいきなり再出現するようになっているのである。これらの断片は、その看板を変化させることによって、「文化的消費」への激しい要求を育んでいる。こうして、民主主義やシティズンシップといった用語の意味は再規定されることになる。ベネディクト・アンダーソンのテーゼの言う、近代の国民共同体を生み出したはずの「想像力」は、現在のところ、多数の「ディアスポラの公共圏」(*ivi*, pp. 40-42) を増殖させながら——しかしまた不断に解体しながら——秘密裏に作用しているのである。

アパデュライは、これらの公共圏こそが、「ポストナショナルな政治的秩序が渦巻いている」(*ivi*, p. 41〔五四〕) 場であると付け加えている。ただし、この主張は相対化されるのがよいだろう。カルチュラル・スタディーズやいわゆるポストコロニアリズムの文献でなされる、しばしば美学化され、物質的な指示対象を欠いたディアスポラ概念の利用に対峙するなら特にそうだ[11]。ディアスポラの経験が、いかにナショナリズムの急進的諸形態を引き起こす要因となりうるのかを理解するべく、ほんの一例をあげるなら、戦争中にセルビアとクロアチアのディアスポラたちが果たした役割について考えてみれば十分である。このナショナリズムの形態は、「遠隔地[12]」で構築され、そこにおいて作用すればするほど、ますます原理主義的なものになるのである。ただし、それでもディアスポラ概念によって提出されてきた思考の足跡をたどってみる価値はある。この概念は、アイデンティティの中断を必然的に含んでいる。これはグローバル化時代においては、一般的な経験ではある。しかし、移民たちが置かれた条件においては、まったく特別な価値を引き受けることになる。別様に言うなら、「母国からも居住国からも異なっているという差異を、自らのなかに含まざるを得ない」(Laguerre 1998, p. 9) ディアスポラ状況。このような状況を強調することが重要なのだ[13]。それは、「帰国神話」の外部において、そしてディアスポラ概念の伝統的な利用方法のなかで確立されている「コミュニティ」への一意的な言及の外部において、ディアスポラについて考えるということである。

ディアスポラ概念のこのような利用に備わるポテンシャリティを、歴史的観点からとりわけ効果的に例証しているものがある。それは、「ブラック・アトランティック」についての魅力的な研究のなかで、ポール・ギルロイによって提供されている。イギリスの黒人移民たちの文化を再構築するとき、ギルロイは次のことを教示する。それは、この文化が、ローカルとグローバルの（まさしくディアスポラ的な）様々な結びつきが独自に交錯することによってもたらされた表現以外の何ものでもないということだ。それは、奴隷売買によって象徴される決定的断絶以来、黒人たちが動き回ってきたアフリカ-カリブ海の広大な空間のなかで、歴史的に形成されてきたものなのである。しかしギルロイによると、黒人たちは、ただ商品としてのみ、この脱中心化された空間、あるいは多数の中心をもつ空間を不断に横断してきたわけでは微塵もない。大規模な商船や軍艦で雇われていた船乗りたち、好んでまたは必要に迫られて移民となったかれらは、数々の境界、数々の「アイデンティティ」を絶えず横断する実践を生み出すことで、シティズンシップのため、自由のための闘争を育んでもいたのだ。こうした実践は、十全に近代的だと言える土台において、正真正銘、モダニティの「対抗歴史」を体現している。それが、こんにちにおいて相当するものはと言えば、グローバル化時代に荒れ狂う「民族絶対主義」に逆らって、ナショナリティ、「局地化」、アイデンティティ、記憶をめぐる諸問題を再考するという、極めてアクチュアルな挑戦にほかならない(14)。

たとえ区別されたままであるとしても、実践レヴェル以上に概念レヴェルにおいて、移民という形象を成立させている境界の経験は、こんにちではいっそう頻繁にディアスポラの経験と交差する傾向にある（Clifford 1997［二〇〇二］, p. 302 参照）。双方とも込み入った経験ではあるが、それらは多少なりとも架空に構築された、「エスニックな」アイデンティティ・ジェンダー（移民の女性化という有力な諸過程に対峙すればなおさら重要な要因である）[15]・階級のいくつかのラインにそって粉々に砕け散り、また再構成されている。この粉砕、再構成のされ方の説明に細心の注意を払う視角のなかで、双方の経験は再構築されなければならないだろう。ニコス・パパスタギャダス[6]（Papastergiadis 2000, pp. 196-213）によって提出された定義によると、ディアスポラの群れ（clusters in the diaspora）は、「純粋」であると強く主張するコミュニティや文化の牢獄のなかに閉じ込められようとする。だからこそ、その空間を統治している（政治的・経済的・「文化的」）「権力の幾何学」をたえざる批判的分析の対象としなければならない。しかしながら、ここで強調しておきたいのは、境界の経験とディアスポラの経験との交錯から生じる帰結、つまりこの交錯によって、移民たち自身がその運び手たる独自の「所属」形式に対してもたらされる帰結である。出身国また出自の「文化」から距離をとることは、移民にはよくあることであり、それはこうした所属形式にも刻印されている。しかし、この所属形式が、「帰化」への渇望を育み、定住国とその国の「文化」への無条件の参入へと向かうようなことはめったにない。むしろ、移民たちの移動を通して、それぞれのナショナル・ヒストリーの内部へと「散種される」粉々になった数々の歴史の総体が、その直線的な物語を乱し、架空の国民共同体の均質的な時間性をめちゃくちゃにしているのだ（Bhabha 1994［二〇〇五＝二〇一二］、第八章参照）。結局は、ここにこそ、現代の様々な議論によって表明されているシティズンシップのナショナルな輪郭の危機についての、別の隠れた理由が存在しているのである。

数百万人の人びとが――スティーブン・カースルズとアラスター・デヴィッドソン（Castles, Davidson 2000, p. VIII）が書くように――権利を奪われている。というのは、居住している国で、かれらは市民にはなれないからだ。しかしさらに多くの人びとが、国民国家の公式の一員であっても、それとともについてくるはずの権利の多くを欠いている。政治的構成員資格に必要な付属物としての文化的所属という観念。多孔的境界と多数のアイデンティティによって、この観念が傷つけられている。所属していない市民が、ますます多くなっているのだ。これは民主主義の中心的な場としての国民国家の基盤を掘り崩すものである。

この状況を肯定的に解釈しようとする人がいないわけではない。かれらは、特にEUの多くの国において、シティズンシップへの公式参入とは無関係に、移民たちに社会的・経済的・政治的諸権利を保証する趨勢が近年しだいに有力になってきたことを強調する。この議論に非常に影響を与えた本の著者ヤセミン・ソイサルは、この傾向のなかに、たとえば、「ポストナショナルな」所属モデルが徐々に出現しつつあることを突き止めている。そこにおいては、人格という地位――それは人権の普遍的特徴に基づいたものであり、国際連合のような組織以上に、様々な国際条約の密度の濃い網目によって承認され、保証される――が、権利の源泉としてのシティズンシップに取って代わりつつあるというわけである。「世界レヴェルでの圧力」によって、個人の権利が拡張され、既存の政治空間の内部に、「外国人がますます包摂され」る方向へとすすんでいる。こうして、この圧力は「ナショナル・シティズンシップを徐々に今よりも重要ではないものにしていくのである」（Soysal 1994, p. 29 e 2000）。

明らかではあるが、問題は、これが以下の事柄を考慮せずに済ましている立場であることだ。それは、国家が国境で（それゆえに、その政治的‐法的空間に足を踏み入れる可能性に対して）行使している執拗な主権についてのみではない。もっとも「開放的な」ヨーロッパの国々においても、様々な理由のために、追放の可能性はいつも存在している。そのことによって、移民たちはやはり構造的に不安定化させられた条件に置かれている。つまり、先の立場がさらに見落としているのは、こうした条件下で、かれらが重要な諸権利を認めさせようとするときに遭遇する困難である（Castles, Davidson 2000, pp. 18 s.）。「シティズンシップを社会形成的なものとする考え方」を擁護するならば、それはひとつの領土のなかに一個人の生があるという単純な前提、そしてその領土の内部に広がる経済的・社会的諸関係の総体への参加という単純な前提に基づいて、自動的に一連の権利が承認される方向へとすすむことになろう（Bauböck 1994a e 1998 特に pp. 35 s. 参照）。しかしながら、それは直線的に進行する傾向というよりも、ひとつの作業仮説を指し示しているように思われる。

ただこのことによって、市民という地位と、外国人という地位とのあいだの中間を占める形象や位置が、多くの西洋諸国で現実に広がりをみせていることが否定されるわけではない。Y・ソイサル（たとえ彼女がこれを用いているとしても）によって採用されたものとは少し異なった角度から、この状況に言及するのが、「部分的帰化」というカテゴリーだ。これは、英語のデニズンシップ（denizenship）に翻訳できよう。デニズンシップとは、王の決定で市民として受け入れられた外国人の位置を構想するために、一六世紀に案出されたものである。現代の議論においてこのカテゴリーは、たとえ新たなシティズンシップを事前に取得していなかったとしても、ある国への合法的かつ永続的な居住に基づいて、市民としての一連の権利を享受している移民たちの条件を指示するために、いっそう頻繁に用いられている（たとえば Hammar 1990, Bauböck, 1994b, Sassen 1996, pp. 139 s. e Castles, Davidson 2000, pp. 94-97 参照)。シティズンシップ、国家、国民の概念を分離可能とする視角においては、この条件から有用なきっかけが生まれてきそうではある。同様の視角が政治的諸権利に徹底して適用されるなら、たとえば代表制に対してもたらされる結末は明らかだろう(Accarino 1999, pp. 162-167 参照)。なぜなら、代表制の変容とその現代における危機は、シティズンシップの危機と固く結びついているからだ。

デニズンシップとは、シティズンシップの伝統たるナショナルな輪郭の上に押しつけられた緊張のさらなる兆候なのである。しかしながら、デニズンシップにはひとつの危険が隠れている。つまりデニズンシップが、一種の二級のシティズンシップ、この概念の歴史的由来を取り戻して言うなら、「(君主によって臣民に)授与される」シティズンシップへと変貌してしまう危険である。これはとりわけ、どの権利の「束」が移民たちには認められて、どれが認められないのかを定めようと、諸権利を厳格に切り分けるよう提案している人たちの見解に明らかだ[16]。また、個々の国民的集団性の内部においても、シティズンシップの普遍主義を粉砕し、政治的に均質的な空間そのものの内側に新たな境界を確立しようとする趨勢が数多く存在して力を増している状況においては、これはなおさら油断のならない危険である(Balibar 1998[二〇〇〇]e 2001[二〇〇八]さらには Kofman et al. 2000, 第四章参照)。この観点に立つなら、特に以下のことを指摘しておく必要がある。それは、厳密に法的な観点からみても、移民が、憲法レヴェルでの重要性をもつ領域に、行政基準を侵入させるための実験場となっていることが明らかにされてきたことだ。これは、それによってもたらされる不確実性と場当たり性という重荷とともにである(Bonetti 1999 参照)。このことは、移民たちにとっては、アーレント流の「権利をもつ権利」に相当する滞在許可証へのアクセス管理に何よりあてはまる。国民国家の法的枠組みのなかに根を下ろしたシティズンシップの諸権利を、そこから切り離すことを追究する視角とはいえ、それを法的枠組みにアクセスする資格をどうにか取得した移民たちの条件にのみ適用することはできない。この視角は、自らの批判的責務において、「非合法」移民の存在という概念の可能性そのものをも包囲しなければならないのだ。

移民、逃走の権利、シティズンシップの境界

指摘された最後の論点は、並々ならぬ重要性をもつ。実のところ、滞在の非正規性、イタリアのかなり不確かな用語で言うなら、「非合法性（clandestinità）」を生み出すこと——そして移民たちに強制すること——は、私たちの時代の移民フローの構造的特徴のひとつであると思われる。この観点からみてもまた、現代の移民フローは、二〇世紀の移民の社会学に根源的な挑戦をさし向ける。すでに言及したが、それというのは、ウィリアム・I・トーマスやいわゆるシカゴ学派の他の社会学者たちの古典的かつ刷新的な研究以来、同化と統合の概念を軸として展開されてきた社会学である[17]。この点については、目下のところ、以下の事柄を強調することができる。それは、現代西洋社会の総体的条件そのものが、様々な統合メカニズムの全般的な危機によって、まさしく特徴づけられていると思われることだ。この統合メカニズムは、たとえ矛盾をはらんでいたとしても、慣例的に「フォード主義」と定義された政治的・社会的レジームを特徴づけてきた。シティズンシップの今日的輪郭に対する、社会国家の危機の重要性については、すでに注意を促してきたが、その危機というのは、結局のところ、統合メカニズムの危機全体の兆候なのだ。この危機は、移民の位置に影響を与えずにはいられない。シティズンシップの排他的性質をはっきりと求める人たちがいる。問題はこの危機によって、こうした要求、つまりは「外国人」に対立して「国民」のために福祉の残滓を擁護しようとする要求を、その内部で具体化するような枠組みが構成されるといったことのみではない[18]。問題は、もっと全般に及んでいる。それは、移民たちに現在提供されている統合の機会をも急襲しているのだ。「受け入れ国」において外国人労働者たち

を、コンフリクトを通じて、社会化する歴史的に重要なベクトルであった労働運動は危機に瀕している。実のところ、この危機は労働の性質そのものの変容と対応している。この変容が、シティズンシップまた諸権利へとアクセスするさいの特権的回路だった二〇世紀の労働運動の伝統的役目を検討に付しているのである。

近年、生産の世界は、微粒子化、細分化、分解といった激しい過程に襲われてきた。この文脈のなかで、移民たちが置かれた位置は、極度に矛盾をはらんだものとなっている[19]。大西洋の両岸に出現した数多くのスウェットショップでは(あるいは南カリフォルニアと同様に、南イタリアの農業における季節労働では)、「非合法性」が最大限に経済的に有効利用されている。さらに、正真正銘の「私企業的シティズンシップ」という形態が広がりをみせている。そこにおいては、労働者と企業家とのあいだの関係が、自らの内部に「公的」次元を含み込んでおり、それによって実際には、あらゆる「公的」次元が取り消されているのである。これは、たとえば北東部からマルケ州にいたるイタリアの産業地区において観察できる、たいていは家族経営の小企業の内部で広がっている。非常にやっかいなことに、権利の要求と行使において、どれほどの不確実性と困難に特徴づけられようとも、とにかくこの就労上の地位こそが、移民たちにとっては、形式的な意味にせよ、物質的な意味にせよ、シティズンシップへとアクセスする唯一の基準としてこんにちでは機能しうるものなのだ。特に、この観点からみれば、非EU圏市民への滞在許可証(したがってすでに述べたように、「権利をもつ権利」)の認可を、定職かつ無期契約という就労上の地位に——わずかな例外はあるが——従属させるヨーロッパの法律は、逆説的な結果をもたらすことになる。「土着民」に対しても、この時代遅れの内容が、支配的レトリックのなかで、具体的な経済・社会諸政策のなかで、強迫観念にとらわれたように繰り返されているのである。

おそらくこの逆説においてこそ、第二章で考察したような、資本主義史の全体を特徴づける矛盾した運動の現代的再演を把握することができよう。つまりこの運動を介して、賃労働関係への労働の包摂、またそれゆえに労働の「移動性」の爆発と賞賛、さらにはその封建的・同業組合的・「地方の」束縛からの解放は、労働それ自体の自由な移動を「抑制」し制限する数々の新たなシステムの確立と歩調を合わせて、いつもすすんできたのである。マーシャル（Marshall, 1949［一九九三］, pp. 9 s.）が思い起こしていたように、シティズンシップの近代的平等主義パラダイムは、様々な封建的・同業組合的・「地方の」制限を破壊することによって歴史的に可能となった。しかし、労働の自由な移動とその「抑制」とが共存することによって、権利を差異化する過程が再生産、また再発見されることになる。このようにして、シティズンシップの平等主義パラダイムの内部に、この権利の差異化が受け入れられる可能性が開かれてしまうのだ。ここは、現代世界のなかで、国民的基盤に基づいてなされる所属のコード化が、力強い影響を与え続けている場所である（Ong 1999, p. 15 参照）。しかし、シティズンシップを「現代世界に残存する唯一の身分上の特権」（Ferrajoli 1994, p. 288）へと還元してしまうのを望まないとするなら、さらに、シティズンシップの拡張運動を概念レヴェルにおいて再び切り開くことを目指すとするなら、こうした状況はただ批判的に考察するよりほかにはない。

それゆえに、移民たちの移動についての分析、シティズンシップの様々な要求、移民たちの移動に刺激を与える様々な主体性を把握しようと努める分析には、重大な意義がある。すでに第二章で示されたことを、繰り返しておくのがよいだろう。実際、現況に特有の特徴というのは、以下の状況から引き出される。それというのは、移住現象に「システム論的」特徴を仮定する（つまり、それを独自の地政的かつ政治的‐経済的諸特質を有するシステムの内部に位置づける［Sassen 1996 参照］）趨勢が、「グローバル化」世界を特徴づける相互接続の多数化と加速化（Pries 1998）、さらには予測不可能性の多数の要素によって、ますます問いただされるようになっている状況だ。伝統的な「水力学的」モデルというのは、

「外に押し出す（push out）」諸要因と「中に引きつける（pull up）」諸要因を探求することで、あるいは国際分業に備わった不均衡を強調することで、移民を「客観的」諸原因へと全面的に還元してしまう。現代の移住過程に、乱流という諸特徴を与えている「自律的力学」と「多数のベクトルのフロー」に対峙するときには、こうしたモデルはすでに使い古されてしまっているのである（Papastergiadis 2000, pp. 17–21）。

さらに言うなら、こうしたモデル――また移住過程に関する数多の「ネオ・マルクス主義」的分析――の限界が、一九七〇年代半ば以来、このテーマに取り組むフェミニズム研究によって、より包括的な仕方で批判されてきた（Kofman et al. 2001 参照）。この研究は、女性の移住が引き起こされるさいに、単純に「経済的」ではない様々な要因の果たす決定的役割を強調してきた。とりわけそれは、移民たちの出身地社会と目的地社会において支配的なジェンダー諸関係の独自の構造に焦点を当ててきた。またそれと同時に、この研究は、移住過程研究の主流派のなかに存在する暗黙の仮定にも異議を申し立ててきた。この仮定によれば、価値のある唯一の移民は、男性であり、女性はただ家族内の位置に応じてのみ考慮されるのである。だから、フェミニズム研究は、しだいに移民の女性たちの主体性をかなり浮き彫りにしてきたわけである。とりわけこの研究は、女性の移住が単純に独身女性、寡婦、離婚女性による経済的欠乏という条件に迫られた応答ではないこと、考えられるよりもずっと頻繁に、女性の移住が意識的な決定の結果であることを強調してきた。この決定は、家父長制に支配された社会の背後で忘れられたままだったのだ（Morokvasic 1983 参照）。

当然、これらの刺激を取り入れたなら、数々の「客観的」要因がおざなりにされるというわけではない。これらの要因（世界の北と南の人びとのあいだの富の配分におけるあからさまな不均衡、貧窮、飢え、飢饉、政治的・社会的専制政府、環境にかかわる大災害、戦争）は、移民のはじまりにおいて作用し続けているし、それについては数多くの文献が存在している。重要な点はしかし、シティズンシップという概念に立脚してなされる移民の分析、つまり「システムではなく人について考察する観測所、下方に位置する観測所」(Zincone 1992, p. 8) からなされる移民の分析は、何よりもまずシティズンシップの基盤にある様々な主体的決定、そして当の移民たちによって運ばれる様々な要求を解明することを目指さなければならないということなのだ[20]。

それゆえに、明らかに非常に抽象的なレヴェルではあるが、移住を選択する人びとの様々な振る舞いをひとつに結びつけるものが、先ほど包括的に示したような「客観的」諸要因からの逃走の権利の要求とその実践的行使なのであると言えよう。「逃走の権利」に力点を置くことで、ひとまず概念の水準においては、移民と避難民とのあいだの区別を克服することができる。なぜなら、双方ともに、最近の「客観的」レヴェルの様々な展開によって危機に見舞われてきたからである。しかし特に重要なのは、逃走の権利を強調することで、最終的には、こんにち移民のまわりで展開されている様々なゲームの政治的性質を明らかにできるようになることだ。このゲームは、ジグムント・バウマンによって記されたように、移動の自由が現代社会のなかで、「階層化の主な要因」、新たな社会的ヒエラルキーが定められるときの、根本的な基準のひとつとなりつつある状況において展開されている(Bauman 1998, p. 4〔二〇一〇:三〕)。これは、現代のグローバル化の突出した特徴のひとつを解明するものだと言えよう。それというのは、つまるところ、貧窮、戦争、政治的・社会的専制政府から逃走する人びとに逆らって、境界が増殖し、再軍備化されるという趨勢のことだ――それはEUの「域外境界」からアメリカとメキシコのあいだの境界、そして香港、中国南部、一九九七年の危機に急襲された東南アジア諸国のまわりに生起している労働の移動性に敵対する新たな障壁にまで及ぶ。ただし、この趨勢には、また別の趨勢が付随している。それは、商品と資本の移動に対してはもちろん、一定の地域の内部では、また一定の社会的カテゴリーに属する人たちには、人の移動についてもまた障壁が打破されているという現代的趨勢である。

ここでの境界（confine）という概念は、たとえ隣りあったものだとしても、「境界地帯（frontiera）」という概念と比して、異なった意味を強調する視角において用いられている。境界地帯という概念は、「移行空間」に言及する。「移行空間」においては、様々な諸力と主体が関係を形成し、衝突し、出会い、ともかく自らの「アイデンティティ」を危険にさらす（そして変更する）。他方、境界とは、大地に刻まれた溝というその元来の語義からもそうであるが、構成され、強固にされた政治的・社会的・象徴的空間を保護する分割線を確立する。(21) 境界は、「境界地帯の市民」という地位を重層決定し、明らかにそれを切り縮めるものだ。だからこそ、境界が移民たちの経験に刻み込んでいるのは、国家性という次元に備わった支配の論理の痕跡なのである。

さらに言うなら、近年、境界の問題をめぐる議論が大いに激しさを増してきた。それは、地 - 政的また地 - 経済的と定義できる研究分野以外の領域においてもである（たとえばBadie 1995参照）。とりわけ、エティエンヌ・バリバールは、様々な発言のなかで、境界の問題系によって、いかに政治哲学にとって非常に複雑な諸問題が提出されているのかを指摘してきた。それは何よりもまず、民主主義における普遍主義と排他主義との関係についての考察を再び開始するよう迫るのである（Balibar 1992, pp. 206 ss. e 2001［二〇〇八］参照）。移民に関する理論的議論のなかでは、こうした問題系はただ無効化されて終わっている。正義論の立場からの哲学的考察は、アポリアに遭遇せざるを得ない。たとえば、そこから逃れるために、シティズンシップの空間から移民たちを排除することの正当性を定める標準的基準として、「経済的コスト」、つまりは福祉の概念を採用するよう提唱してきた人たちもいる。しかながら、実際にはかれらもまた、その「福利」が結局は決定的基準として採用される必要のある「諸主体」が誰であるのか（そして、諸主体の範囲を区切るのはどのような境界なのか）を問わずに済ますことはできない（この意味では Trebilcock 1995 e Rubio-Marín 2000, pp. 42–59 参照）。その一方で、「リベラルな」政治的パラダイムの内部で、「コミュニタリアン」たちによる批判のいくつかの側面を改変することを通じて、目下の問題は解決可能だと考えてきた人たちもいる。たとえば、ジュール・コールマン[7]とサラ・ハーディング[8]（Coleman, Harding 1995）は、こうした意味で、次のことを——西洋の民主主義国家によって採用されている移民政策の広範囲にわたる検証に基づいて——示そうとしたわけである。フローの制御は、ひとつの政治的かつ文化的共同体への所属という善の公正な配分を確保することに寄与している。この点において、フローの制御は正当化できるのだと。

この理論方針は、ドイツでヴォルフガング・ケルスティング[9]によって採用された立場と関連づけることができよう。彼は、率直にこう書くに至った。「境界への人権というものが存在するのだ。境界は、ある人びとを別の人びとから区別して保護するものであり、自由と安全のなかで、自己決定された実存を送る可能性を人びとに与えてくれる」（Kersting 1998, p. 62）。この立場には、納得のできない点がある。それは、境界概念の人類学的価値を採用する性向にほかならない。もしそうであれば、私たちの各人が行動し世界を解釈するときには、たえず境界を確立することになる。さらに納得できないのは、この人類学的価値を、境界の政治的概念の形成に一直線に投影してしまう性向だ。言うなれば、それは境界の確立された政治的（したがって「人工的」）輪郭を、人類学的（したがって「自然的」）所与として提示する性向である。これを、さらにより一般的な言い方にすると、以下のようになるだろう。リベラル国家は、すべての市民に「基本材」への均等な接近可能性を保証せねばならないが、その「基本財」のかごのなかに「文化」を包含することによって、文化概念をはっきり定義するという極端な難問を避けているのだと。したがって、そのような態度は、グローバル化の基本領域のひとつを体現する文化の流通と混合に対する、単純に反動的な数々の趨勢を助けてしまうというリスクに身をさらしているわけだ（たとえばJameson, Miyoshi, a cura di, 1998参照）。こうした趨勢は、一方では、社会的諸関係、社会的コンフリクトがますますエスニック化されていくなかで、他方では、西洋社会からの移民たちの排除を正当化しようとするさいのレトリックで用いられる、「文化的」スタイルの担う戦略的重要性のなかで（Hage 1998［二〇〇三］e Stolke 2000参照）、姿を現している。

偶然というわけではないが、さらに言うなら、これは「多文化主義」についての多種多様な文献に由来する見解のかなりの部分に見出すことのできる問題でもある。たとえば、カナダの哲学者ウィル・キムリッカ（Kymlicka 1995, p. 167［一九九八：一四四］）はこのように書いている。「先ほど略述した選択と文化とのあいだの結びつきを前提とすれば、人々は、自分自身の文化の中で生活したり働いたりすることが可能でなければならない」。多文化主義の多くの理論家たちが仕事を行うさいに用いる文化の概念は、二〇世紀初頭の人類学から無批判に取り入れたと思える様式にしたがって、「文化」と「民族」とが一致するという前提に基づき、その一体性と不浸透性を当然視してしまう傾向がある。この前提こそが、人類学のもっとも最近の展開によって強烈に異を唱えられてきたのだ[22]。おまけに、この視角が移民たちに適用されるなら、それはかれらのバイオグラフィーの特徴である、出身地の「文化」または「コミュニティ」との断絶を包み隠してしまい、移民研究の基本的問題のひとつに相当するはずものを、すでに解決されたものとしてアプリオリに提出する方向へとすすむことになる。この問題というのは、移民たちの「アイデンティティ」が生産され、再生産され、改変される様々な過程のことだ。またフランスの人類学者ジャン＝ルー・アムセル[10]（Amselle 1990, p. 37）によって記されたように、「マイノリティの権利のなかには、自らの文化を放棄する権利もある」ことが忘れられてはならないのである。

あやふやな所属

実際、多文化主義の様々なレトリックと理論が、「他者」のステレオタイプ化されたイメージを育んでしまうという確かな危険が存在している。それは、西洋の白人の市民に対して、様々な「民族」の代表者たちが、自らの「文化」的独自性を見せびらかすある種の差異の見本市において上演される。この西洋の白人市民は、明らかに植民地主義に由来するモデルにしたがって、民族的に「中立的」であると考えられている（Žižek 1997, p. 37 参照）。数々の新たな境界はこのように、シティズンシップの輪郭をさらに粉砕するために生起しているのかもしれない。これらの境界の確かな痕跡を、アメリカの大都市のみならず、ヨーロッパにおいても見出すことができる。これは、多文化主義に関する議論のなかでかなり流通している「本質主義」に逆らって、ホミ・バーバ（Bhabha 1994［二〇〇五＝二〇一二］）によって提出された「中間地点（in-between）」のようなカテゴリーが示唆する転地というものを、強く主張するための適切な理由となる。つまり、「相互に連結された世界へ介入すれば、程度の差こそあれ、人はいつも「非真正な」存在である。たとえば、一つの文化ともう一つの文化のあいだに挟まれたり、また別の文化に巻き込まれたりしてしまう」（Clifford 1988, p. 24［二〇〇三：二四］）のである。[23]

他方で、以下のことについて、口を閉ざしておくこともまたできない。それは、こうした転地の状況を評価する姿勢がかなり頻繁に、ノマド的また「異種混淆的」なアイデンティティを、単に美学的レヴェルでのみ賛美する羽目に陥っていることだ（Žižek 1998, pp. 80 s.）。こうした賛美は、「流浪」、つまり移民たちの流浪生活、「異種混淆」の経験に日常的に伴う――「流浪」の生産性についての原型的形象たるオデュッセウスから、エウマイオスへと向けられた言葉を借りれば――「苦しみと不幸」（Od., XV, 345［一九六四：四二三］）の重荷にはまったく（また冷笑的に）無自覚なのである。そこでは、根こぎによって可能となる自由が想定されているのだが、それについて熟考するために立ち止まることは何ら重要ではない。それよりもむしろ、文化的異種混淆の諸過程のなかに──「グローバル化時代」に支配的な産業のひとつ、「文化」産業がそこから着想を入手する有力な集団実験室を見出すのみに限らず──普遍的なものの新たな形象が、矛盾をはらみながらも形成されていることを突き止めることが重要なのだ。この形象はなおも、政治的に解釈され評価されるのを待っている状態にある。

シティズンシップと移民についての考察は、ここで提起されたように、境界の政治的機能に対する批判を、その特徴的要素のひとつとして採用する。そうであれば、実際のところ、この考察は、普遍主義的装置を絶対厳守すべきものとして認識する視角の内部に身を置くよりほかにはない。これは、歴史的観点からみても、理論的観点からみても、西洋の普遍主義パラダイムの定式に消去不可能なかたちで刻まれている特殊な諸要素への意識を消し去ることと同義ではない。また、「差異」をめぐる言説と政治が具体的に発現することで、このようなパラダイムに実際にもたらされた挑戦を留保することと同義でもない。しかしながら、権利とシティズンシップの言語は、現状維持を擁護し、支配を正当化するただの手段へと反転することとさえなければ、普遍化へと向かう自らの傾向を失うことはない。権利の普遍主義のあらゆる哲学的「基礎づけ」が徹底的に批判されるとしても、とにかく権利の言語のなかに、「傾向において普遍的である拡張的要素」が存在していることを識別せねばならない。つまりそれというのは、「蜂起し、反抗し、自らの尊厳を肯定するという典型的に人間的な身振り」(Baccelli 1999, p. 193)を識別すること以外の何ものでもない。

権利の保護と保証を可能とする独自の法的手法が探求されるのを軽視するわけではいっさいないが、こうした視角によって強調されているのが、権利自体の承認を勝ち取るための、主張、要求、動員といった「アクティビスト的」要素であるのは明らかだ。その結果、ここで話題にしている普遍主義は、自然的・平和的絶対性のいかなる特色をも喪失する。この普遍主義は、問題をはらんだものとして、つまり、そこにおいて多数の「特殊な」要求が表現されるコンフリクトの内部の賭け金として特徴づけられることになるのだ。

この視角を、ここで私たちに関心のあるテーマに適用すると、それは権利と所属のあいだの結びつきを新たな方法で考えるように迫る。この結びつきこそが――歴史的にも理論的にも――シティズンシップの言説のなかで、普遍主義と排他主義とのあいだの真の均衡点を構成する。それゆえに、多くの研究者たちが、以下のことを強調している。移民たち自身のもたらす「差異」は、所属についてのどんな類の民主主義的着想とも両立不可能な要素などではない。それはむしろ、近代社会の構造に関わるひとつの要素を体現する「多元主義」、世界へのイメージ・利害・「忠誠」の「多元主義」との連続線上に並ぶものであると。この視角からすると、「公共生活のあらゆる側面において、私たちが十全な資格のある社会の構成員としての参加を可能とする政治的・市民的・社会的諸権利」を、移民たちに対して認めるなら、かれらの所属感覚を向上させ、コンフリクトの可能性を薄めることに寄与するというわけである（Spencer 1995, p. 13）。

こうした立場には、十分な思慮深さがある。しかしながら、それが次のことを忘れさせることになってはいけない。それは、「所属」という見地から考えた場合、移民たちによって数々の特殊な特質がさし出されているということだ。移住の事実そのものによって表現される「裁判権の変更」要求（Gambino 1996 参照）、ある政治的・社会的・文化的空間からの逃走。すでに述べたように、これが、新しい政治的・社会的・文化的空間への十全な加入を求める要求と対をなすことはほとんどない。移民たちのアイデンティティの、これらあいまいで両義的な特徴を強調することが、こんにちでは重要なのだ。この観点からすれば、こうしたアイデンティティの特徴は、現代の西洋社会においては、何ら例外的ではないわけであり、まさしくこうした意識からこそ、この特徴は強調されなければならない。離脱

（アルバート・O・ハーシュマンとともに言うなら退出（exit））の数々の主体的振る舞いが、シティズンシップの線細工それ自体の内側に、近年著しい勢いで広がりをみせてきた。これは、イタリア（だけではない）の最近の歴史を特徴づけた領土的離脱の要求、「税収からの脱出」、アメリカと同様に、ヨーロッパの旧来また新規の金持ちたちによる「ゲーティッド・コミュニティ」への自主隔離を望む傾向に限られた現象では些かもない。「離脱」と退出の振る舞いは、一九六〇年代、一九七〇年代の社会運動以来、伝統的な所属の考え方を「下から」もまた危機へと陥れてきたのだ。それは、家族という型に対するフェミニズムの批判について考えてみれば十分である。家族という型は、福祉国家が十分な展開をみた時代においては、民主的シティズンシップそれ自体の基本的支柱のひとつに相当していたのだ。さらに、社会的接着剤としての「労働倫理」の危機、またあらかじめ定められた「私たち」のどんなイメージに対してもなされる拒否と不信の振る舞い（Dal Lago, Molinari, a cura di, 2001）について考えてみれば事足りるのではないか。後者は、若年層による数多のアイデンティティの構築に刻印されている。

それゆえに、シティズンシップと移民の関係についての問いは、「正確ではっきりとした人類学」、すなわち権利の主体のイメージについて、ますます不確実性が増していく社会のただなかにおいて提出されているわけである。包摂と排除の複雑な編成内で構築されてきたこのイメージが、二世紀以上ものあいだ、シティズンシップに関する言説の展開を支えてきた（Costa 1999, p. 569 e Santoro 1999 参照）。移民たちの帰化には、所属についての所定の――結局はナショナルな――考えへの自由意志による同意の表明、「市民の大多数は……経験したことのない主意主義」（Honig 1998, p. 14）の表明が前提とされ続けている。しかし、この所属についての考えによって表現される諸関係や「忠誠」の筋立ては、ますますもろく引き裂かれたものとして現われている。ジャン＝フランソワ・リオタールとジャン＝リュック・ナンシーに必至の基準点をもつ哲学的考察の素描を用いて言えば、以下のようになろう。「不和」の要素、非所属という共通経験、反復不可能な差異の集団的要求を存分に生かした「シティズンシップの政治」は可能なのだろうか？㉔ いずれにせよ、ひどく他を排除する条件として、シティズンシップを設定する傾向に異を唱えたいのであれば、理論と実践の双方において、シティズンシップの構成的運動を切り開く仕事をしなければならない。所属を、「法的地位」としてではなく、「帰属意識のありよう、政治的アイデンティティの類型［として］……経験的に所与のものと考えるのではなく、何か構成されるべきもの」（Mouffe 1992, p. 231［一九九八：一三二］）として考察しなければならないのだ。私たちの社会に存在するという単純な事実によって、移民たちは、この方向へと仕事をすすめるための強烈な刺激を生み出しているのである。

原注

（1）Maine 1861; メインという人物についてはPiccinini 1995参照。

（2）Marshall 1949［一九九三］参照。このテクストとそれが有したその後の「幸運」についてはBulmer, Rees（a cura di）1996参照。

（3）たとえば英語圏の議論については、Patton, Caserio 2000によって提出された論考を参照せよ。

（4）Mezzadra, Ricciardi 1997参照。さらに、アメリカの経験から同様の問題を分析したものとして、Fox Piven, Cloward 1997がある。

（5）Castles, Davidson 2000, pp. 1-25参照。グローバル化についての限りない文献のなかの最初の方向づけとして、Mezzadra, Petrillo（a cura di）2000の編者たちによる序論を参照せよ。

（6）私も参加した集団研究のなかで考え抜かれたいくつかの貢献に言及するなら、たとえば、『アウト・アウト（aut aut）』誌二七五号一九九六年九－一〇月（この号は「内部／外部、排除の舞台」というテーマに特化している）とDal Lago（a cura di）1998に所収された論文を参照せよ。

（7）たとえばBrubaker 1992参照。しかし、生地主義モデルを過度に理想化することに対する最良の対抗策が、Amselle 1996によって示されている。それは特にフランスでの展開について言及している。またDubois 2000もかなり興味深いものである。私見では、過剰にその均等化の傾向が強調されがちではあるが、ヨーロッパ諸国でのシティズンシップに関する法律の昨今の変化についての有用な論考として、Hansen, Weil（a cura di）1999参照。

（8）Dal Lago 1999参照。グローバル化の現代的諸過程という文脈において、「外国人」というカテゴリーをかなり刺激的なかたちで再読したものとして、以下を参照せよ。社会学的観点からはBeck 1995、哲学－政治的観点からはGalli 1998である。「小さな祖国」という概念については、『政治哲学（Filosofia politica）』誌XV巻（二〇〇一）、三号に所収された寄稿文（特にA・ペトリッロの論文）を参照。

（9）Pries 1998, p. 63.「トランスナショナルな社会空間」の概念については、Faist 2000また『アフリカとオリエント（afriche e orienti）』誌Ⅱ巻（2000）、三／四号の特集「出移住、入移住、越境移住」（F・カルヴァネーゼ、R・D・グリッロ、B・リッチョ、R・サリー、K・コーザーの論文がある）をまた参照せよ。

（10）García Canclini 1990, pp. 294-305（ティファナについて）また291 s（アギリヤについて）参照。一九九五年に英語に翻訳されたガルシア＝カンクリーニの著書は、「文化とグローバル化」（たとえばTomlinson 1999［二〇〇〇］、特に第四章参照）と「新しい移民の移動」（たとえばPapastergiadis 2000、特に第五章参照）に関する国際レヴェルの文献に大きな影響を与えてきた。ラティノスの移民たちの越境的コミュニティの形成過程を分析したものとして、Rodríguez 1996がある。この分析は、アメリカへと向かう移民たちの「自律的力学」を支える越境的コミュニティの役割を強調している。より包括的なものとしては、Gutierrez（ed）1996とDavis 2000、特にpp. 79-89もまた参照せよ。

（11）ディアスポラへの言及にあふれたこれらの研究における支配的傾向への批判としては、Chrisman, Parry (eds) 2000に所収された論文を参照。Ong 1999, pp. 12-16もまた参照せよ。ポストコロニアル研究について、それが移民研究にもたらしうる様々な刺激については、ともかく第四章で展開される分析を参照せよ。とりあえずポストコロニアリズムに関する文献の昨今の趨勢については、Hardt 2000参照。さらにこの議論についての良好な手引き書として、Loomba 1998［二〇〇一］、特にYoung 2001を参照。後者は反植民地主義とポストコロニアリズムとのあいだのつながりを強調している。

（12）「遠隔地ナショナリズム」の定義についてはAnderson 1991［一九九三］, p. 216（これは一九九二年版の補遺「新世界無秩序」である）参照。また当のアパデュライもこの問題の総体について十分に自覚している。たとえばAppadurai 1996［二〇〇四］, pp. 213-215参照。

（13）ディアスポラの概念化については、Hall 1990, Safran 1991, Anthias 1997, Cohen 1997, 特にRahola 2000を参照せよ。

（14）Gilroy 1993［二〇〇六］, 特にpp. 1-40参照。「ブラック・アトランティック」のテーマをめぐって、近年では激しい議論が展開されてきた。最近のものとしてWalvin 2000（さらなる文献の記載についてはpp. 171-173）参照。

（15）これらの過程に注意を払ったフェミニストの考察については、Jaggar 1998というすばらしい論文、さらには『プロクラ――批判的社会科学雑誌（Prokla. Zeitschrift für kritische Sozialwissenschaft）』XXVIII巻（一九九八）、一一号のB・ヤング編集のグローバル化とジェンダーについての特集部分を参照。

（16）これは、たとえばG・ツィンコーネ（Zincone 1994）の「役に立つ権利」という提案のなかでなされていることだ。それはまさに政治的権利、社会的権利との対立に基づいたものである。

（17）特にThomas, Zaniecki 1918-1920［一九八三］、Thomas 1921参照。最良の歴史的概観についてはRauty 1999参照。またPetrillo 2000, pp. 107-138も参照。

（18）Bommes, Halfmann 1994参照。社会管理のパラダイムが変更される文脈下の「セキュリティ至上」運動の分析については、Palidda 2000参照。

（19）ヨーロッパの状況についての優れた論考としてRea, Wrench（a cura di）1999に所収された論文を参照。イタリアの状況についての初期の包括的な手引きはPugliese（a c. di）2000とAmbrosini 2001によって提出されている。

（20）それとは反対に、G・ツィンコーネ自身によってコーディネートされた移民統合政策委員会の膨大な量の仕事は、分析の基盤として「受け入れ社会」の観点を一方的に採用する方向へとすすんでいる。それは彼女が回答しなければならない仕事の依頼者の統治を目指す性向と一致したものだ。Zincone（a c. di）2000と2001参照。

（21）Zanini 1997, 特にpp. 10-14; Westin 1998, pp. 62s参照。いずれにせよ、概念に関わる観点から、境界地帯（frontiera）と境界（confine）のあいだの区別を再び取り戻し強調することによって、以下のことが妨げられてはならない。それというのは、「境界空間（spazio di frontiera）」という着想が、避難民と移民に敵対する極めて抑圧的な境界管理レジームの基礎のひとつとなっているのを批判的に強調することである。この意味では Dietrich 2000, 特にpp. 131-135参照。

（22）この意味では Amselle, E. M. Bokolo 1985とClifford, Marcus（a cura di）1986［一九九六］参照。

（23）アフリカ系アメリカ人の文化と運動についての研究者の観点からなされる、Ch・テイラーのような著者の立場に暗に含まれている「本質主義」への批判については、Appiah 1994参照。「オーストラリア流多文化主義」に対する批判的視角もまた非常に関心を引くものである。それは Hage 1998［二〇〇三］、特にpp. 117-140にみられる。「本質主義」の諸前提の外部において多文化主義のテーマについて考えようとする興味深い試みとして、Westin 1998とPapastergiadis 2000, pp. 146-167参照。

（24）この視角においては、Shapiro 2000のすばらしい論文を参照せよ。

訳注

〔1〕エメ・セゼール、砂野幸稔訳、「ハイチ詩人デペストルへの返事（詩法の諸要素）」『現代思想』二五－一一、一九九七、五五頁。

〔2〕ピエトロ・コスタ（Pietro Costa）、法学者。シティズンシップの歴史的形成過程や現代的変容について仕事を行っている。著書に、*Cittadinanza*［『シティズンシップ』］（Laterza, Roma-Bari, 2013）など。

〔3〕ダニーロ・ゾーロ（Danilo Zolo）、法学者。シティズンシップ、民主主義、戦争などについて数多くの著書がある。アントニオ・ネグリ、『〈帝国〉をめぐる五つの講義』（小原耕一、吉澤明訳、青土社、二〇〇四）に、ネ

グリとの対話が掲載されている。

〔4〕アブデルマレク・サヤッド（Abdelmalek Sayad）、移民にかんする著作、特にフランスにおけるアルジェリア移民の研究で知られた社会学者。一九三三年にフランス植民地下のアルジェリアで生まれ、一九六三年にフランスに移住。ピエール・ブルデューの助手も務めた。フランス国立科学研究センター、社会科学高等研究院に勤めた。一九九八年没。代表的な著書として、*La doppia assenza: Dalle illusioni dell'emigrato alle sofferenze dell'immigrato*［『二重の欠如――出移民の幻想から入移民の苦悩へ』］（Cortina Raffaello, Milano, 2002）など。

〔5〕拘禁センター（centro di detenzione）には、機能、運営方法、運営主体、拘留期間などにおいて様々な種類がある。主として、強制送還を待つ移民を拘留する施設とされるが、ヨーロッパにたどり着いたばかりの移民を収容する応急救護用の施設、さらには庇護申請者用の施設などもある。拘禁センターは、ＥＵ諸国のみならず、今ではアフリカ諸国やウクライナなど、ＥＵの外部へも拡散している。以下の「ミグレウロプ（Migreurop）」のＨＰを参照するとわかりやすい。http://www.migreurop.org/IMG/pdf/Carte_Atlas_Migreurop_19122012_Version_francaise_version_web.pdf 拘禁センターの廃止は、ヨーロッパの移民たちの闘争において、重要な目的であり続けてきた。

〔6〕ニコス・パパスタギヤダス（Nikos Papastergiadis）、カルチュラル・スタディーズ、文化、メディア、コミュニケーション研究。メルボルン大学。著作に、*The Turbulence of Migration: Globalization, Deterritorialization and Hybridity*［『移民の乱流――グローバル化、脱領土化、異種混淆性』］（Polity Press, Oxford, 2000）など。

〔7〕ジュール・レズリー・コールマン（Jules Leslie Coleman）、アメリカの法学者。著作多数。*The Oxford Handbook of Jurisprudence and Philosophy of Law*［『法学と法哲学についてのオックスフォードの手引書』］（Oxford University Press, Oxford, 2002）の編者のひとり。

〔8〕サラ・K・ハーディング（Sarah K. Harding）、法学者、シカゴ‐ケント・カレッジ・オブ・ローで教える。

〔9〕ヴォルフガング・ケルスティング（Wolfgang Kersting）、ドイツの哲学者。カントの研究で知られる。「最小社会国家」の概念を提唱。著書に、*Theorien der sozialen Gerechtigkeit*［『社会正義論』］（Metzlersche J.B. Verlagsb, Verlag, 2000）など。

〔10〕 ジャン＝ルー・アムセル（Jean-Loup Amselle）、フランスの人類学者、社会科学高等研究院。著作多数。*Logiques métisses: Anthropologie de l'identité en Afrique et ailleurs*〔『混血の論理——アフリカと他の場所におけるアイデンティティの人類学』〕（Payot, Paris, 1990）、*L'Ethnicisation de la France*〔『フランスのエスニック化』〕（Éditions Lignes, Paris, 2011）など。

第四章　世界、植民地以後

「獲得するものは全世界である」
K・マルクス、F・エンゲルス『共産党宣言』（一八四八）[1]

いくつかの糸を結び直そう。私たちの分析のなかでは、現代の移民は、数々の主体的緊張によって横断された存在として姿をみせてきた。たとえ意識の次元には何ら一致していないとしても、商品と資本の移動によって平滑なものとして形容されつつあるグローバル空間のなかで（Galli 2001, pp. 131-172参照）、かれらは、ドゥルーズとガタリの用語（Deleuze e Guattari 1980［一九九四＝二〇一〇］, pp. 693 ss.）で言うところの、逃走線、条理の多元性を描き出している。トランスナショナルでディアスポラ的な新しい社会空間、文化とアイデンティティの異種混淆化の運動が、「所属」についてのあらゆる一義的な考えに疑問を投げかけているのである。これは、昔ながらのテーマの現代における変形版であると言えよう。すなわち、労働力が必要とされると、生身の人びとがやってくるということだ。かれらは、マルクスによって指摘された労働力という絶対的に唯一の商品の有する特殊性を可視化する。しかしながら、これらの逃走線の多元性をより接近して注視してみると、そこには、もっと複雑な運動の痕跡もまた発見することができる。この運動は、古典的分析の確かさを確認するにとどまらず、私たちが生きるグローバルな世界の系譜学に内在する要素、きまって決して語られることのないひとつの要素を浮かび上がらせるものだ。まずはおおざっぱではあるが、これが本章で取り組もうとすることである。

イギリス、一九四八

前章でホミ・バーバを用いて言及したように、粉々になった数多の歴史の集合体が、移民たちの移動によって、西洋の個々のナショナル・ヒストリーの内部に（ここではこう付け加えよう。全体としての西洋史の内部に）散種されている。これらの歴史群は、それぞれのナショナル・ヒストリーの直線的な物語を攪乱し、その均質的な時間性をめちゃくちゃにする。しかしながら、そもそものところ、これらの歴史群は、いかなる場所、いかなる時代に起因するものなのか？　何がこれらの歴史群を、粉々になった歴史として特徴づけるのだろうか？

第二次大戦以降の移民たちの移動は、脱植民地化の過程と固く結ばれている。この事実は、特にフランスやイギリスのように、長期に及んだ植民地的過去のもたらすやっかいな遺産を考慮しなければならなかった国々で広く認められる。[1] とりわけイギリスには、ここ五〇年間の移民の「ポストコロニアルな」本質を浮かび上がらせるために用いられるひとつの象徴的な出来事がある。それは、一九四八年六月に、エンパイア・ウィンドラッシュ号という汽船が、ティルベリー港に到着したことである。この汽船が乗せていたのは、カリブ海地域出身の移民たちだ。この出来事の五〇周年祭は、イギリス社会の歴史における真の転回点として祝福されるものであった。この出来事以降は、「多文化主義」をめぐる諸問題、帝国の終焉、そしてイギリスのアイデンティティの意味そのものを、あらゆる点で再定義するという必要性を、イギリス社会は考慮しなければならないというわけである（たとえば Phillips, Phillips 1998 参照）。

しかしながら、最近バーナー・ヘッセ[2]が示してみせたように、エンパイア・ウィンドラッシュ号の到着の意味が、このようなやり方で祝福されるとしたら、そこには正常には作動していない事柄が存在している。同じ一九四八年の八月に、かつての定義を用いて言えば、一連の「人種的無秩序」が、三日間にわたってリバプールの街を揺り動かしていた。数百人の白人たちが、黒人の船乗りたちが出入りする住居・宿泊所・社交クラブを急襲したのだ。黒人の船乗りたちは、白人の船乗りたちが被る失業のスケープゴートにされた。甘受するよう強いられていたこの暴力に応答するべく、黒人たちが自主的に組織化を行ったとき、警察の介入は極めて厳しいもの、選別的なものとなった。すなわち、介入は黒人たちに対して集中的になされたのだ（Hesse 2000b, pp. 100 s.）。リバプールのこの事件のなかに、「下から」のレイシズムと国家のレイシズムとのあいだの関係図式が例証されているさまを確かに見て取ることができる。それは、西洋史のもっとも暗澹たるページを特徴づけるものであり、引き続く年月においても頻繁に姿を現すことになる。しかしながら、さらなる重要性をもつまた別の状況が存在している。それは、リバプールの黒人船乗りたちが、第二次大戦の後にやってきたわけではないということだ。むしろかれらは「ブラック・アトランティック」（Gilroy 1993［二〇〇六］）の布置の一部を形づくっていたのである。「ブラック・アトランティック」は、主要な放射点をリバプールに有していた。それは、この都市が一八世紀に奴隷売買の重要な中心地のひとつとなって以来のことである。さらに言えば、西アフリカ、カリブ海地域、アメリカからやってきた黒人船乗りたちは、すでに一八三〇年頃には、リバプールの人文景観を構成する馴染みの一要素だったのだ。それは、イギリスの他の多くの港湾都市においても同様である（Lane 1987, p. 117）。かれらの多くは、リバプールに居を構え、ウィンドラッシュ号が到着するよりもはるか以前に、様々な出自をもつ者たちが混成した黒人コミュニティをつくり出していたのだ（Brown 1998 参照）。

ここで問題となるのは、これらのコミュニティの人口学レヴェルの重要性ではない。問題は、イギリス――また近代西洋――の歴史から分離不可能なものとして、様々な行程が混成的にもつれあってきた「痕跡」としてのこれらのコミュニティが有する意味だ。実のところ、サルマン・ラシュディの『悪魔の詩』のなかで、イギリス人について読み取ることのできる事柄は、西洋の人間全体にあてはまる。「エ、エ、英国人に関する問題とは、そのレ、レ、歴史からして海外にも相渉るものだから、彼らにもその意味が、ワ、ワ、わかりかねるのです」(Rushdie 1988, p. 367〔一九九〇：一一八〕)。本章の出発点である最初の事例にとどまれば、以下のように言える。一九四八年のウィンドラッシュ号のティルベリー港への到着を祝うはずの五〇周年祭の祝賀は、逆説的にも、この抑圧を繰り返しているのだと。より適切に言うべく、ラカン流のカテゴリーを借りれば、これは予めの排除(forclusione)という諸形式の内部で起こる事実の曲解である[2]。要するに、植民地的シニフィアンと定義されるものが、主体の内部に投げ返されるのではなく、外部の環境へと投影されているのだ。こうして、エスニックまた人種的見地からすれば、もっぱら白いものとして、言わば中立的なものとして内示されたイギリスのナショナル・アイデンティティへの強迫観念が引き起こされる。このような過程を背景にして、歴史叙述という見地からも、ウィンドラッシュ号のような出来事は、次のようなかたちに仕上げられてしまうのである。まるで、ただ戦後になってのみ、イギリスのアイデンティティは、自らの空間の内部で、「他者」の急襲を考慮にいれる(寛容であろうとなかろうと)必要性に直面したかのように(Hesse 2000a, p. 11)[3]。このようにして、幅広いスペクトラムのなかで政策を展開するための諸条件が提供されることになる。これらの政策は、寛容な「多文化主義」の様々なバリエーションにはじまり、脅威にさらされた白いアイデンティティのナショナリスティックな防衛にまで及ぶ。明らかな違いを含んでいるにもかかわらず、この両者ともに、以下の点を共有している。それは、西洋の植民地事業を支えてきた人種的非対称性を再び提出しているという点にほかならない。

古いセグリゲーション

さらに言えば、これはイギリスやフランスのような国にのみ限られる結論では些かもない。要するに地味で少しばかりの「栄光に満ちた」帝国的過去しかない国においても、数々の植民地的なステレオタイプや思考が、持続的力を有しているのを確実に裏づけるには、極めて遠近法的ではあるが、かなり事態を暴露できる視点から、現代の移民を眺めてみればよい。その視点は、有色の人びとの売春と平均的なイタリア人の客との関係を媒介するエロティックなイマジナリーによってはっきりと示されている(Dal Lago, Quadrelli 2001 参照)[4]。いずれにせよ、論点はこうである。近代という時代に、ヨーロッパまた西洋に共通のアイデンティティが構築されていくときに、植民地的過去がそれを構成する一要素であったということだ。少なくとも、エドワード・サイードの『オリエンタリズム』(1978〔一九八六＝一九九三〕)に関する研究が出版されて以来、このテーマを扱った国際レヴェルの研究によって長年にわたってかなり執拗に強調されているように、西洋の植民地事業は、その歴史的かつ物質的な波及効果を越えたところで、もっとも重要とされる「認識論的」効果を生み出してきたのである[5]。

少なくとも私たちの観点からすれば、ここで重要なことは、植民地主義に関する研究を、物質的な過程から、言説や知といった「エーテル」の領域へと移動させることではない。そうではなく、結局はフーコーの教えにならって、この「エーテル」のレヴェルにおいても、物質的レヴェルにおいては明白たる無言の暴力の負荷が働いているのを追跡することが重要なのだ。そうすると、ディケンズの『大いなる遺産』の舞台の中心に、オーストラリアのアボリジニーに対するジェノサイドを設定できる(Said 1993〔二〇〇一〕, pp. 11-13)。また、カントの『判断力批判』におけるフエゴ島の先住民についての物悲しい素描を追跡すれば、近代的主体、ゆえに西洋普遍主義は、「地‐政学的に差異化されて」（Spivak 1999, p. 26［二〇〇三：五八］）生起するという結論に達することができる。それどころか、植民地行政官や人類学の先駆者たちの仕事を再構築してみれば、西洋で現代の移民のアイデンティティを定義するさいに普通に用いられている「民族」のような一見中立的なカテゴリーが、植民地主義の歴史に深く巻き込まれたものであることも見出されるのである（たとえばAmselle, M'Bokolo 1985参照[6]）。さらに言えば、人口統計学のような一見すると無菌にみえる諸々の「科学」によって、植民地主義が「象徴的な形式で」延長されていることを示せるようにもなる。というのは、これらの「科学」が、以下の内容を当然視するような分類学的基準を人口分析に用いているからである。その内容というのは、ヨーロッパ諸国は今や「民族」などまったく存在しない均質的な「諸国民」であるが、地中海の南岸諸国はその内部に「影響力のある民族的残滓」を寄生させており、ブラック・アフリカ諸地域は、国民原理という「真理」に到達できず、民族ごとの区別という名で整理された、劣等的地位にいる人間の居住地を形成しているとするものだ（Le Bras 1998, pp. 174 s.）。

私たちの分析は、ここまでのところ、コロニアル状況とポストコロニアル状況のあいだの連続性について諸々の要素を積み重ねていく（より現実的には示唆する）ものであった。現代の様々な議論は、帝国の時代を特徴づけた厳格さから全面的に解放されたものとして、ポストコロニアルという条件を提示しがちである。しかし、このような議論の展開に対しても、ここまでの知見を強調しておかなければならない[7]。移民たちの移動に対する西洋の閉止、リベラル政治理論の「内地原理」と「外地原理」のあいだの「非対称」、正確に言うなら、「市民」の待遇を定めるべく援用される「内地原理」と、「非市民」という待遇に適用される「外地原理」のあいだの「非対称」。リベラリズムは、モダニティのヘゲモニックな思考体系として構築されてきたわけであるが、この「非対称」とはつまるところ、以下のように正しくみなせよう。歴史的にこの構築に付随してきた「空間」支配の諸論理が、ポストコロニアルな仕方で帰還してきたものであると（Cole 2000, pp. 192 ss. 参照）[8]。しかし、さらに歩をすすめる必要がある。私たちは、非連続性についての諸々の要素も解き明かしはじめなければならない。本書のテーゼにしたがえば、これらの要素のもっとも重要な運び手のひとりが、移民たちであるというわけだ。この目的からするなら、以下のことを強調しておくのがよい。それは、西洋の植民地事業を貫く全コードが、いかにセグリゲーション主義のしるしに起因していたかということである。このしるしは、「非ヨーロッパ世界の、意図的な、もしくは無意図的な沈黙」（Said 1993, p. 75［一九九八：一一〇］）という暗黙の前提に基づきながら、空間と時間という二つの総体的次元のなかで表明されてきたのだ。

非常に重要な研究のなかで、ニコラス・トーマス[3]は、ビュフォンの博物学モデルにならい、一九世紀の途中に有力となった人種ヒエラルキー・モデルが、ヨーロッパの近代植民地主義の第一段階に付随していたイデオロギーに対し、いかに重大な区切りを定めているかを説明している（Thomas 1994, pp. 66 ss.）。新世界の「発見」と征服の時代の非西洋世界の人びとに対するヨーロッパ人たちの態度は、ルネサンスの文脈のなかで、宗教的な観点から、つまりは人種的ではない観点から転写された「野蛮人」のイメージ、さらには異教徒と異端者とのあいだの区別によって特徴づけられたものであった。明らかだが、「改宗」や「福音伝道」といったレトリックによって、征服の暴力が減ぜられることなどは微塵もなかった。それどころか、信仰はこの暴力を正当化していた。けれども、これらのレトリックは、これらの人びとと「文化」が根源的に他なるものであるという思想に基づいて、植民地支配を正当化するモデルが結晶化することを妨げてはいた。このようなモデルが可能となるには、人びとを階層的に配列するための前提条件として、文化的差異を本質化することが必要だったのだ。一九世紀の経過のなかで、アカデミックな知と「植民地統治性」の独自の実践が、こうした仕事に取り組むこととなる。一九世紀の人類学のもっとも公然と「進歩主義者」であったはずの専門家たちが、このモデルの影響を受けてしまうのである。このモデルは、人類学の内部にどれほど浸透していたのだろうか。それは、フランツ・ボアズの「人類学研究の目的」（Boas 1932［二〇一三］）から抜粋した、以下の短いくだりによって効果的に示すことができよう。「個々の文化は自立的存在であり、互いの間の差異は大きく、それは動物における種、あるいは属の段階にすら到達している。共通の基盤は、永遠に失われている[4]……ばらばらになった個々の文化を連続的な総体として取りまとめることはもはや不可能になるだろう」（*cit. ivi*, p. 89［九四］）。

そういうわけで、これが一九世紀ヨーロッパの植民地事業のなかに含まれていたセグリゲーションのもっとも重要な価値である。要するに、「人種」や文化のあいだには、厳格で乗り越え不可能な境界があるということであり、それは植民地領から宗主国を分離していたラインの厳格さに対応していたのだ。それは、共訳不可能な世界のあいだを分割するのである。このようにして、イギリスのケースで考察したように、宗主国の中心部における非ヨーロッパ人のコミュニティの存在自体を、効果的に抑圧するための諸条件、認識論的かつ物質的な諸条件が整えられることになる。しかし、この空間的セグリゲーションは、それと同じくらい厳格な「時間的」セグリゲーションによって倍増、確認、強化されていた。この観点からすれば一九世紀後半のもっとも「すすんだ」自由主義思想家のひとりであったジョン・スチュアート・ミルに簡単に目を向けるのが非常に有益であろう。「自由国家による従属国の統治について」と題された一八六一年の『代議制統治論』の第一八章で、ミルは、アメリカとオーストラリアにあるイギリスの植民地領には、代議制の原理を適用する必要性があることをすすんで認めていた。この文明（ミルは言及するのを避けているが、たとえそれが先住民に対するジェノサイドの上に確立されたものであるとしても）は、「支配国と類似」（Mill 1861, p. 235［一九九七：四〇七］）しているのだと。しかし、彼は他の植民地領（何よりもまずインド）については、いかに代議制を適用する価値がないのかを強調していた。これらの植民地は、「そうした状態にまだ到達しない諸従属国であり……支配国によって、あるいは支配国がその目的のために派遣した人物によって統治されなければならない」（*ivi*, p. 241［四一九］）。ここに、「歴史主義的な」前提が作用しているのは明らかだ。この前提は、結局のところ、イギリス植民地主義によってインドへともたらされる「進歩的な」価値について、若きマルクスの下した評価のなかに見出せるものとまったく同様である。それは、非ヨーロッパ諸地域を一種の「想像上の歴史の待合室」のなかへと閉じ込める。非ヨーロッパ諸地域は、ヨーロッパの基準に順応したいと欲してはいるが、「歴史主義的」前提によって、その基準からの永久的な遅延のなかに閉じ込められるのである（Chakrabarty 2000, p. 8）。つまり、「文明」の時間とは別の時間のなかに閉じ込められるというわけである。

ひとつの世界

しかしながら、ジョン・スチュアート・ミルの本が出版されるよりもずっと以前に、ヨーロッパ西洋は、黒人たちのスペクタクルに、相当に驚愕しながら立ちあわざるを得なかった。これらの黒人たちは、ジャコバン主義者とパリの急進共和派の共和制への夢を真に受け止め、自らの生来の自由と平等を主張したのである。そして、自分たちの身体への白人支配の終焉を要求するべく、華々しい反乱を起こしたのだ。一七九〇年代にトゥサン・ルーヴェルチュールによって率いられたサンドマング島の奴隷たちの蜂起が有したラディカルな特徴。すなわち、この蜂起を「ブラック・アトランティック」の人びとの永続する政治的神話として作用させたもの。それというのは、その瞬間まで「白人の歴史には存在しない、白人の歴史には関係のない、とにかく白人の歴史に従属するとみなされていたはずの数々の歴史」が、この蜂起とともに、「白人の歴史が前進するもっとも高度な水準において直接姿を現した」（Ricciardi 2001, pp. 83 s.）ことにある。[9] この成功によってこそ、サンドマング島の蜂起は、「新世界」における奴隷たちの存在の政治史のなかの真の「転回点」となるのである（Genovese 1979, pp. 82-125）。また、白人に留保されたそれとは異なった時間・空間の内部に隔離されたままでいるのを物質的に拒否するということ。それは、アメリカ南部のプランテーションからの数々の逃亡、つまり南北戦争時の「黒人革命」を先取りするこれらの逃亡を、二〇世紀の反植民地闘争へと結びつける導きの糸を構成するものにほかならない。実際、脱植民地化の過程というのは、それがもたらした具体的な結末に関わらず、以下のことをきっぱりと断言するものであったのだ。それは、西洋の歴史的変遷には関係がないという理由で、諸々の個人、諸々の「民衆」を、閉じ込めることができるなどと当然視することは断じてできないということだ。植民地支配の暴力によって、いったんこの歴史的変遷の内部へと運ばれるのであれば、かれらはその余白を占め続けることをまさしく拒否してきたわけなのである。

「宗主国」地域の外部から眺められたここ二世紀の歴史というのは、その構成上の特徴として、植民地主義と反植民地闘争とのこのような弁証法を提示している。さらに、現代の「グローバル化」の顕著な特色のひとつは、空間的‐時間的セグリゲーションを、支配と搾取の諸関係を貫く全コードとして、再び提唱することの不可能性が露となったことにある（Hardt, Negri 2000［二〇〇三］）。この観点からすれば、この惑星の統合とは、ネオリベラルなレトリックによって語られるそれとはかなり異なった経過、より劇的な経過へと帰結することになろう。だが、近年私たちがその証人となってきた数々の過程からなるこの歴史的敷居の特徴は、もっと現実的なものであり、もっと根源的なものである。確かに空間的セグリゲーションの力学は、現代世界のなかでなおも力強く作用している。それは、アメリカとヨーロッパの大都市においてもである（Davis 1991［二〇〇一＝二〇〇八］; Bauman 2001［二〇〇八］, pp.

107 ss.）し、陸地の隅々に広がる輸出産業地区やマキラドーラにおいてもである（Klein 2000［二〇〇一＝二〇〇九］, pp. 174-214）。また先ほど考察したように、労働の移動性に対する障壁の増殖というのは、どこから見たとしても、グローバルな趨勢である。しかし、諸々の境界の正当性そのものが、根源的な疑念にさらされているのだ。人びとの移動、つまりかれらの妨害不可能な移動を追い回し、規律化しようとするために、境界それ自体が可動的なもの、柔軟なものとなるよう強いられているのだ。これと類似のことであるが、ジョン・スチュアート・ミルのテクストに確認された「歴史主義的」前提は、確かに世界から消え去ってはいない。それどころか、それは政治エリートや社会科学によって、「発展途上」諸国の諸問題が議論されるときの調子に、強い影響を与える条件設定を行い続けている。しかしそれでも、この前提が表現されるときの「まだ〜でない」の論理は、「民主主義へと向かうすべての大衆運動の特徴である「いまここで」への力強い要求との永続的な緊張状態において共存することを強いられているのである」（Chakrabarty 2000, p. 8）。

というわけで、非西洋諸国におけるこれらの大衆運動の最近の歴史に目を向けてみよう。私たちは、脱植民地化過程の形式上の決着の彼方、それによってもたらされた失望の彼方に関心を向けるつもりである。エドワード・サイードは、こう書いている。もし一九六〇年代と一九七〇年代が、アメリカとヨーロッパで大規模な大衆動員が実行された年月としてこんにち記憶されているのなら、「一九八〇年代は西洋宗主国の外部に大衆反乱が発生した一〇年と、確実に言えよう。イラン、フィリピン、アルゼンチン、韓国、パキスタン、アルジェリア、中国、南アフリカ、実質的にすべての東欧諸国、イスラエル占拠下のパレスチナ。いま列挙したのは、もっとも激しい大衆運動の発生をみた地域のいくつか」である。明らかではあるが、ここで言及している運動は、重大なイデオロギー上の違いによって特徴づけられるものであるし、非常に異なった諸条件の内部において生起してきたものである。だからこそ、サイードが、八〇年代の大衆反乱に共通の要素を特定していることが極めて重要なのだ。それというのは、「いかなる統治技術や統治理論においても基本中の基本といえるもの、すなわち閉じ込め原理」[5]（Said 1993, p. 357 ［二〇〇一：二三〇］）に対する挑戦、これらの運動のもたらしたこの挑戦にほかならない。ここにおいて私たちは、たとえ非常に抽象的な水準であっても、過去数十年間の反植民地闘争と明らかな連続性をもつ要素と対峙することになる。それは、グローバル化の諸過程の「主体的」側面、ほとんどいつも語られることのないこの側面を体現する諸運動の鎖のさらなる輪にほかならない。サイードの次の指摘に説得力があると思われるなら、移民の地下水脈のような移動のなかに、「閉じ込め原理」に対する反乱が継続してきたチャンネルのひとつを見出すのは、こじつけの解釈などではない。その指摘というのは、今しがた言及したすべての現実で、反植民地闘争に続く年月には、「伝統と国民的・宗教的アイデンティティと愛国主義へもどれという訴え」が、「世俗的そして宗教的権威者たちによって、新たな、あるいは新種の統治様式が模索される」（*ivi*, p. 358 ［二三一］）さいの特権的方法のひとつを示してきたということである。

いま一度、こう付言しておくのが適切であろう。この連続性の要素は、意識というものを些かも前提にはしていないと。また同様に、グローバル化の対旋律を体現している様々な主体的運動と不服従要求の豊かな筋立てを強調することは、グローバル化についての牧歌的イメージを生産することと同義ではない。むしろ、支配と搾取の諸関係は、「残滓」の次元に還元されるどころか、私たちが生きる世界の輪郭を形成する上で、必要欠くべからざる役割を果たし続けていると繰り返しておく必要があろう。いやそれどころか、前例のないほどの強度と残虐性を心得るようにさえなっているのだ。こうしたことが生じるのは、落ち着く気配など微塵もみせることのない、ひとつの運動が展開する混乱領域のなかで、この支配と搾取の諸関係が広がりをみせているからである。この運動は、商品と貨幣の命令へ、マルクスを思い出して言うなら、「抽象的労働」の規律のほうへと、それとは異なった論理で統治されている数々の身体と精神を引き戻そうとするのである。こうして、移民たちの経験は、貧窮、また物質的かつ象徴的な剝奪によって刻印された時間と空間のなかに位置することになる。かれらの身体は、排除のスティグマを帯びている。そして、先祖のルーツを再発見する——あるいは創造する——というやり方で、暫定的に縫合された傷口をみせている。しかしたとえそうであっても、かれらの声は、以下のような世界の姿を私たちに語っているのだ。世界が決定的にひとつになっているということ。つまり秩序立ての論理のなかでは、世界が完全に「ポストコロニアル」なものとなっていること。しかし、たとえそうだとしても、平和的で最終的な均衡状態など何も見出してはこなかった世界の姿を。言葉を換えよう。現代の移民を、植民地支配とそれに抗う蜂起が展開された何世紀にも及ぶ歴史へと結びつける連続性の堅い糸が存在している。そのレンズを通して解読してみるなら、グローバル化それ自体が、緊張の圏域として姿を見せることになる。グローバル化はネオリベの擁護者たちによって讃えられている、あるいは「単一思考」の評論家たちによって恐れられているものよりも、はるかに豊かで複雑な舞台として姿を現すのだ（Mezzadra, Petrillo, a cura di, 2000 参照）。

諸文化

「人やモノはいよいよ本来の場所を離れつつある」。私たちの目的にとって、ジェイムズ・クリフォードのこの格言風の主張が表現する定義よりも、ぴったりとしたグローバル化の諸過程（特に「文化的」帰結）についての定義を見出すことは難しい。この主張は最初のところで、ニューヨーク近郊地区の若い医者であったウィリアム・カーロス・ウィリアムズによって一九二〇年頃に書かれた詩に言及している。しかしそれは、私たちの現在へと意識的に身を乗り出してくる。この主張は、二〇世紀の歴史

を電光のごとく通り抜け、植民地支配への異議申し立て、その「閉じ込め」原理に対する蜂起について
ここまで論じてきたことを見事に要約している。クリフォードは、人とモノが徐々に転地（displacement）していくさまを、ある過程のなかに位置づけているが、それは一九五〇年以降、「西洋の民族誌家、統治行政官、ならびに宣教師によって長いあいだ代弁されてきた民族が、今度は地球規模の舞台で、自らのためにより力強く語り、行動しはじめた」経過のなかである。このアメリカの人類学者は、さらに続ける。「その人たちを（伝統的な）場所に閉じ込めておくことは」（Clifford 1988, p. 18［二〇〇三：一七］）、ますます難しくなっていた。西洋の人類学と民族学によって、「民族的なもの」として概念化されてきた「文化」の数々の破片が、宗主国の文脈のなかに、だしぬけに再び姿を見せるようになっていたのだ。このリズムはますます激しいものとなっていき、一九八九年以後は、もはや抗しがたいものとなる。いわば、古めかしいもの、あるいはエキゾチックなものと考えられていた諸々の「生活様式」が、突然、自らの活力を再び強く主張していたのである。それらは、「モダニティ」によってなぎ倒される運命にある「伝統」へと引き渡されることを拒否し、むしろ「モダニティ」と「交渉」し、それと「異種混淆」する戦略を展開するという驚くべき能力を提示しているのだ。

　明らかではあるが、この過程の起源には、「文化」や「アイデンティティ」といったテーマへの関心が一新されたことがある。私たちは、それが何より、多文化主義をめぐるこんにちの議論において表現されていることを考察してきた。一般論として、この議論、特にその内側で考え抜かれた具体的提案が、「文化」や「アイデンティティ」といった用語でしるされた新たな境界の確立、さらには純粋に植民地に起源を有する思考図式の再生産に力を貸す危険を呈していることは、先ほどすでに強調しておいた。問題となっているのは、文化という領域の中心性が徐々に論をまたないものになればなるほど、落とし穴となっていくような危険なのである。この中心性、つまり西洋資本主義の「精神」と物質的装備がそ

の総体において再定義されるさいに、「文化」領域の果たす中心性については、数多の分析が指摘している（Virno 1994; Boltanski, Chiapello 1999［二〇一三］, pp. 536 s.; Klein 2000［二〇〇一＝二〇〇九］参照）。その一方で、国際関係のレヴェルにおいては、今にも起ころうとする「文明の衝突」というテーゼが、パブリックな言説のみならず、アメリカの外交政策の立案者たちのなかでも不吉な信用性を獲得してきた（Huntington 1996［一九九八］）。これらの考察に、さらに次のことを付け加えることができよう。それは、アイデンティティの境界に「聖なる」特徴を付与することに反発する趨勢が生起しており、近年ではその趨勢が、アメリカのアフリカ系アメリカ人の文化を激しく急襲するようになってきたことである。このような事態が生じているのは、現代の様々な推移によって、アイデンティティの境界の架空で「想像された」性質がより如実に強調されるようになっているからにほかならない（Beck-Gernsheim 1999）。しかしそれと同時に、ポール・ギルロイのような注意深い観察者によって近ごろ告発されたように、それは、反ユダヤ主義、黒人へのレイシズムの独自の形態が根を下ろす領域として、「ナショナリスティックな」欲動の基盤を据えてきたものでもあるのだ（Gilroy 2000, pp. 207 ss.）。

そうしたわけで、ここでの分析を「アイデンティティ・ポリティックス」に対して、そして「多文化主義」の諸テーマへのいつも通りの言及に対して、寛大すぎるというかどで非難することはできない。ただ確かに、ここで主張されてきた観点からのみ、多文化主義の批評がなされているわけではないとは言わねばならない。むしろ反対に、今となっては長年にわたって、正真正銘の白人原理主義と定義しうるものの旗印のもとで、多文化主義を拒絶するレトリックのほうが、多少なりとも西洋の全域において強化されてきた[10]。政治家のそれであろうと、聖職者のそれであろうと、イスラームの危険に対する最近の罵詈雑言というのは、このレトリックの可能なるバリエーションのただひとつを構成しているにすぎない。イスラームあるいはアフリカの野蛮によって厳しく包囲された、西洋の文化（と文明）の純粋性と優越性を再び主張することで、人とモノ、「文化」と生活様式が、いっそう「本来の場所を離れて」いくよう導いてきた歴史的過程の物質性を消し去ることが、これらのレトリックでは目的とされている。こうして抑圧されるのは、植民地主義の歴史のみではない。もっと具体的に言うなら、これらのレトリックを通して、「元の場所に戻」そうとされているのは、移民たちの身体なのだ。移民たちが挑戦してきたはずの国際分業、さらには富の国際的配分が遵守されるようなら、それによって、かれらは身動きを取れなくされるのだ。

　これらのレトリックに対峙するとき、多文化主義に関連した数々の問題系から、無関心のまま解放されるようなことはない。それは、たとえ多文化主義の理論家たちに対して根源的な懐疑を保持しうるとしても、このテーマについての論争によって、リベラル・デモクラシーの近代的諸制度が、文化的に中立であり、「差異」に対して「盲目的」であるという主張を存続させる困難が明らかにされてきたという事実は残るからでもある（Kymlicka, Norman 2000, pp. 4 s.）。とにかく、カナダ、アメリカ、オーストラリアのような国々での多文化主義をめぐる様々な議論が、ナショナル・ヒストリーのあまり知られていない側面について省察する空間を切り開き、この歴史に所属することの意味それ自体を再定義する必要性を指摘してきたのだ。一般的には、これはヨーロッパにおいても、複雑に入り組んだ諸過程を請け負うことのできる、政治の批判理論をめぐる議論の礎を築く一助となるだろう。これらの入り組んだ過程を通してこそ、西洋はいっそう脱中心化されているようにみえるわけであり、西洋が現代世界のなかで帝国の位置を得る傾向にあるという点からすれば、まさしくこのように言える。普遍主義は、商品と貨幣の「まぼろしのような対象性」のグローバルなスケールにおける勝ち誇った足取りに付随する単なる色合いとして形づくられているようにみえる。しかし、このような運命からそれを解放し、再定義しようと切望する人は、非西洋地域から「第一世界」の大都市へと入ろうとする普通の人びとによって、グローバル化が想像されるさいの異なったやり方に注意を向けなければならないのだ（García Canclini 1999）。

この観点に立てば、名詞の多文化主義と形容詞の多文化的とを区別することが有益であろう（Hesse, ed., 2000）。実のところ、多文化主義に言及する諸理論からいったん区別されるなら、多文化的というのは、文化的観点と同様に政治的観点からみても、現代という条件を規定している転地と越境の力学の全体を描き出す上で大きな助けとなる。現代という条件は、モダニティの歴史全体に自ずと刻印を残してきた運動の様々なベクトルが表面に姿をみせていること、それらが堅固であるのと同じほどに、はかない形象へと結晶化していること、そしてそれらが互いに絡みあっていることによって特徴づけられているかのようである。これらのベクトルは、モダニティの歴史全体をそのはじまりから世界史として形象化してきたものなのだ。この多文化的布置によって、その決定的な没落が示されているものがある。それは、シティズンシップをめぐるヨーロッパの言説に含まれた政治人類学の基盤をなす前提のひとつ、ヨーロッパの人間が大地に住まう別の人間よりも優れているのは「自然な」関係であるという考えである。少なくとも、奴隷と強制収容所という悪夢と同様に、モダニティに属する「ある一つの事がらについての夢」[6]に再び言及しようという思考の立場からすれば、これは真に重要なことである。もっと明瞭な言葉遣いで、この立場を言い換えてみよう。それは、ブラック・アトランティックの人びとの運動の有したプロジェクトと同様に、西洋の共和主義者、民主主義者、コミュニストたちのプロジェクトをも育んできた、自由と平等のラディカルな要求との連続線上に身を置こうとする思考の立場であると。

さまよえる近代

アルジュン・アパデュライのテーゼによれば、モダニティの越境、その「拡大」は、やはり現代という条件に関する決定的特徴のひとつである。ここまでの話の後であれば、以下の内容は別に驚くようなことではない。それは、所属と「愛国主義」の空間を粉砕しては、それらをたえず再構成する数々のトランスナショナルなネットワークとディアスポラの経験が徐々に形成されており（Appadurai 1996［二〇〇四］, pp. 205 ss.）、それが「白人原理主義」と定義されたものの西洋内部への拡散、避難民と移民に対する境界の増殖と再武装、さらにはこうした境界が公共空間の「縁」から「中心」へと移動していく趨勢と手を取りあってきたことである（Balibar 2001［二〇〇八］, p. 176）。その一方において、「グローバルな現在」は、相当な勢いで、資本主義に固有の時間性が有する構成的特徴を再び提出してもいる。それとはつまり、「歴史の中断と爆発とのあいだの振動」、時間の加速と石化とのあいだの振動のことである。この振動は、以下のような力学のなかに位置している。「回転運動が数々の変化を生み出している。しかし、実際には変化を受けつけない元の型が単調に反復されているのだ。後者の事実を、前者が包み隠してしまうことはできない」（Virno 1999, pp. 135 s.）。

しかし、重要な点は、たとえ両義性のしるしのもとであっても、モダニティの拡大によって、過小評価するのが難しいほどに様々な影響が生み出されていることである。すでに論じたように、脱中心化の激しい諸過程が、グローバル世界の時間と空間を急襲している。これらの過程を記述するためには、アフリカ系アメリカ人の偉大な小説家トニ・モリスンの提案、つまりアメリカ文学のなかの黒人の存在——暴力によって自らの土地から引き剝がされた「居所の定まらない不安定なこの民族」（Morrison 1992a, p. 6［一九九四：二四］）——の手掛かりを追うという提案が、模範的価値を有しているのかもしれない。それは「「白人性」の本性——その原因さえ——を発見できるから、あるいは、こうした文学によって、アメリカ「国民の心」へと提供されている神話的物語を当然のごとく支配している「登場人物」のベールをとる」ことができるからだ（*ivi*, pp. 10 e 16［三七‐三八］）。これとよく似たことではあるが、ポストコロニアル移民によって切り開かれた数々の空間における身体、象徴、意味の流れは、資本の指令が自らの諸論理にしたがって切り抜きたいと欲するそれとは異なった地理を描いているというだけにはとどまらない。これらの流れは、モダニティの時間感覚をも徹底的に問いただし、その数々の異なった系譜学を明示することによって、この時間感覚の楽譜上において、即興の変奏を実現しているのである。

問題となっているこうした条件の様々な影響は、何よりもまず数々の知的プロジェクトの活況のなかで、非常に可視的なものとなっている。それらは「ポストコロニアル研究」という包括的定義へと結びつけられるのが常である。ポストコロニアル研究は、モダニティについての言説を、政治的に再び切り開くことができるものだとみられている。特に、ここではこの研究潮流を構成するいくつかの要素に言及してみたい。理論的な観点からみても、しかしまた「学問」的出自という観点からみても、この研究潮流にとっては、歴史との関係がもっとも直接には重要である。たとえば、すでに何度も引用したポール・ギルロイはこう疑問を呈している（Gilroy 1993［二〇〇六］, p. 42）。ブラック・アトランティックの人びとの見地からするなら、近代的なもの、ポストモダンなものについての論争の意味とは、いかなるものでありうるのか？　かれらは、近代的なものについて言うなら、進歩という大きな物語の絶頂において、文字通り破局的な暴力を経験してきた人びとであり、ポストモダンなものについて言うなら、一九八〇年代に西洋の大都市で基準となったそれとはかなり異なった形態において、「私」の脱中心化と解体という経験のいくつかの特色を先取りしてきた人びとなのだから。

ギルロイは、こう付け加える。「奴隷のパースペクティヴから近代性の始源の歴史を再構築するときが来ているのだ」（*ivi*. p. 55［一一二］）。しかしながら、ここには直線性などは微塵も認められない。その歴史は、固まった筋書き、好都合にも重要なときには拡張される筋書きの内部に、（力ずくで植民地支配に従わされた人びとはもちろん）奴隷たちの苦痛と反乱を連れ戻すことで成り立つものではないし、モダニティの全体に有罪判決を確定することで成り立つものでもない。むしろ、「奴隷のパースペクティヴ」とは、モダニティの歴史と経験をひっきりなしに脱臼させる原理として作用する。モダニティの「約束」や「潜在力」は、ブラック・アトランティックを横断した様々な解放運動と無関係であるわけでは決してないのだ（*ivi*, p. 56）。奴隷のパースペクティヴは、結局のところ、ベンヤミンとともに言うなら、進歩と破局の同時性について考えるように強いる。そして、歴史を次のように想像するよう強いるのである。歴史の直線運動は、ジャズの即興演奏の広がりによって中断される可能性にいつもさらされていると。トニ・モリスンはこうしたやり方で、アメリカの過去と現在におけるアフリカ系アメリカ人の存在を、小説のなかで言葉にすることができた。彼女はこうして言葉にすることで、かれらの存在を解き放つことができたのだ（Bhabha 1994［二〇〇五＝二〇一二］, p. 33）。さらに、歴史の直線運動は、以下のような可能性にもさらされている。それは、こうした即興演奏が、「太鼓が構築した空間」のなかで、突然の破滅に至る可能性である。ちなみに、モリスンによって用いられた「太鼓が構築した空間」という表現は、一九一七年七月にニューヨークで、全米黒人地位向上協会（ＮＡＡＣＰ）によって準備されたデモ、その数週間前にイリノイ州イーストセントルイスの動乱による黒人の犠牲者たちを追悼する、このデモを呼び覚ますべく用いられた非凡なイメージだ（Morrison 1992b, p. 53［二〇一〇（一九九四）：一〇六］）。

　さらに言うなら、歴史の観念を刷新する類似の要求は、ラテンアメリカの論争にも十分に存在している[11]が、「サバルタン研究」[12]双書のまわりに集まるインドの研究者集団によってすすめられたプロジェクトの中心に位置している。ラナジット・グハによって発起されたこの研究者集団は、植民地インド史のイメージを再定義することを可能とした。それは、広く知られたイギリスによる植民地版、さらには二〇世紀の経過のなかで出現したナショナリズム運動による修正版との論戦のなかに位置している。「サバルタン研究」の代表者たちの仕事では、植民地支配の内部でそれに抗う「サバルタン」たるインドの大衆（農民、都市プロレタリア、形成途上の労働者階級）の数々の経験、闘争、そしてまたその適応と交渉の力量こそが、歴史の中心に据えられている。新たな「資料」に光が当てられたこともあるが、特には新しいメソッド、つまり西洋のマルクス主義の様々な展開、さらにはフーコーや脱構築主義の教えの影響をはっきりと受けた新たなメソッドが、すでに知られていた資料に対しても適用されたのだ。この知的変遷の主役たちのあいだで展開された活発な理論的論争は、いくつかの点にたどり着いた。特にガヤトリ・スピヴァク（Spivak 1988［一九九八］e 1999［二〇〇三］）の介入とともに、この論争は何よりも、均質的な主体として「サバルタン」を思考することの可能性を検討に付すに至った。サバルタンの「声」は、歴史資料から明瞭に聞き取ることができる、歴史家によって透明に「代弁＝表象」することができるとされていたのである。けれども、全体としてみれば、この理論的論争は、モダニティについての考察に磨きをかける必要性を再提出してきたと言えよう。それがなされるのは、いま一度、モダニティを脱中心化することによってである。さらに言えば、一方でのモダニティの植民地的な闇の奥と、他方での「サバルタン」によってもインドのエリートたちによっても成し遂げられた試み、つまりは近代の「テクスト性」の内部で、自らの様々な主体的要求を表明する試みとのあいだの相互影響をめぐる複雑なゲームを出発点として、モダニティを再読し、それを構成上「異種混淆」化することによってなのだ。

「モダニティを支持するとか、モダニティに反対するといった態度をとることは不可能だ。ただそれには抵抗することができるのみである」（Chatterjee 1997, p. 280）。パルタ・チャタジーのこの言葉に[7]、ここでとりあげている研究、ないしは少なくとも本書の論点からみて、ますます重要となるこの研究方針にインスピレーションを与える理論的もくろみの全体が明確に表現されているさまを見出せよう。特に、ベンガルの著者たちによって手をつけられているテーマは、多様であり魅力的でもある。かれらは、反植民地反乱の内部において、信仰心と不服従とが交錯するさまに取り組んでいるが、またそれのみならず、独自のベンガル啓蒙主義の形成についても取り組んでいる。ベンガル啓蒙主義とは、たとえば、サティーという寡婦の慣習的犠牲をめぐって、ラームモーハン・ロイ（一七七二／四－一八三三）やイシュワール・チャンドラ・ヴィッダヤサーガル（一八二〇－一九〇一）のような知識人たちが、イギリスの植民地法やスコットランド啓蒙主義と対峙するなかで形成されたものだ（Chakrabarty 2000, pp. 117 ss. 参照）。類似の研究によって調査されているが、ベンガルにおける近代的主体の形成それ自体が、このような受容と創造的な文化的翻訳の諸要素が作用しはじめる、ひとつの複雑な系譜学を示しているのである。これらの要素は、ベンガルにおける近代的主体の形成を、公的領域と私的領域とのあいだの大がかりな西洋的分割には還元不可能とする。つまり、ベンガルの「シティズンシップ」に関する言説が、近代的主体形成を（ブルジョアの）私的な自己へと縛りつける構成的関係のなかで定義されることは断じてないのである。イギリスの植民地支配の歴史から切り離すことのできないこの言説は、自己とコミュニティ（拡大家族や親戚関係）をめぐる他の様々な物語と並んで共存することになるのだ。シティズンシップの言説に、「近代化」と「解放」の諸作用が機械的に付与されることはないし、「近代化」と「解放」に「伝統」の重荷が背負わされることもない。他の様々な物語は、このようにして、シティズンシップの言説をたえず脱臼させるのである。フーコーのニーチェ読解に依拠した視角にしたがって、この系譜学の意味を再び駆動させること。これこそ、これらベンガルの著者たちが、以下の目的のために成し遂げようと心に決めていることだ。それというのは、「実践と生の形式の複数性と、啓蒙主義のグローバルな遺産であり続けている普遍化を目指す政治哲学とのあいだの関係についての問い」（*ivi*, p.

148）を、生産的なやり方で、再び切り開くという目的にほかならない。

カルカッタのマルクス

しかしながら、こう自問するのは自然なことだろう。これらの研究には、理論のレヴェルにおいて、何かしらの最小限主義が存在していないだろうか？　大量のポストコロニアル批評は、モダニティへと向かう「ナショナルな道筋」の複数性を空騒ぎするだけで終わってはいないだろうか？　実のところ、パルタ・チャタジーの以下のくだりを、字義通りに、いや実際には少しばかり表面的に受け取るなら、事態は確かにその通りであると言えよう。

真のモダニティとは――『可能なるインド』という選集に含まれている最後の論文のなかでこのように解釈されている――、様々な特殊な状況に適合したモダニティの特殊な諸形態を規定することからなる。あるいは、それは私たちの目的にかなった独自のモダニティの諸技術を識別、ないしは発明するために、理性という方法を適用することから成り立つ。言葉を換えよう。モダニティの普遍的定義、または普遍的に受容可能な定義が存在するのなら、それは以下のことから成り立つ。普遍的なモダニティとは、理性という方法を用いることを教えてくれる。こうすることで、それは、私たちの特殊なモダニティの諸形態を識別する条件をさし向けてくれるのだ（Chatterjee 1997, pp. 269 s.）。

本当に、理性という方法を利用すること以外に、モダニティに「普遍的なもの」は何もないのだろうか？　この問いに答えるには、ディペシュ・チャクラバルティの最近の仕事『ヨーロッパを地方化する』に再び注意を向けるのがよいだろう。そこでは、「ヨーロッパを地方化する」プロジェクトを支える「反植民地的感謝の精神」（Chakrabarty 2000, p. 255）によって、西洋普遍主義の物質的構成と定義できるものの非常にすばらしい考察、さらに言えば、批判的思考がこの物質的構成の外部に直線的に身を置くことの不可能性が示されている。ここで問題としているのは、かなり複雑なテクストである。それは、多くの概念を積み重ねているし、ハイデガーとデリダへの頻繁な言及によってはっきり示されているように、幅広い哲学的省察の領域にすすんで位置するものである。しかしここでは、著者の歴史叙述の仕事、特に「サバルタン研究」の集団内で、チャクラバルティによってなされた、ベンガルの労働者階級の歴史にかんする研究に直に関係している一部分を抽出することにしたい（Chakrabarty 1989 参照）。この点において、チャクラバルティにとって中心的であるのは、マルクスとの対決である。

明らかに、ここで開示される問題は、モダニティと資本主義とのあいだの関係をめぐるものである。これは、二つの用語が単純に合致するなどといったことには還元不可能な関係だ。その理由は、十全に近代的であるはずのカテゴリーが、資本の論理と命令に対して構造的に過剰なものとして姿を現すということのみには限られない。ちなみに、このような十全に近代的であるカテゴリーとしては、人間が共通に所持するものとしての理性という観念を挙げることができよう。それはルネサンスとともに具体化し、その後にそれ自身の発展を、「道具的」理性の漸進的な形成過程と交差させていった。さて、もうひとつの理由を挙げよう。それは、ちょうど植民地経験についての考察によってはっきりと示されているように、資本の論理と命令というのは、「モダニティ」を構成する諸要素の存在を考慮に入れなくても、自らの支配を主張できるということにある。具体的なケースで考察してみよう。一方での世俗権力の諸機構と、他方での、ウェーバー流の世俗化には要なしであるはずの「宗教的」諸論理との込み入ったもつれ合い。これこそが、イギリスによるインドでの植民地支配、さらにはインド亜大陸の資本主義的世界システムの諸回路への漸進的統合を支えたものであったのだ。このもつれ合いを分析することで、いま一度ヨーロッパは脱中心化（まさしく地方化）される。「ブルジョア的な権力諸関係」がヘゲモニーを手にしている状況と構造的に結びつきながらも、インドで具体化された資本主義的発展の変化形態。この分析によってヨーロッパが脱中心化されるのは、この変化形態にはモデルとなる規範的価値が何ひとつとして含まれてはいないことが示されるからにほかならない（Chakrabarty 2000, pp. 14 s.）。

このような知見は、インドの抱える諸問題の原因を、資本主義的発展の欠陥に帰してしまい、国の社会的・政治的諸問題の解決を、不確定な未来へと延期させていくような人たちの姿勢を意識的に「不利にする」方向へとすすむ。しかしながら、たとえそうであるとしても、チャクラバルティにとっては、資本主義的発展の「オルタナティブな」モデルにかんする議論を開始することが問題となっているわけではない、と強調しておかなければならない。むしろ、問題はこうである。一方では、サバルタンたちの意識に超自然的な精神と力がおびただしいほどに存在していることに、単純な「後進性」の要素を見出すのを断固として拒否すること、それが有する直に政治的また「近代的な」特徴を回復させること、そしてそこから反植民地蜂起の諸形態について考えるということだ[13]。また他方においても、重要なことがある。それは、「複数性」という要素を、資本の均質化する力との対極的な対立関係において考えるのではなく、むしろそれが資本という概念の本質的規定を構成するような諸条件を提示するということである。

これこそが、チャクラバルティが目指しているものだ。そのために、彼は「抽象的労働」というマルクス流概念の厳密な分析を行う。チャクラバルティは、「労働の資本のもとへの形式的包摂」と「実質的包摂」とのあいだの区別に暗に含まれた「歴史主義的」誘惑を批判することからはじめる。この区別は、たとえ分析的観点からすれば極めて生産的なものであるとしても、資本主義史を単一の意味で読解することに力を貸してしまう。つまりそれは、「本当の」資本主義とは、「実質的」包摂を意味しているとする見解（*ivi*, p. 50）、言い換えれば、資本とその諸論理の支配がまさしく拡大することによって、魔術から解放され、均等化される世界の内部では、「歴史的差異」が作用する余白は徐々に削除されるとする見解に正当性を付与する助けとなってしまうのだ。チャクラバルティのこの異議というのは根底的なものであり、すでに考察したが、第二章でヤン・ムーリエ＝ブータンによって展開された言説と、独自の共鳴効果を生み出していると思われる。ちなみに、先のような資本主義のイメージは、労働者の抵抗と不服従が、資本という概念に対して有する構成的役割についてのマルクス自身の主張と矛盾しているし、さらには資本主義的支配の専制的特徴を覆い隠してしまうものである（*ivi*, pp. 58 *s.*）。さて、ここで「抽象的労働」というカテゴリーが介入してくる。このカテゴリーを「客観的＝対象的」に与えられた何かとして（したがって、労働運動やプロレタリア階級の運動を、「抽象的労働」の鏡像として構築されたものと想像し、資本への抵抗についての政治理論がそこにおいて構築されるべきモデルとして）採用することは断じてできない。特にマルクスによる工場の規律についての分析から推察されるように、マルクスの目からすれば、抽象的労働というカテゴリーは、「資本がそれを通して世界を解読するよう命令する解釈学的グリッド」（*ivi*, p. 55）に相当しているということが強調されなければならない。一方には、資本が「人間活動の共通尺度」を探求するときに作動する抽象化がある。他方には、この労働、つまり服従させなければ剰余価値の抽出が不可能となるこの労働が、必ず生きた労働として姿を見せるという事実がある。だから私たちは、この両者のあいだに必然的に生み出される緊張関係へと関心を移動させなければならないのだ（*ivi*, p. 60）。

チャクラバルティの結論はこうである。資本の「まぼろしのような」歴史は、まさしくこの矛盾の空間のただなかで、他の数々の歴史と、つまり、一見するとその論理を蓄積命令へと還元することができないようにみえる他の数々の歴史と——付言するなら、インドにおいても、ヨーロッパにおいても——

出会わずにはいられないというものである。もしこの「複数性」の次元が存在しなかったなら、資本主義的生産様式の力学自体がしまいには説明不可能なものとなってしまうであろう。さらに言えば、もし「歴史主義」それ自体のなかに「真理」の核心が少しでも存在していなかったなら、伝統と文化の本質主義的賛美へと転落するのを阻止するものは何もなかったであろう。専制主義と暴力、反乱と不服従（さらに言えば、進歩と破局）からなるこの出会いのなかにこそ、モダニティのまた別の「普遍的」特徴が存在している。「歴史的差異」の複数性と資本の時間の単一性が、資本の概念それ自体のなかで共存しているのだ。それらが、機械的に一対一で対立しあうことはない。そして、私たちの生きるグローバルな現在を特徴づけるのは、この構造的な結びつきが、白日の下に曝されるようになっていることである。これをラインハルト・コゼレック〔8〕（Koselleck 1979）の用語で言えば、以下のようになる。数々の歴史という複数形を、歴史の「集団的単数形」へと還元すること。この時代を画する動作からこそ、モダニティは生起した。私たちの時代は、この動作が毎日のように繰り返されているかのようである。数々の衝突、数々の矛盾による様々な影響を引き起こしながら。

こんにちでは、このような還元が作用する領域のみが、おそらくは普遍的なものだ。それは、西洋のモダニティが地球規模で拡大することで、そして資本主義のみならず、資本主義の歴史を何度も区切ってきた数々の不服従の要求が、グローバル空間へと広がることで、物質的に構築されてきた領域なのである。このように解釈されるなら、普遍的なものというのは、ひとつの痕跡、いわば「プレースホルダ（place holder）」にほかならない（Chakrabarty 2000, p. 70）。それは、支配の諸論理と解放をめぐる難問とが同時に再定義されるということを示している。この痕跡をたどること、それが現代についての自らの読解を表明しようとするさいに用いるすべての概念の網状組織をつくり出すこと。これが、批判的思考のなすべき仕事だ。西洋普遍主義の均質性と直線性へのあらゆる幻想が、数々の運動と闘争によって消尽されて以後の時代においては。これらの運動、闘争こそが、階級支配、ジェンダー支配の諸形態と同様、西洋普遍主義によって植民地支配の諸形態のなかに育まれてきた「排他主義」の暴力の重荷を明らかにしてきたのだから。

原注

（1）フランスに関して言えば、たとえば、Sayad 1999, pp. 101-132によって提出された、アルジェリア人たちの移住という「模範的」出来事の再構築を参照。また Amselle 1996も参照せよ。包括的な概要については、Bade 2000, pp. 306-314参照。

（2）この意識がいかほどまでに一九世紀後半の帝国主義についてのイギリス人理論家たちに無関係なものではないのかを強調するのは特別なことである。たとえばR・シーリーによって、同時代のホイッグ党員の歴史家たちの仕事にみられるイギリスの一八世紀についての月並みなイメージへと向けられた批判について考えてみよ。「かれらは、ほんの議会内の紛争に過ぎぬことや、自由に関する騒擾などに力を用い過ぎるのであるが、すべてこれらの事件は、イギリスの十八世紀史に入っては、わずかに十七世紀史の淡き反影たるに過ぎないのである。かれらは十八世紀の英国史は、英国に存せずして、逆にアメリカ及びアジアに存することを少しも認めないのである……善かれ悪しかれ、これがイギリス近世史上の一大事実たることは明らかである。それでこれは単に物質的事実に過ぎないとか、また道徳上及び知識上の結果を微塵ももたらさないとか考えるのは、もっとも甚だしい間違いだろう」（Seeley 1883, pp. 9 e 13 s.［一九三〇：一七、二三、訳文は現代文に変更した］）。さらに言えば、本章にかなりのインスピレーションを与えている「ポストコロニアル研究」は、イギリスの自由主義が全体として、一九世紀のあいだに帝国という問題系と有していた関係の歴史叙述という大問題を、革新的なやり方で提出することを可能とするものである。この点についてまず手に取るべきは、Metha 1999である。これはいつも説得力のある理論設定というわけではないにもかかわらず、莫大な量の資料を検討している。

(3) コロニアルまたポストコロニアルという条件に関してこのカテゴリーを入念に精緻化するためには、Spivak 1999［二〇〇三］を参照するのが基本的であろう。

(4) 西洋の植民地主義の有するエロティックなイマジナリーというテーマは非常に重要である。これについて、包括的なものはYoung 1995参照。特にイタリアについてはSòrgoni 1998参照。

(5) コロニアルまたポストコロニアル研究と定義される領域への主要な案内書については、第三章の注11で挙げられたテクストを参照せよ。ここでより有益な見方をすれば、Dirks (a cura di) 1992とPrakash (ed) 1995に所収された論文を少なくとも付け加えられよう。それから、特に重要なのはTaylor 1994の仕事である。

(6) この問題の前史について言えば、Gliozzi 1977とFabian 1983の研究が基本的なものであり続けている。現代の移民たちのアイデンティティを定義するさいに、民族を基準点として用いることへの批判については、Gallissot, Rivera 1997参照。

(7) この趨勢への批判については、Chrisman, Parry (eds) 2000に所収された論文を再び参照せよ。しかしながら、これらは現在の「ポストコロニアル研究」の文脈において、この趨勢の影響力を過度に強調しがちではある。

(8) 移民を「統治」するヨーロッパの諸政策には植民地主義の遺産が執拗な影響を与えているが、それについては再びBalibar 2001［二〇〇八］, pp. 77-83の考察を参照せよ。

(9) サンドマングの奴隷たちの反乱については、James 1938［一九九一＝二〇〇二］の古典的研究のみならず、Toussaint Louverture 1997におけるS. Chignolaのイントロダクションの参照が不可欠である。

(10) この傾向の最良の分析については、Hage 1998［二〇〇三］（オーストラリアに関して）とBaroncelli 2000（アメリカに関して。独特の視点からポリティカル・コレクトネスをめぐる論争について考察されている）参照。

(11) たとえばDussel 1998、特にはLander (a cura di) 2000参照。Sartori (2000) の最近の著書は、懸念すべきこの傾向に申し分なく含まれるものだ。

(12) その第一巻が一九八二年にデリーにおいて出版された「サバルタン研究」への主な案内書として、Guha, Spivak (a cura di) 1988参照、さらにはYoung 2001, pp. 352 ss. 参照。加えて以下のインターネットサイトもまた閲覧せよ。http://www.lib.virginia.edu/area-studies/subaltern/ssmap.htm

（13）エリック・ホブズボウムは、インドでの農民たちの反植民地闘争に言及するさいに、「前政治的」というカテゴリーを用いているが、ここでの観点からすれば、この用語の使用に対して、Guha 1983によって仕掛けられた批判は決定的重要性をもつ。

訳注

〔1〕カール・マルクス、フリードリヒ・エンゲルス、「共産党宣言」（大内兵衛、細川嘉六監訳、『マルクス＝エンゲルス全集』第四巻、大月書店、一九六〇、五〇八頁）。

〔2〕バーナー・ヘッセ（Barnor Hesse）、黒人性、人種、アフリカ系アメリカ人研究、アメリカ・ノースウェスタン大学で教える。編書に *Un/settled Multiculturalisms: Diasporas, Entanglements, Transruptions*［『不安定化される／和解される諸多文化主義——ディアスポラ、もつれあい、転写』］（Zed Books, New York, 2000）。

〔3〕ニコラス・トーマス（Nicholas Thomas）、人類学者、オーストラリア出身。イギリス・ケンブリッジ大学の考古学・人類学博物館長を務める。「文化の客体化」論、「対抗的客体化」論で知られる。著書に、*Possessions: Indigenous Art / Colonial Culture*［『所有——民族芸術／植民地文化』］（Thames and Hudson, New York, 1999）など。

〔4〕日本語翻訳書に訳抜けがあると思われたため、この訳文一文を付け足している。

〔5〕日本語翻訳書では、「監禁（confinamento/confinement）」とされているが、ここでは「閉じ込め」と訳している。

〔6〕これはマルクスからの引用と思われる。カール・マルクス、「『独仏年誌』からの手紙」（大内兵衛、細川嘉六監訳、『マルクス＝エンゲルス全集』第一巻、大月書店、一九五九、三八三頁）。

〔7〕パルタ・チャタジー（Partha Chatterjee）、サバルタン研究・ポストコロニアル研究、インド出身、コロンビア大学。著書に *The Nation and its Fragments: Colonial and Postcolonial Histories*［『国民とその数々の断片——コロニアルまたポストコロニアルな諸歴史』］（Princeton University Press, Princeton, 1993）、*The Politics of the Governed: Reflections on Popular Politics in Most of the World*［『統治されるものの政治——世界の大部分にお

ける民衆政治についての考察』」(Columbia University, New York, 2004)。日本語に訳された論文として、「ガンディーと市民社会批判」(ラナジット・グハほかとの共著、竹中千春訳、『サバルタンの歴史——インド史の脱構築』岩波書店、一九九八)。

〔8〕 ラインハルト・コゼレック(Reinhart Koselleck)、ドイツの哲学者・歴史家、一九二三 - 二〇〇六。訳書に、『批判と危機——市民的世界の病因論のための一研究』(村上隆夫訳、未来社、一九八九、ドイツ語原著は一九五九)。

第Ⅱ部

新版へのはしがき（原著第二版序文）

一　移民に関する私の小さな本が出版されて、五年が経過した。この本を、その後になされた様々な議論で豊かになった新版として、再び公表できる機会に恵まれうれしく感じている。『逃走の権利』を最初に出版したときから、多くのことが変化した。それは二〇〇一年の秋にはじまったと言えよう。すなわち、九・一一の少し後に「テロリズムへの戦争」という筋書きが予見されはじめるようになったとき、悲劇的でもあり熱狂的でもあった七月の日々に、ジェノヴァでG8に挑戦した運動の勢いがなおも力強かったときだ。こんにち、「文明の衝突」のレトリック、そしてたびたびなされるその破局的実演によって世界政治の展開が支配される一方で、この運動はといえば、無数の小川へと細分化しているように思われる。重大な戦略的選択をめぐって、また特にイタリアで激しいのだが、戦術的取捨をめぐって、運動は内部分裂しているようだ。

もちろん、闘争の展開が停止してしまったわけではない。それは、バンリューの反乱[1]から初期雇用契約（CPE）に対する大規模運動[2]に至るまで、昨年フランスで起こったことを考えてみれば十分だろう。そうすれば、現状への批判を支える主体編成がどれほど豊かではっきりとしたものであるのかは理解されよう。むしろ欠けていると思われるのは、共通の語句だ。それは、私たちの多くが、一九九九年一一月のWTOに抗議するシアトルの反乱から、二〇〇三年二月一五日の世界的な反戦デモ[3]に至るまでに、前例がないほどのトランスナショナルなスケールで姿を現した運動のなかに識別できると考えたものにほかならない。この運動は、イタリアでは、まさしくジェノヴァの日々にもっとも人目を引くかたちで出現したが、それ以降も――忘れてはならないが――持続的な動員を一年半以上にわたって続けたのであった。

ここは「グローバル運動」の様々な展開、危機、変容について論じる場所ではない。しかし、混乱含みの成長によってしるしづけられたこの季節を思い出すことが必要であった。というのは、ただこの季節のただなかでのみ、イタリアにおいて、同様に他の場所において、『逃走の権利』で提示されたテーゼが有したかなりの反響を理解することができるからだ。私は、本書の出版上の成功をここで称えているわけではない。以下のことを書きとどめるだけにしておこう。この本、さらにそれに続いた私の一連の発言は、移民というテーマをめぐってなされた、様々な新しい政治的実践と新しい研究様式の展開によって特徴づけられた時流と結びついていた。そして、政治的実践と研究様式の双方のなかで重大なテーマをキャッチし、アクティビズムと研究のあいだの結びつきをめぐる豊かな議論に寄与するものであったと。とりわけ、ヨーロッパ内外の様々な闘争の力学や構成においても、その政治的・社会的展開においても、移民たちの運動の持続的な中心性を特徴とした状況のなかに位置していたのである。

二　地中海において、現在では大西洋においても、ヨーロッパの様々な政策に挑戦する人たちへの大量殺戮が日常的に行われ続けている。だがその一方で、それと同じくらい日常的な水準において、ヨーロッパでは移民たちが社会的・政治的に主役となっており、それが数々の闘争の展開にまさにそのしるしを刻みつけてもいる。もっとも目立った例をいくつか挙げるにとどめるが、それはイタリア、スペイン、ギリシャにおける「正規化（regolarizzazione）」の過程を伴い、強化してきた動員から、フランスとベルギーにおけるサン・パピエたちの運動、イギリスでの清掃係たち（cleaners）の労働組合の組織化、数多の大都市地域での住宅占拠にまで及ぶ。移民は、深く激しく争われる領域として姿を現している。移動の自由の具体的要求のまわりで展開される数々の振る舞いや闘争によって、矛盾をはらみながら形成されているヨーロッパ・シティズンシップの数々の境界がこじ開けられているのだ。これらの振る舞い、闘争は、移民労働の構造的プレゼンスのまわりにおいてヨーロッパ全体で再定義されつつある労働市場の均衡のもろさを示すものであり、生きた労働の新しい構成を組み立てている異質性を――潜在的な豊かさの要素として、資本主義的指令はそれを分割や区分の要素にしようとするが――浮き彫りにしている。

去年の春に、アメリカでラティノスの移民たちによって非常にすばらしい動員が実現された[4]。さらにここから、その重要性がヨーロッパに限られるような現象について、私たちは話しているわけではないことが思い出される。もっと一般的な物言いをしてみよう。グローバルなスケールでの近年の闘争と運動は、移動性の制御のまわりで起こる衝突の戦略的意義を示している。けれども、これらの闘争と運動の主役が、ただちに「移民」として姿を現すわけでもないのである。ヨーロッパに話を戻す（特にはイタリアに）なら、本質的にはこの意味で、いやとりわけこの意味でこそ、これらの運動や闘争は、プレカリティの領域についての闘争として解読されなければならないのではないか？　移民たちの闘争と「プレカリたち（precari）」（この用語は、現代の生きた労働のある特殊な部分を示すものではますますなくなっており、むしろ全般へと広がりゆく条件に言及するものとなっている）の闘争が自動的に収斂していくという保証はない。より適切に言うなら、双方の収斂する空間が、資本主義的生産様式の現代的機能の「客観的」特徴を通じて与えられることはないのである。この空間は、政治的に構築されなければならないし、奪取されなければならないのだ。しかしながら、プレカリティと移民というのは、それぞれがそれぞれのやり方にしたがって、ひとつの歴史的局面に刻印される様々な緊張、コンフリクトを、私たちに伝達する経験にほかならない。この歴史的局面において、移動性は、労働、シティズンシップ、生の形式の展開において鍵となる要因なのだ。したがって、近年ヨーロッパの諸運動の内部でなされたもっとも興味深い政治的実践や議論が、ちょうどこの二つのテーマのまわりで展開されてきたのは些かも偶然などではないのである。

何よりも、これらの実践と議論の内部において、『逃走の権利』で提出されたテーゼは広く流通してきた。実際、二〇〇一年版の『逃走の権利』において、私は現代の移民について次のような読解を提起していた。一方では、支配と搾取の諸装置の再定義がなされていたが、他方では、社会的振る舞いと実践の総体によって、平等や自由のような概念の意味を再評価するためのラディカルな挑戦が提起されていた決定的な場所。私は、こうした場所のひとつを、移住によって規定された経験圏域のなかに把握しようとする読解を提出していたのだ。移民を社会運動として読解すること。移民の力学を説明する上で適切なものとみなされてきた「プッシュ」・「プル」の（経済学的また／あるいは人口学的）諸要因に想定された「客観性」に対して、移民の構造的な過剰性と自律性の諸要素を強調すること。要は、こうすることで、私は移民たちの移動と経験において賭けられている政治に対して注意を促していたのだ。加えて、政治理論の観点に立って、ヨーロッパまた西洋の伝統に属するひとつの古典的概念に対して、そこからもたらされるいくつかの帰結について特に論じてみた。それは、シティズンシップという概念だ。実質的には、私はこの概念を、移民たちにとっての到達すべき目標、あるいは移民たちへの「解決策」としてではなく、闘争の領域として再読するよう提唱していたのである。

三　イタリアでも、いや他の場所においても、『逃走の権利』をめぐって繰り広げられた議論は、当然ながら一本調子なものではなかった。むしろ、数多くの批判（たいていは知的で建設的なものであった）を、そしていくつかの論争を記録してきた。本書の第二部に収録されたテクスト、特に三つの「対話」のなかに、そのいくらかの痕跡は容易に見出せよう。しかしながら、ここでそのいくつかを、要点をしぼって思い出しておくのが得策だろう。

　まず一つ目。私は、「逃走の権利」と「移民の自律性」を、スローガンではなく、研究上の仮説（「学術的」であると同時に政治的である）として提示するときには慎重さを追求した。だがそれにもかかわらず、私の仕事のなかでは、移民という経験が「解放」の経験として賞賛されているとみなす人たちがいた[1]。これらの批判に対しては、私は自身の言説の「調子」をより適切に整えることで応答しようとしてきた。つまり、それは移民という経験の両義性を強調すること、もし望むなら、その内部で移民たちによる「逃走の権利」の物質的要求が引き起こされる「文脈」を構成している諸要素を力説することによってである。しかし、最近マルコ・バシェッタ[5]（Bascetta 2006）によって非常に的確に繰り返されたことだが、移住において賭けられているのは、自由の具体的探求（自由の行使）でもあることを、私は強く主張し続けてきたつもりだ。

　二つ目に移ろう。二つ目は、移民という形象が「本質化される」傾向を、私の仕事のなかに読み込もうとするものである。つまり、移民という経験自体が、ジェンダー・階級・「民族」の諸々のラインにそって分断されていることを配慮していないというわけである（たとえばHoofd 2005参照）。次のことは喜んで認めよう。私の数多くの事前措置にもかかわらず（とりわけ、『逃走の権利』のなかで交差しているが、一方での移民に関するフェミニズム研究との密度の濃い対話、他方でのポストコロニアル批評との同様の対話にもかかわらず）、ここでも私のいくつかの言説はこのような批判にさらされてきたこと、またたからこそ、私は移民の世界を横断している数々の断絶をより目立たせるよう努めてきたということを。しかし、本書第二部の最後に所収されているテクストが示すように[6]、私は、いかなる理由（ここでもまた、「学術的」かつ政治的な理由）のために、「移民」という形象についての言説を展開し続ける必要があるのかを説明しようともしてきた。

次は、三つ目である。私の提案した現代移民についての独自の解釈に深く刻印されている「主体至上主義」に想定された過剰性に対して様々な批判が向けられてきた。それは、移住が引き起こされる場としての「構造的」諸条件を正確に分析することを犠牲にしているというわけである（たとえばBasso, Perocco, a cura di, 2003の編者たちの序論を参照）。ジョルダーノ・シヴィーニ[7]は重要な論考のなかで、私の仕事について、以下のように論じるに至った。それには「新機能主義への道を開く危険がある。そこにおいては、特異性のいかなる表現に対しても敵対的価値を付与できるのだ」（Sivini 2005, p. 63）。

これらの批判は、ある部分ではここで言及した一つ目の批判と重なりあってはいる。しかし、私の採用した経済的・社会学的な分析モデルからするなら、より一般的な理論設定の諸問題に置かれた力点によって、それらは区別される。これらの批判は、大部分、オペライズモの伝統、私が確かにその内部に身を置くオペライズモの伝統に対して[8]、マルクス主義の内からも外からも向けられてきた批判の諸要素を再び持ち出していると言える。非常に一般的な問題系を包囲しているために、これらの批判への返答を、必要とされるほどの広がりをもってここでは展開することができないが、次のように言うだけで十分ではないだろうか。私の移民についての分析から、「資本」への言及が取り去られることは断じてあり得ない。私はマルクス流のやり方で、資本を「モノ」ではなく、社会関係として解釈しているのだと。それゆえに、「特異性のいかなる表現」に対しても敵対的価値を見つける方向へとすすんでいくわけではないとしても、資本の様々な運動を解読しようとするさいの方法論的に独自の観点として、私は主体性の豊かな組織を採用しようとするのだ。この主体性組織において、搾取は引き起こされる――それはまた資本の関係それ自体をめぐって敵対性が引き起こされる起源でもある。

さて、次に批判的考察の四つ目の系列がある。これは、理論と政治哲学をめぐるテーマにもっと直に結びついたものである。エルマンノ・ヴィターレ[9]は、とりわけ『移住する権利（Ius migrandi）』と題されたすばらしい本のなかで、私のテーゼと何度も向きあっている。ここでは、ただ一点だけ思い出しておくのが重要だと思われる。ヴィターレの判断では、「逃走の権利」という形象は、たとえ「示唆に富んだ」ものと定義できるとしても、「それが用いられる、用いられないには関わりなく、つまりはこうして想定されている権利の行使をめぐる問題とは関係なしに、人格に属する真の基本的な主体的「権利」よりも……それが念願する効果のほうを示唆している」（Vitale 2004, p. 138）ようにみえるのである。

さて、ヴィターレが他の様々な点において、ときおり私の言説の意味を取り違えているように思えるとしても（たとえば、私は「それ自体で革命的であるに違いない移住行為」［*ivi*, p. 44］などと語ったことは一度もない）、このケースにおいては、確かに彼は的を得ていると言えよう。つまり、私は「逃走の権利」を単に法的な観点でのみ論じようとしたことは一度もないという意味においてだ。この単純に法的な意味でなら、「逃走の権利」はすでに国際法のなかに存在する。それは、一九四八年の世界人権宣言に成文化されており、そこにおいて、個人は自国を立ち去る権利を認められているのである。分析がこの領域において、つまり、法と政治の規範理論に適合する「でなければならない」という水準において展開されるのなら、逃走の権利を「不完全な権利」（実効的な権利であるためには、それに対応する義務を欠いているという意味で）と定義し、ヴィターレによってなされるように、「移住する権利」が普遍的に承認されるよう提案するのは容易いことである。しかし重要なのは、私の分析がこの領域において展開されているわけではないことだ。思い切って要約しよう。私は異なった視角から議論をはじめている。それは、「であること」と「でなければならないこと」のあいだの緊張を、近代の政治と法を構成するひとつの要素としてみなす視角だ。そこからはじめることで、私の仕事において「逃走の権利」のカテゴリーは、いつも「諸権利」の要求というかたちで表現される傾向にあり、法の言語と文法に対して、構造的に過剰な社会的振る舞いの全体に言及するものとなるのだ。これらの諸権利が、法秩序のなかに――また「シティズンシップ」の制度的構造そのもののなかに――多かれ少なかれ十分な「承認」を見出すことはもちろん可能である。しかしながら、それらはそこで使い果たされてしまうものでは断じてない。だから、私はこう確信している。こんにち、対立する原理主義や文明の衝突の支持者たちによって、移民たちの「文化」や「アイデンティティ」をめぐるテーマが繰り返し持ち出されているが、この議論というのは、今しがた言及したこの構造的「残余」からこそ、またそれゆえに「統合」と「多文化主義」のレトリックの彼方でこそ、何より着手されなければならないと。

四　いずれにしても、全体としては、『逃走の権利』で展開された言説、さらにそこに含まれた理論的挑戦のいくつかは、移民研究のなかに十分に受け入れられてきたと言えよう。それは、多くの社会学・政治学・法学研究の方向づけに寄与してきた。当然ながら、もし私の仕事が、同様の方向にすすんでいたまた別の様々な理論的行程と交わることがなかったなら、このようなことは起こりえなかったであろう。私にとって、『逃走の権利』が出版されてからの五年間というのは、数多くの旅によってしるしづけられたものであった。これらの旅のなかで、アメリカでもヨーロッパでも、インドでもラテンアメリカでも、私が追求するそれと非常に近い視角において移民のテーマに取り組む多くの研究者たちと知りあう機会を得た。それは、数々の異なった前提から（さらには、異なった研究の経験、たいていは私のそれよりもずっと豊かな経験から）出発しているとしても、何よりもまず、「スタイル」、言語、問題の地平の共有といった水準において表現される近さであり、ただちに同一の結論に達することはないものである。二年前［二〇〇四年］に私が編集した『自由の境界』という本のなかで、トランスナショナルなスケールで展開されるこの研究に独自の共通言語について、最初の、しかし極めて部分的な展望を提出しようとした。本書の第二部において公表された三つの「対話」は、この展望を豊かなものとしてくれるだろう。

もちろん、移民についての私の仕事は、「個人的な」特徴を有する。読者が指摘したいと望むすべての弱みや手抜かりは、何よりもここに帰されなければならない。しかしながら、この仕事は、集団レヴェルの様々な政治的・理論的実践の文脈で展開されてきたのであり、その外部においては文字通り不可能であっただろう。『逃走の権利』の初版の序論において、私は特に「ジェノヴァ開放都市アソシエーション」の経験に触れていた。このアソシエーションは昨年、その設立者のひとりであったセリン・シラを失った。この第二版は、親愛なる友人であり同士でもあったセリンの思い出に捧げられる。さらに、二〇〇三年から「フラッサニート・ネットワーク（Frassanito Network）」[10]というヨーロッパで移民のテーマに取り組むアクティビストと研究者からなるトランスナショナルなネットワークの行程を共有してきたすべての人たちに対しても、本書は捧げられる。

第二部のテクストへの注釈

最初のテクスト［第五章］は、オーストラリアの研究者でもあり、アクティビストでもあるブレット・ニールソン（Brett Neilson）との対話である。これは、二〇〇二年一一月にフィレンツェで開催された、ヨーロッパ社会フォーラムの数週間後に、ボローニャで行われた。このテクストは、『境界地帯、電子ジャーナル（Borderlands, e-journal）』誌（第二巻一号、二〇〇三年）に、「ここでもなく、よそでもなく。移民、拘禁、脱走——対話」と題されて、公表された。ドイツ語の一部翻訳（「未来の要求——移民、制御レジーム、社会的実践」というタイトルで）が、『亜熱帯地方——批評と約束（Subtropen. Kritik und Versprechen）』誌（二〇〇三年七月）に公表されている。

二つ目のテクスト［第六章］は、ブエノスアイレスの「コレクティボ・シトゥアシオネス（Colectivo Situaciones）」との議論を記録している。それは、二〇〇四年六月にブエノスアイレスで行われた。このテクストは、『逃走の権利』のスペイン語版の序論として公表された。

三つ目のテクスト［第七章］は、エティエンヌ・バリバール（Etienne Balibar）、マヌエラ・ボヤジエフ（Manuela Bojadžijev）、イザベル・サン＝サーンス（Isabelle Saint-Saëns）との、パリでの長い会話から生まれたものである。この会話は、二〇〇四年一一月に行われた。それは、『ニュー・フォーメーションズ（New Formations）』誌（五八号、二〇〇六年夏）に、M・ボヤジエフとI・サン＝サーンスの編集のもと、「境界、シティズンシップ、戦争、階級——エティエンヌ・バリバールとサンドロ・メッザードラの対話」と題されて、公表された。アルミダ・サルヴァーディによって翻訳された先行のイタリア語版が、S・チンガリ（S. Cingari）編『ヨーロッパ、シティズンシップ、境界——エティエンヌ・バリバールと対話する』において出版されている。

四つ目のテクスト［第八章］は、二〇〇三年一一月七日から九日にかけて、フランクフルトで行われた国際会議「不確定！　コミュニズム（Indeterminate! Kommunismus）」で、私が行った報告から誕生した。それから、このテクストは改訂されて、イタリア語版において出版され（「資本主義、移民、社会闘争——移民の自律性理論のためのノート」、サンドロ・メッザードラ編『自由の境界——現代移民の政治的分析のために』）、さらには数カ国語へと翻訳された［日本語版：北川眞也訳「社会運動として移民をイメージせよ？——移民の自律性を思考するための理論ノート」『空間・社会・地理思想』一二号、二〇〇

八、七三－八五頁〕。

ただし、本書に掲載されているテクスト（The Gaze of Autonomy: Capitalism, Migration and Social Struggles）は、完全に新しい版である。ただ初版を改訂し更新したというのみではない。この四つ目のテクストは、アカデミックな文脈とアクティビズムの文脈の双方における最近の様々な批判と議論を考慮に入れた完全に新しいテクストなのだ。このテクストは最初、二〇一〇年九月一九日に、ウニノーマデ（UniNomade）のウェブサイトに掲載された（http://www.uninomade.org/the-gaze-of-autonomy-capitalism-migration-and-social-struggles/）。ウニノーマデは、二〇〇四年から活動。理論と実践のあいだの乖離を克服すべく、自律的かつ敵対的な知の生産に従事するアクティビストと研究者からなるネットワークであった。二〇一〇年からは、ウニノーマデ2・0（UniNomade 2.0）として、ウェブサイト上でも活発な議論が展開された。二〇一三年に活動終了〔11〕。

原注

（1）この議論のすばらしい要約、またあらゆる不毛な対立を越える試みについては、Samsa 2006 参照。

訳注

〔1〕二〇〇五年一〇月に、パリ近郊で警察の追跡を逃れようとした若者三人が変電所に逃げ込み、二人が感電死、一人が重傷を負った。かれらはアフリカ系移民の子どもたちであった。この一件をきっかけに、低所得者向けの公営団地が立ち並び、アフリカ系移民第二世代、第三世代が住むバンリュー（郊外）で、かれらの異議申し立て、暴動がはじまった。三週間たらずで、フランス全土へと広がり、公共のバス、公共施設、とりわけ数多の車が燃やされた。フランス政府は、アルジェリア戦争時以来となる夜間外出禁止令を発動した。移民の第二世代、第三

世代は、フランス市民であっても、住宅、学業、就職、取り締まりなどで、日常的に様々な差別を被り続けている。

〔2〕フランスの初期雇用契約（ＣＰＥ：Contrat Premiere Embauche）とは、企業が二六歳未満の労働者を雇用する場合、二年間の「試用期間」を設定でき、その間であればいつでも解雇可能とするものであった。二〇〇六年三月に、この内容を含む法案が議会で可決されたが、反対運動の勢いが大きく増した結果、この法律は撤廃された。

〔3〕イラク戦争への反戦デモは、稀にみる規模であった。開戦ひと月ほど前の二〇〇三年二月一五日に、世界各地で行われたデモには、およそ一〇〇〇万人が参加したとみられている。

〔4〕「不法移民」の取り締まりや国境管理を強化する法規制を廃止させるべく、二〇〇六年五月一日に「移民のいない日」と題して、アメリカの様々な都市でラティノスたちを中心に、少なく見積もっても一五〇万にのぼる人びとが、仕事や学校を休みデモ行進を行った。

〔5〕マルコ・バシェッタ（Marco Bascetta）、イタリアのラディカル左翼出版社マニフェストリブリ（Manifestolibri）の編集長。社会学、政治哲学について多くの文章を記す。著書として、*La libertà dei post-moderni*［『ポストモダンの自由』］（Manifestolibri, Roma, 2004）など。

〔6〕原著の最後に所収されたテクスト（四頁ほど）は、それまでの内容の反復、とりわけ第八章の内容の反復となるので訳出を見送った。

〔7〕ジョルダーノ・シヴィーニ（Giordano Sivini）、イタリアの政治社会学者、カラブリア大学で長らく教鞭をとった。国際的なアフリカ開発の諸問題やアフリカからの移民について研究。移民にかんする著書に、*Migrazioni: Processi di resistenza e di innovazione sociale*［『移民――抵抗と社会的刷新の諸過程』］（Rubbettino, Soveria Mannelli, 2000）など。編書に *Le migrazioni tra ordine imperiale e soggettività*［『帝国秩序と主体性のあいだの移民』］（Rubbettino, Soveria Mannelli, 2005）。

〔8〕オペライズモ（operaismo）は、マルクスの思想をベースとしたイタリアの理論的・政治的潮流。一九五六年のハンガリー動乱を機に、イタリア共産党から離脱した知識人のまわりで形成され、主に一九六〇年代、七〇年

代に、ラニエロ・パンツィエリ、マリオ・トロンティ、アントニオ・ネグリらの仕事を通じて知的かつ実践的に展開された。ラディカルな労働者たちの闘争という枠組みにおいてマルクスの読み直しをはかることで、オペライズモは新しい概念（労働の拒否（序論訳注6（二八頁）参照）、階級構成（第六章訳注9（二二四頁）参照）、大衆化された労働者（第六章訳注12（二三五頁）参照）など）、方法論（共同調査（conricerca））を生み出した。一九六六年出版のトロンティによる『労働者たちと資本（Operai e capitale）』には、伝統的なマルクス主義に対する「コペルニクス的転回」とも称される方法論的原理が定式化されている。それは、資本主義的発展と労働者の闘争とのあいだの古典的な図式を反転させ、労働者の闘争こそが資本主義的発展の動的要素となっていること、後者が前者に従属することを認めなければならないとするものであった。ここから『経済学批判要綱』のなかでマルクスが用いた「生きた労働」の主体性、自律性が強調されることで、階級構成の変化、さらには階級関係の動態性や敵対性が分析可能となった。オペライズモの形成には、いくつかの重要な雑誌・新聞・集団があった。『クアデルニ・ロッシ（Quaderni Rossi［赤い手帖］）』誌、『クラッセ・オペライア（Classe Operaia［労働者階級］）』紙。また政治集団として「ポテーレ・オペライオ（Potere Operaio［労働者の権力］）」など。

〔9〕 エルマンノ・ヴィターレ（Ermanno Vitale）、イタリアの政治哲学者、ヴァッレ・ダオスタ大学。多数の著書がある。たとえば *Liberalismo e multiculturalismo: Una sfida per il pensiero democratico*［『リベラリズムと多文化主義――民主主義的思考にとっての挑戦』］（Laterza, Roma-Bari, 2000）。

〔10〕 フラッサニート・ネットワーク（Frassanito Network）は、ヨーロッパ規模での移民制御レジームの形成を背景として設立された研究者・アクティビストのネットワーク。この名称は、二〇〇三年夏に「ノーボーダー・キャンプ（No border camp）」が行われたイタリア南部プーリア州の地名からとられている。このキャンプでは、ヨーロッパの移民の運動に関わる人たちによって様々な議論・行動がなされた。そこでの行動によって、拘禁センターから数人の移民たちが逃亡できた。このキャンプの後に、移民に対する以下のアプローチを共有したゆるやかなネットワークとして、フラッサニート・ネットワークは形成された。そのアプローチとは、移民を社会運動としてみなすこと、移民の闘争をグローバル運動全体にとって決定的な役割を有するものとみなすことである。

〔11〕 本段落は、初出を明記するために、翻訳者によって追加された。

第五章　ここでもなく、よそでもなく
――ヨーロッパとオーストラリアのあいだで、移民・拘禁・脱走、ブレット・ニールソンとの会話

二重の運動――移民たちの移動と境界管理

ブレット・ニールソン　フィレンツェのヨーロッパ社会フォーラムでは、「移住する権利、庇護権」と題されたセミナーが開催されました。そこでの発言のなかで、あなたは移民に関する問いが、イタリアでのグローバル運動にとって中心的な位置を占めるようになってきたことを力説していましたね。移民をめぐる問いは、ポルト・アレグレで開催された第一回世界社会フォーラム[1]では、主導的な役割を果たしてはいませんでした。しかし、特にG８に対抗するジェノヴァのデモ以後、フィレンツェの会合への準備のなかでは、移民というテーマは根本的な重要性をもつものだと認められてきたわけです。この過程をヨーロッパ・レヴェルでなされる境界管理政策の枠組みのなかに位置づけながら、それについてさらに述べてもらってもよいでしょうか?

メッザードラ　まずは、一九九九年一一月のシアトルで、最初の爆発がはじまったグローバル運動が採用した形態について考えてみることが必要でしょう。運動の中心的綱領が、ネオリベラル資本主義に対

する闘争によって舵を取られていたのは明らかです。特に、それはトランスナショナルなガバナンスに関与する大企業、世界銀行、そして世界貿易機関（ＷＴＯ）に対する闘争でした。私は、ネオリベラリズムという概念の分析レヴェルでの重要性を否定するつもりはありません。それは過去二〇年のあいだに資本主義を襲ってきたもっとも重要な変容のいくつかを把握することを可能にします。さらに、この概念が「動員」において強い力を有していることを否定することはできません。社会運動を構成する上で戦略的に重要となる「敵の命名」という過程において、この概念が基底的役割を果たすようになって以降は、このように言えるでしょう。

しかしながら、当の運動のなかでも非常に影響力があるのですが、『ル・モンド・ディプロマティーク（Le Monde Diplomatique）』といった雑誌によってなされるようなネオリベラリズム批判は、私の意見では、「グローバル・サウス」においてグローバル化の様々な影響で苦しんでいる人びとを、単なる犠牲者として表象する傾向があるように思えます。こうしたネオリベラリズム批判は、グローバルに変容する現代の様々な過程のなかの主役、活動的な社会的主体としての位置を、かれらに対しては否定してしまうものです。この視角においては、移民は、ただネオリベラリズムによって生み出された多くの社会的破局のひとつにすぎないのです。それに加えて、グローバル化は、人びとの頭上を通過していく過程であり、避けることのできない何か、したがっていかなる批判からも免れた何かとなってしまいます。「過去を懐かしむ」観点からなされる批判だけは別かもしれませんが。

ポルト・アレグレで行われた初めの二回の世界社会フォーラムでは、このようなネオリベラリズム批判が完全に中心的な役割を果たしていました。その結果のひとつが、明示的に移民について取り組まれたセミナーが設けられなかったということです。またそれと同時に、ポルト・アレグレでヘゲモニーを握っていたもっとも包括的な政治的言説において、移民たちの移動が言及されるときには、いつも「社会的荒廃」というレトリックによってフィルター化されていました。この状況を改変する上では、移民の権利を求める大規模デモが重要なものであったと思います。二〇〇一年七月一九日のこのデモは、ジェノヴァでのG8への異議申し立てのスタートを切るものでした。もちろん、イタリアではそれより以前にも移民たちによる数多くのデモがありました。けれども、今回のデモは移民たちの自己組織化と闘争の行程が、グローバル運動とはじめて出会いをもったときだったのです。イタリアについて言えば、このデモは大きな成功を収めました。この成功は、ボッシ＝フィーニ法、とりわけ、労働契約と滞在許可とを密接に結びつける「滞在契約」制度[2]に反対する止むことなき動員へと続いていきました。この制度は、移民たちの移動の自由を徹底的に制限するものです。こうした動員のなかで果たされた移民たちの中心的役割は途方もないものでした。二〇〇二年一月一九日のローマでのデモ行進[3]には、数万人の移民たちが参加したのです。これはおそらく、一九九六年のフランスでのサン・パピエたちの闘争以来、これらのテーマに関するヨーロッパでもっとも大規模なデモだったと思います。こうしたわけで、ヨーロッパ社会フォーラムへ向けての準備がはじまったときに、移民というテーマが議論のなかで中心的な位置を占めるというのは、ある意味では当然のことだったのです。

フィレンツェでの移民に関するセミナーを準備するさい、私たちは当初から次のことを強く主張していました。それは、マーストリヒトのヨーロッパ、つまりヨーロッパ統合の「ネオリベ的」基本原理を批判するのみならず、シェンゲン・ヨーロッパの批判もまた表明する必要があるということです。シェンゲン・ヨーロッパとは、境界管理を担う新たなレジームのことです。この新たなレジームは、一九八五年のシェンゲン協定によって予示されました。その後、現存する社会主義の終焉という明らかにかなり異なった状況の渦中ではありましたが、一九九〇年代のうちにそれは完全に実現されるところとなりました。別様に言うなら、形成途中の新しいヨーロッパ・シティズンシップの「内容」に逆らって、効果的な闘争を展開するためには、このシティズンシップを定義している数々の境界に疑問を呈する必要があることを、私たちは確信しているということです。これは、実際に重要な点だと思います。というのは、ヨーロッパを急襲、横断している移民たちの移動というレンズを通して、ヨーロッパをまなざすことによって、別の概念、たとえばネオリベラリズムの概念をレンズとして用いて達せられるそれとは非常に異なった結果が生み出されるからです。一九九〇年代を通じて、ＥＵにおける移民政策の基本的特徴のひとつは、明らかに、境界を管理する諸政策と諸技術が徐々に統合されてきたことにありました。けれども、これはいわゆるＥＵの域外境界を、近代国民国家の境界と同じものとしてきたわけではありません。ヨーロッパの諸境界の問い、ゆえに、ヨーロッパ・シティズンシップの諸境界の問いは、極めて複雑なものです……。

ニールソン　この複雑さは、『デリーヴェアップローディ（DeriveApprodi）』[4]誌の新シリーズの第一号に公表されたエンリーカ・リーゴ[5]（Rigo 2002）の論文「「自由・安全・正義」の共通空間」[6]のなかで、見事に明らかとなっているように思えます。リーゴは、ＥＵ加盟国と、いわゆる安全な第三国とのあいだで締結される国外追放協定が、安全な第三国と、西ヨーロッパからいっそう地理的には遠い国々とのあいだで続いて締結される協定によって、補完される仕方を記述しています。たとえば、すでに数年前からそうですが、ポーランドを経由してドイツに入国する移民がいたなら、当人の国籍とは無関係に、この移民をポーランドへと追放することができるわけです。さらに、今度はポーランドが、ウクライナ、スロバキア、ルーマニアなどと同様の協定を締結してきました。このようなかたちで、リーゴが「追放のフロー」と呼んでいるものが引き起こされているわけですね。しかし、これはある部分では、ＥＵから追放させられる移民たちの主体的決断によってもまた引き起こされたものではありますが。

メッザードラ　そうです、これはヨーロッパの諸境界の有する複雑さについての興味深い一例です。ヨーロッパの制度上でのイメージ（シェンゲンとダブリンで調印されたような協定によって定められたもの）とは違い、移民のフローからなるヨーロッパとは、グローバルな政治空間です。ヨーロッパは、ディペシュ・チャクラバルティや他のポストコロニアル研究に取り組む人たちによって提出された用語を用いるなら、ヨーロッパをたえず脱中心化する、もし望むなら「地方化する」数々の移動によって特徴づけられた空間なのです。移民たちの移動は、ヨーロッパの内部と外部をはっきりと確定する可能性に対して異議を申し立てています。シェンゲン、ダブリンの協定は、本来的にはこの区別を確定することを目指していたわけです。エンリーカ・リーゴが示すように、ヨーロッパには内部と外部のあいだの単純な区別は存在しません。それというのは、ことによると、程度をめぐる問題なのかもしれません。つまり、ポーランドは、ウクライナほどはEUの外部ではない、というかたちで。それゆえに、ヨーロッパの境界は、古典的な国民国家の境界と比してかなり柔軟です。さらに言えば、この柔軟性は、移民たちの移動そのものの柔軟性とちょうど比例しているのです。

私たちが向かいあっているのは、実際のところ、二重の運動だということですね。第一に、ヨーロッパの諸境界を多孔的なものへと変貌させる移民たちの移動が存在しています。これらの移動が示すのは、ヨーロッパのなかにどれほどのアジアが、アフリカが、そしてどれほどの世界が存在しているのかということにほかなりません。第二に、これらのフローを行政管理する力をもつ諸構造の内側で、統治し制止しようとする調整のプロセスが存在します。これは、EUの公式の境界地帯の外部へと、境界管理の技術を輸出することに相当しています。たとえば、ドイツとポーランドのあいだの境界が、こんにち［二〇〇二年時点］のEUの域外境界であるわけですが、それは移民によってたえず挑戦され、たえずこじ開けられてきました。しかしながら、ドイツ当局はこの境界をただ要塞化しようとするよりも、むしろ境界の運営と管理にポーランドを巻き込んできたのです。ポーランドは「安全な第三国」として認定されています。したがって、ポーランドを経由してドイツに入国した後、ドイツから追放されるすべての避難民と移民を、ポーランドは受け入れなければならないのです。

けれども、あなたが引き合いに出した論文でエンリーカ・リーゴが示しているように、ポーランドもまた、ドイツによって自らに強要されたそれと同様のモデルに基づいて、たとえばウクライナと一連の協定を締結してきました。その結果、ウクライナでは目下のところ、ドイツ・モデルに基づいた移民と避難民用の拘禁センターを建設する計画が存在しています。こうした拘禁センターは、すでにポーランドには存在しているのです。しかしながら、私が強調したい点は以下のことです。それは、ドイツ－ポーランド－ウクライナをめぐるこの「追放のフロー」が、移民たち自身によって切り開かれてきた道のりを後追いするものだということにほかなりません。もちろん、進行方向は逆転されています。長年にわたって、非常に多くのアジア、アフリカからの移民たちが、ウクライナ、ポーランドを通過して、ドイツへの入国を試みています。ある意味では、逆説的なことですが、移民たちの移動によってこの「ルート」が決められるようになってからは、移民たちこそが状況を支配しているのだと言えるでしょう。かれらの移動によって、それらを制御する諸策は、単なる「リアクティブな」応答状況へと追いやられているわけなのです。

ニールソン　オーストラリアでもまた、移民たちの移動によって、空間についてはある種の両義性で特徴づけられた新しい地理が生み出されてきました。二〇〇一年に議会で可決された国境保護法（Border Protection Act）というのは、懸念となっている避難民と移民の下船に関する限りでは、オーストラリアから一定の領土を取り去るものです。クリスマス島やアッシュモア岩礁のような場所は、まったくもって特殊な型をした非－場となっています。それらはオーストラリアでもありませんし、非オーストラリアというわけでもない場所なのです。二〇〇一年八月に、オーストラリアの海岸沖で沈みかけていたボートから、四〇〇人以上の庇護申請者をノルウェー籍のタンパ号は救助したのですが、続いて、オーストラリアの沿岸警備隊によって公海上で上陸を拒否されました[7]。この事件の後、オーストラリア政府は、外国の領土に拘禁センターを建設するために、以下の国の政府に資金提供をはじめました。太平洋のナウル、ニューギニアのマヌス島のような場所です。セキュリティの分野で仕事をする民間企業によって管理運営されるこれらの海岸から離れた（offshore）拘禁センターとは、主権の変容を記録にとどめるものにほかなりません。というのは、ある意味では、これらの取引のなかで売りに出されているのは、主権の一部そのものだからです。これとは逆に、EUと、たとえばポーランド、あるいはウクライナとのあいだの関係は、取引をめぐる諸関係よりも、政治権力によって規定されているように思われます。しかし、これらの国々によってなされた決定が、EUに加盟しようという野心によって条件づけられているという点において、取引をめぐる問いは再び浮上してくることになるでしょう。

メッザードラ　確かに、こうした境界管理技術を通じて、ドイツの主権のある部分がポーランドやウクライナに転地されていると主張することができるでしょう。もちろん、この両国からすれば、これらの境界管理技術の採用を決定することは、EUへの加盟願望と結びついたものです。とはいえ、このような協定を可能とする土台が、基本的には官僚的回路を通じて一九九〇年代初頭に確立されていたことを強調しておくのが重要でしょう。さらに、シェンゲン協定が、一九八五年に個々のヨーロッパの国々のあいだで締結されたこと、そしてそれよりも後になってのみ、それがEUの法体系（acquis）[8]の一部を占めるようになったという点を考慮するならば、状況はまたかなり複雑なものとなります。だから、この「官僚的回路」というのは、ある部分では、ヨーロッパの主要な諸制度の管轄圏域の外部で構築されてきたわけです。また、「安全な第三国」という概念を詳細に理解することも重要です。この概念は一九九七年に拘束力をもつようになりましたが、それは庇護申請の審査に責任をもつ国家を特定するための一連の規準を設けた、ダブリン条約によって定められた枠組みの内部でのことです。こうした方向で、EUに隣接するいくつかの国々が、「安全な第三国」のカテゴリーに含まれるようになりました。もしある避難民が、EU加盟国へと向かう旅路のなかで、これら「安全な第三国」をひとつでも経由したならば、当人をその国へと連れ戻してしまえるというわけです。というのは、理論上、この避難民はその経由国において、庇護申請を行うことができたから、行わなければならなかったからということです。

この概念はポーランドのみならず、「民主主義」のクオリティが少なくとも疑われてはいる国々にもまた適用されています。しかし、ドイツ、ポーランド、ウクライナのケースでは、このシステムがどのように機能しているのかをはっきりと見てとることができます。ドイツはEUの有力な国であり、自らの境界管理技術を、現在のところ［二〇〇二年］、EU加盟候補国であるポーランドへと輸出しているわけです。そして今度は、ポーランドがこれらの技術を、多くの年月を経た後ならEUに加盟できそうな国であるウクライナへと輸出するのです。こうしたモデルは、政治的・経済的権力の見地からするなら、数々の差異とヒエラルキーと明白に、また直接に関係しています。それは、ポーランドの労働コストが、ドイツの三分の一であること、ウクライナでは一〇分の一であることを思い起こしてみれば十分でしょう。

拘禁センターと剝き出しの生

ニールソン　あなたが最初に言及したように、境界管理をめぐるこの問題は、グローバル化のなかの政治空間の性質について数々の重要な問いを投げかけています。あなたは「安全な第三国」の概念について話してくれました。この概念は、ＥＵからの外部性の程度を定めるわけですが、その境界が多孔的であるために、この外部性が純然たる「外」に達することは決してないということです。これと合わせて、あなたはたびたび「よそ」についても論じています。二〇〇二年一一月三〇日に行われた、トリノのブルネレスキ大通りにある「一時滞在と救護センター」[9]に反対する大規模デモの組織化にあなたは労力を傾けていましたね。このデモのスローガンは、「ここでもなく、よそでもなく（Né qui, né altrove)」というものでした。このスローガンの意味するところを、うまく説明してもらえないでしょうか？　このスローガンは、膨大な量にのぼる理論的考察と政治的実践を明らかに単純化しているわけですが、また非常に重要な何かを要約しているようにも思われるのです。

メッザードラ　トリノのデモはおそらく、ヨーロッパに現存する移民の行政拘禁システムに反してなされたもっとも大規模な政治的イニシアチブだったでしょう。「ここでもなく、よそでもなく」というスローガンを通じて、私たちは何よりもまず、ひとつの特定の場所の、ひとつの具体的な拘禁センターに対して行動を起こしていたことを強調したかったのです。また、トリノの独自の状況、フィアット社の危機と変化が原因で、数年間続いている著しく危機的な状況に対する認識を表現するというねらいも有していました。すなわち、労働力のインセキュリティとプレカリティ、労働組合の抱える困難、たとえばゼネラル・モーター社との、新たな企業間国際協定などのことです。資本主義の果てしないリストラクチャリング（とそれに伴う労働のプレカリティ）は、こんにちでは一般に広がった諸条件です。私たちの目的は、この状況を見極めること、また同時に、労働市場を再組織化するこうしたモデルと、労働の移動性を制限し制御するさいの拘禁センターの役割とのあいだの関連を明らかにすることでした。別様に言えば、私たちは、ブルネレスキ大通りの拘禁センターの出現とフィアット社の危機のあいだには、構造レヴェルで数々の深い関連が存在していると主張していたわけです。

しかしながら、このような関連を把握するため、つまりグローバルなレヴェルでの資本主義のリストラクチャリングと労働の移動性とのあいだの関係を理解するためには、トリノ独自のローカルな状況を越えて考察する必要があります。ここから、グローバルな次元において抗議行動を切り開くことの重要性、そこにおいて数多の人びとが諸権利を剝ぎ取られるあらゆる場所に反対する態度をとることの重要性が引き出されてくるわけです。たとえば、ポーランドやオーストラリアには、ブルネレスキ大通りのそれに勝るとも劣らない数々の拘禁センターが存在しています。このいっさいが、拘禁センターに対する闘争を特徴づけてきた両義性を回避するためには必要なことでもあるのです。生の置かれた諸条件がそこにおいては著しく「非人間的」であるという理由で、ある一定の拘禁センターを批判する人びとや政治勢力に出くわすことがあります。まるで、もっとよい生の諸条件であるなら、拘禁センターは申し分なく正当化されるかのように！　あるいは、「自分」の住む地区に「不法移民」はいらないという理由で、拘禁センターに抗議している人びとに出会うこともあります……。「ここでもなく、よそでもなく」というスローガンを用いることで、私たちの闘争がひとつの特定の拘禁センターに対するものではなく、拘禁システムそれ自体に対するものであることをはっきりとさせたかったわけです。

ニールソン　オーストラリアでも、拘禁センターに対する闘争には、類似の両義性が確かに存在しています。たとえば、子どもたちの拘禁をめぐる問題があります。「子どもは拘禁センターにふさわしくない（Kids don't belong in detention centres）」というスローガンで、この問題は言及されています。まるで大人にとっては拘禁センターが結構なものであるかのようです。さらに「難民たちよ、ここへようこそ（Refugees welcome here）」といったスローガンもまた思い浮かびます。実のところ、これは政府と同様の立場を採用しています。ただそれを反転させるにとどまったものです（「ノー、いりません」ではなく、「イエス、ようこそ」）。このような発想は、オーストラリア市民こそが、受け入れる、あるいは排除する権利を保持しているということを当然視しています。それゆえに、あなたが逃走の権利と称してきたもの、つまり自らの移動性を制御する移民たち自身の権利は認められていないわけです。

こうした両義性について、また別の例をあげることができます。それは、拘禁センターによって世界からみたオーストラリアのイメージが損なわれているとする見解です（オーストラリアの拘禁センター、特にウーメラの拘禁センター[10]における非人間的な生の状況について国連の報告書が出版された後になると、とりわけ頻繁に表明されているのを耳にします）。ここで採用されている観点は、いわばよりナルシスティックなものでしょう。まるで拘禁の諸政策は、慈愛にみち、人間味のある場所としてのオーストラリアといういくらか想像されたイメージを維持するためには中断されなければならない、というようなのです。拘禁センターに反対する広告を新聞に有償で公表している「レイシズムに反対するオーストラリア人（Australians against racism）」のような集団は、こうした類の論理を肯定しがちです。私からすれば、「レイシズムに反対するオーストラリア人」という定義それ自体が、以下のことを考慮すれば、いくぶん矛盾語法的であると言いたいところです。それは、オーストラリア国民というのが、先住民の土地の征服、年期奉公人の労働、アジア人への歴史的排除に立脚して構築されてきたという事実にほかなりません……。レイシズムに敵対するには、第一に、オーストラリア国家の構成された権力、そしてそれと関連するアイデンティティと主体性の諸形態に異を唱える必要があるように思えるのです。また、このような行動がナショナルなレヴェルで組織されていることが肝でしょう。あなたたちのスローガン「ここでもなく、よそでもなく」は、ローカルと／またはナショナルなレヴェルにおける動員の重要性を示していますが、同時に、このような諸闘争をグローバルな次元へと切り開いていくことの重要性にもまた注意を促しています。

これは、グローバルなスケールで生じる移民たちの移動によって特徴づけられた時代のなかで、国家主権を維持する、再主張するさいに、拘禁センターによって果たされる役割に関してさらなる問題を提出しています。あなたが最初に述べたように、これらのセンターは、多くの人びとから諸権利を剝ぎとる場所です。イタリアでは、拘禁センターに反対するキャンペーンのなかで、ラーゲル（Lager）[11]という用語が非常に重要な役割を果たしていますね。オーストラリアにおいては、基準となった参照事項はむしろ、イギリス人たちによって設けられた囚人の流刑地というものでした（「われわれは皆ボート・ピープルである」というスローガンが、海の彼方へと連れて行かれた囚人たちと庇護申請者たちとのあいだの相応関係をほのめかします）。長期間におよぶ植民地でのジェノサイドのあいだに、先住民たちが隔離された（また家族から引き離された）様々な収容所、救護院、「宿泊施設」も同様です。それにもかかわらず、ラーゲルの事例を特権的に扱っているイタリアのひとりの著者の思想が、収容所の政治構造を理解しようとしてきたオーストラリアの理論家たちにとって、重要なインスピレーションの源泉でした。それは、ジョルジョ・アガンベン（Agamben 1995［二〇〇三＝二〇〇七］, 1996［二〇〇〇］）の「剝き出しの生」についての論考のことです。アガンベンの影響は、たとえば、『境界地帯（borderlands）』誌第一巻に公表されたスヴェンドリーニ・ペレーラ[12]（Perera 2002）の「収容所とは何か？」という論文においても明らかです。

私の印象では、「剝き出しの生」というこの概念は、あなたの思想や著作のなかでは、あまり位置を占めていないように思えます。実際、アガンベンによってこの概念が理解され用いられる方法に対して、かなり激しい論争をしかけてきた重要な著者たちがいます。かれらは、あなたもまたそのなかに身を置くイタリアのオペライズモの伝統にその出自をもつ人たちです。私は『フォード主義からグローバル化へ』（2001）に所収されたルチャーノ・フェッラーリ＝ブラーヴォの発言、あるいは『怪物の欲望』（2001）におけるトニ・ネグリの論考のことを考えています。[13]「剝き出しの生」という概念は、収容所の政治構造を理解する上で有用なものなのでしょうか、あるいは、そうではないのでしょうか？

メッザードラ　ラーゲルという用語の使用についての問いからはじめましょう。これはイタリアの運動のなかで、私たちが何度も議論してきた問いです。明らかなことですが、拘禁センターに対する闘争という文脈において、この用語を用いることに関しては、非常に注意深くなければなりません。二〇世紀前半におけるヨーロッパのファシズムを特徴づけていた支配の諸形態と、グローバルな制御に関する現代の諸形態のあいだの差異を抹消しているという印象を与える危険があるのです。しかしだからこそ、ラーゲルという用語を、ヨーロッパのファシズム、率直に言えば、ナチ・ドイツのもとで存在していた収容所にのみ単純に還元してしまうことはできないことを繰り返しておく必要があります。実のところ、ラーゲルとは植民地にその起源を有するものです（Rahola 2003）。キューバや南アフリカのような場所……もしくはあなたが主張するように、ある意味では、ひとつの巨大なラーゲルであったオーストラリアのような場所です。だから、この用語を用いることで、私たちは第一に、現代の統治モデルの内部に、宗主国社会の内側に、植民地主義と植民地的な権力関係が存在し続けていることを強調したかったのです。

第二に、ナチのラーゲルを、アウシュヴィッツやトレブリンカの絶滅収容所と直ちに同一視することはできないことを認識する必要があります。一九三三年以降、ラーゲルは、ドイツ一帯に広められた行政管理の収容所だったのです。それは、政敵、いわゆる反社会的分子（Asozialen）を拘留することを目的としていました。ラーゲルはすぐさま、ユダヤ人を対象としていたわけではないですし、かれらを絶滅させるためのものだったわけではないのです（Wippermann 1999）。したがって、拘禁センターをラーゲルと定義することで、私たちはそれらを絶滅収容所と同一視しているわけではありません（明らかに拘禁センターはそうではないでしょう）し、ナチのジェノサイドを「陳腐化」したいわけでもありません。むしろこの観点からすれば、以下の事柄に言及するのが重要であると思われます。拘禁センターについてのもっともすばらしい本のひとつが、長年にわたってショアーの遺産についての思考を試みてきたアクティビストであり、哲学者でもあるフェデリーカ・ソッシ[14]（Sossi 2002）によって、イタリアでは執筆されたことです。この本（『否定されるバイオグラフィー――現代のラーゲルにいる移民たち』）においては、ラーゲルという用語がはっきりと用いられています。

ラーゲルとは、何の罪も犯してこなかったはずの人びとが、そこにおいて自身の移動の権利を剝奪される行政管理の空間です。この意味において、拘禁センターをラーゲルと定義するのは、完全に正当なのです。こうした空間は、集団的イマジナリーのなかでは、ヨーロッパ史のもっとも暗黒の時代のひとつに結びつけられるものです。私の意見では、こうした空間が、現代の政治的景観から決して消え去ってはいないと言い張ることが、むしろ必要不可欠なのです。消え去るどころか、いわゆる西洋の内部に（もちろん世界の他の諸地域でも）、それらが全般的な広がりをみせている状況に、私たちは立ち会っているわけです。ハナ・アーレント（Arendt 1951［一九七二、一九七四］）の『全体主義の起原』は、アガンベンによって用いられている「剝き出しの生」という概念のもっとも重要な典拠のひとつですが、この本について再考するなら、次のことを強調しておく意義はあるでしょう。それは、アーレントがラーゲルの起源が植民地にあることを認識していること、そしてヨーロッパ地域でのラーゲルの最初の出現を、大戦の翌日に設けられた避難民を集める収容所に見出していることです。それらは当然、絶滅収容所ではありません。そうではなく、戦争終結後にヨーロッパの政治地図が変化したことによって、シティズンシップを奪われ、無国籍という条件にいた人たちを抑留するための場所だったのです。この意味においても、現代の拘禁センターを定義する上で、ラーゲルという用語を用いるのは、まったくもって正当なことなのです。それらもまた、特定の国民国家との明確な法的関係をもたない人びと、あるいは単純に「失敗した」シティズンシップを保有する人びとの移動の自由を制限することに役立っているわけですから。

さて、「剝き出しの生」の問いにもっと直にすすむなら、アガンベンの仕事は収容所の政治構造を理解するための極めて有益な概念の連なりを提供していると強調しておくことが重要です。もちろんイタリアでも、彼の思想は、拘禁センターの閉鎖を目指した動員に関わるアクティビストたちにとって非常に重要なものでした。私は特に、収容所の内部で作動する包摂と排除をめぐる独特の弁証法のことを考えています。つまり、法的秩序によって何ら認識されることのない主体(「不法移民」)が、法的秩序が効力を有する空間から排除されるためにこそ、この秩序に包摂されるというものです! これは収容所の論理を理解する上で、本当に重要な貢献であると思えます。

しかし同時に、アガンベンは収容所の例外という特徴(これはカール・シュミットの著作と、彼が長きにわたって対峙することから引き出された要素です)を過度に強調する危険を犯しているというのが私の印象です。重要なことは、収容所の内部で効力を有する支配の論理が、他の様々な社会空間においても作用する論理であるということ、そして実際に社会構造の全体に拡散しているということなのです。

アガンベンが「剝き出しの生」という概念を使用することに対して、ルチャーノ・フェッラーリ＝ブラーヴォとトニ・ネグリのような、イタリアのオペライズモの代弁者たちによって向けられた批判にあなたは言及しましたね。これらの批判に関しては、少し立ち止まってみる価値があるでしょう。特にフェッラーリ＝ブラーヴォは、「剝き出しの生」の概念の両義性、この概念が理論的考察の領域から労働の問いを排除する傾向にあり、それに由来する両義性にこだわっていました。ルチャーノは、現代の収容所の論理を理解するには、アウシュヴィッツのみならず、エリス島についても考察しなければならないのかどうかを問うていたのです。オペライズモに出自をもつまた別の理論家であるパオロ・ヴィルノは、『現在の記憶』（Virno 1999）という本のなかで、挑戦的にこう主張しています。労働力こそが、アガンベンによって「剝き出しの生」と名づけられたものの最良の例であると。労働力とは、マルクスによって潜在的な何かとして定義されたものにほかなりません。こうしたタイプのアプローチこそが、私たちの議論に関わることからすると、現代の拘禁センターと労働市場の包括的なリストラクチャリングとのあいだに存在する、極めて重要な関係に関心を向けるものであると思われます。[15]

拘禁センターとは、労働市場に蓄積された広がりゆく緊張を減圧するもの、いわば一種の減圧室なのです。これらの場所は、資本主義の新しい柔軟性のまた別の側面を表しています。つまり、これらは抑圧の具体的な場所であると同時に、労働力の移動性を制御する専制主義的傾向のメタファーでもあるわけです。これは、最近の多くの研究において強調されてきたように、「史的資本主義」のひとつの構造的特徴を体現するものです。私には、「剝き出しの生」という見地からよりも、この意味において収容所を論じるほうがより重要、とりわけ政治的にはより生産的であるように思われます。繰り返しますが、これは「剝き出しの生」の概念が、これらの空間がそれにしたがって機能する基本的論理のいくつかの側面に光を当てるものであるという事実とは無関係にあてはまることです。もちろん、アガンベンが主張するように、収容所は「剝き出し化」の暴力的所業を引き起こします。しかし、この「剝き出し化」は、グローバル資本主義の際立った特徴である新たな生の諸形式との関係において理解されなければならないのではないでしょうか。もし多くの人びとが主張するように、グローバル資本主義が、柔軟性の新たな諸形態をたえず生起させているのであれば、移民たちの継続的な移動は、この柔軟性の主体性レヴェルの側面を、私たちに示すものにほかなりません。しかし同時に、移民たちの移動は、明らかに資本によって搾取されてもいます。数々の拘禁センターは、この搾取が引き受ける諸形態のなかで、決定的な役割を果たしているわけです。

これは、イタリア語に翻訳されたばかりですが、ヤン・ムーリエ＝ブータンの重要な著書『奴隷制から賃労働へ』（Moulier Boutang 1998）の読解を通して、明らかになることのひとつです。資本主義世界システムの広大な歴史的広がりを再構築するなかで、ムーリエ＝ブータンはこう主張しています。強制労働、奴隷労働といった諸形態が、資本蓄積において基底をなす役割を果たしてきたし、今でもそうあり続けていると。これらの労働レジームは、「近代化」によって抹消される定めの古めかしい諸要素、あるいは一時的妥協などでは微塵もありません。むしろそれらは、資本主義の発展を構成するものにほかなりませんし、従属という諸条件からの労働のたえざる逃走を制御、もしくは制限しようとする試みからこそ生起しているのです……。この視角においては、移民たちの移動性を制御しようとする試みは、資本主義の発展のエンジンとなるのです。現代の拘禁センターは、このような目的のために機能する昔からある行政管理装置の連なりのなかに自らの位置を得ているわけです。

シティズンシップ、多文化主義

ニールソン　ここ数年のあいだに、シティズンシップという概念を再考する様々な試みがなされてきました。あなたは『逃走の権利』のなかで、現代の移民を理解する上で、こうした試みの重要性を強調しています。オーストラリアでは、シティズンシップのテーマは、九〇年代に私たちの議論のなかでかなりそのプレゼンスを高めてきました。とりわけ、それはいわゆる「文化政策」学派の貢献を通じてのことでした。この学派は、統治性というフーコー流の概念からその歩みをはじめるわけですが、知識人と国家の諸機関との協力を強く支持してきました。数年のあいだ、シティズンシップというテーマは、その研究に公の出資を行うべき「優先権をもつ」ものとして、「オーストラリア研究会議（Australian Research Council）」によって認められたテーマのひとつだったのです。こうして、シティズンシップに関する研究は、理論的・政治的研究の主流派として、いっそう形づくられることとなりました。たとえこれらの年月に出版された数多くの仕事が、シティズンシップは多くの面で、国民国家だけに排他的に縛りつけられているわけではまったくないと強調していたとしてもです。しかし、二〇〇一年八月のタンパ号事件の後になると、オーストラリアの知識人のなかには、シティズンシップよりも、主権の概念を通して、移民と拘禁の諸問題に取り組みはじめた人びともいました。私は、以下のような仕事を思い起こしています。アンソニー・バーク[16]の著書『セキュリティの恐怖のなかで』（Burke 2001）へのあとがき「タンパ号を沈めろ[17]」、「ファイバーカルチャー（fibreculture）」のメーリングリストで流通していたマッケンジー・ワークの小論「下からのグローバル化――移民、主権、コミュニケーション」（Wark 2002）、あるいは一部私も協力した『境界地帯』誌第二号「いかなる土地で?」といった仕事です。

主権という概念は、少なくとも三つの理由で重要なものと思われました。そのうち二つは、私がすでに強調したことです。I．タンパ号事件以後、オーストラリア政府が、外国の領土での拘禁センターの開設に資金を提供しはじめたこと。II．境界管理に関するいくつかの新法が、避難民と移民の下船に関しては、オーストラリアから一定の領土を取り去ってきたこと。III．和解へ向けて十年間続いた公式プロセスの失敗後、先住民諸集団が、主権の新たな要求を含んだ協定を締結したこと。確かにシティズンシップについて同時に論じることなしに、主権について論じるのは困難なことでしょう（その逆も然りです）。しかし、私にはこれらの差異が重要であるように思えるのです。主権（そしてグローバル化時代におけるその様々な変容）をめぐる問いは、ヨーロッパでの移民たちの諸権利を求める闘争に関与してきた人びとにとって、どの程度中心的な位置を占めてきたのでしょうか？

メッザードラ　イタリアでは事態はまったく逆方向にすすんできたと言えるでしょう……。主権の概念は、イタリアの政治的言説と政治理論においてはいつも中心的なものでした。しかしその一方で、シティズンシップの概念は、結局は周辺的な役回りを引き受けてきたと言えます。それについては、ノルベルト・ボッビオ、ニコーラ・マッテウッチ、ジャンフランコ・パスクイーノによって編集された、非常に有名な『政治学辞典』（Bobbio, Matteucci, Pasquino 1983）の第二版を一瞥してみれば十分です。「シティズンシップ」の項目がないのです。ただ一九九〇年代の初頭になってようやく、ジョヴァンナ・ツィンコーネ[18]（Zincone 1992）、ダニーロ・ゾーロ（Zolo 1994）のような著者たちが、シティズンシップというテーマをめぐって真剣に仕事を行いはじめたのです。

またイタリアでは、このテーマに関する議論が、直ちに移民についての議論と密接に結びついてきたことを強調しなければなりません。『逃走の権利』やまた別の仕事（たとえば Mezzadra 2002a）において、私はシティズンシップと社会的階級についてのT・H・マーシャルの古典的論文の根源的な読み直しを提出しようと努めました。これはシティズンシップの二つの局面を識別することを意味していました。つまり、一つ目の局面は、その制度上の規定のなかのシティズンシップです。二つ目の局面は、様々な社会的実践、シティズンシップの形式上の定義と制度に挑戦する政治的・社会的諸力の結合と関係するものです。この二つ目の意味においては、シティズンシップをめぐる問いは、主体性をめぐる問いを引き起こします。一方では、いかにして一連の規律の実践によって主体性が構築されるのかが説明されます。私は、シティズンシップ概念へのこうしたフーコー流の批判は、非常に重要であると考えています。しかし他方で、私は、シティズンシップの制度上の規定そのものに数々の重要な変革を引き起こしうる主体的行為の自律空間が存在していることを強調したいと思います。シティズンシップについて論じることは、私にとって何よりもまず、政治理論の中心に主体性の問いを再び置くことを意味しています。また、この二つ目の意味でシティズンシップについて考えることは、特に移民たちの周辺で、言葉を換えれば、所定の政治空間の内部で、形式的には市民として認識されていない人びとの周辺で展開されている議論に焦点を合わせるためのひとつの方法であると言えるでしょう。

移民たちの運動というのは、シティズンシップを体現する諸実践の全体によって横断され、構成されているのです。これらの実践は、最近十年のあいだに、法的 - 形式的な意味で理解されたシティズンシップのいくつもの境界に対して、ますます強い圧力を行使してきました。この観点から解読すると、シティズンシップというカテゴリーは、これらの圧力がたとえば主権のような古典的な政治概念に、どのような影響を与えているのかを、問えるようにしてくれるわけですね。シティズンシップについて論じることは、主権について論じるのをやめるということでは些かもありません。しかし何にもまして、シティズンシップとは、政治的論争の中心に、移民たちの様々な主体的要求を据えつけることを可能とする概念なのです。

それと同時に、シティズンシップの概念は、このように移民たちの運動に直に言及するものではありますが、それを越えるものでもあります。ひとつの重大な理論的挑戦は、移民たちのシティズンシップをめぐる具体的要求を、それとは別の社会的・政治的諸実践、つまり必ずしもシティズンシップの言語を通じて表現されてはいないそれらと接続する結びつきを突き止めることにあります。私は、たとえ非常に抽象的かつ萌芽的なやり方であるとしても、現代の移民のなかに生き続ける主体的な社会的諸実践と、ここ数十年のあいだに特にいわゆる西洋の内部で労働運動やフェミニズム運動によって表現されてきた諸要求とのあいだの共通要素を特定しようとしてきました。逃走の権利という概念は、この結びつきを可視化することを可能としてくれるものです。明らかなことですが、一方での移民たちの闘争と、他方での労働者やフェミニストの闘争とのあいだの差異を消去し、まったく同様の地平に置くような類の提案をしているわけではありません。私はそれとは逆に、まったく形式的であり、すぐにはコミュニケーションのできない関係について論じています。しかし、ひとつの関係は存在しています。それは再度、労働の移動性の問いに関わるものです。先ほど述べたように、そこに存在する主体的側面が、ヤン・ムーリエ＝ブータンによって、資本主義史の総体を走り抜ける共通要素として特定されているわけなのです。

イタリアでは、一九七〇年代以降、労働者、なかんずく若い労働者たちの工場からの逃走をめぐって、つまり、まったく具体的でほとんどありふれた意味で理解された労働の拒否をめぐって激しい議論が行われてきました。エヴ・シャペロとリュック・ボルタンスキーの著書『資本主義の新たな精神』(Boltanski, Chiapello 1999［二〇一三］)を一読すれば、ここ二〇年のあいだに、企業の経営戦略そのものの変容を引き起こす上で、工場の規律から逃走するこれらの労働者たちの実践の有した重要性が例証されているのを見出すことができるでしょう。シャペロとボルタンスキーは、「柔軟性」が、「資本主義の新たな精神」のレトリックや実践におけるキーワードとなるその前に、一九六〇年代の闘争の勢いが高まりをみせていた時点で、それがいかに企業の指令が対峙しなければならない主要な問題として認識されていたのかをかなり説得力のあるやり方で示しています。言い換えるなら、柔軟性は、労働の側におけるる移動性の実践として、要求として認識されていたということです。これとよく似た方法で、フェミニズムは家事労働の拒否、家父長制家族の拒否に関する多岐にわたる実践、自らの移動性の制御に対する女性たちの数多の要求に刺激を与えてきたのです。逃走の権利という概念は、繰り返せば、たとえ非常に抽象的なレヴェルであっても、移動性をめぐるこれらの主体的諸実践と、移民たちのシティズンシップの要求、つまり、自らの移動を自ら制御する移民たちの権利とのあいだの接続を確立しようと試みるものなのです。

ニールソン 移民たちの移動に内在する主体性の次元は、「客観的」と想定された諸要因(グローバル経済のなかのプッシュとプルの要因、人口学的不均衡など)に基づいて組み立てられた理論的アプローチからは不可避にこぼれ落ちてしまうとあなたは主張していますね。私には、このテーゼと多文化主義に対するあなたの批判とのあいだには結びつきが存在しているように思われます。多文化主義は、移民を、ある文化、ある民族、あるコミュニティの型にはまった代表者として構築することで、当の移民の経験の特異性を減じてしまう方向にすすむというのがあなたの意見です。知っての通り、多文化主義のレトリックと実践は、オーストラリアにおいて、相当に展開されてきたものです。一九七〇年代以降、多文化主義は政府の公式の政策でした。たとえそれを運営する諸機関が、二〇世紀の福祉国家の取り壊しによってもっとも激しいダメージを受けた機関のひとつであるとしてもです。数多くの批判者たちが、この多文化主義の公式の政策と、オーストラリアの数々の拘禁センター(何より、そこには滞在期間の上限というものが存在していないのです）において移民たちが甘受している非道な処遇とのあいだのギャップを強調しています。反対に、それとは別の批判者たちは、この拘禁政策（民族の檻への閉じ込め政策）と、公式多文化主義の消費主義的で見世物的なエートスとのあいだには連続性が存在していると主張しています。私は特に、『逃走の権利』のなかで挙げられている、ガッサン・ハージの著書『ホワイト・ネイション』（Hage 1998［二〇〇三］）を思い浮かべています。私からすれば、多文化主義を越える観点から、移民について考えようとする点において、あなたたちは同様の理論的プロジェクトに従事しているように思えます。移民の主体的な諸側面にあなたは力点を置くわけですが、それがイタリア、またヨーロッパの文脈で理解されるような多文化主義のテーマと関係づけられるさいのやり方について、何か付け加えることはありませんか？

メッザードラ　何よりまず、移民たちの主体性の問いに関して、一言付け加えさせてください。それには理論的な局面と政治的な局面があります。理論的な意味では、移民の主体的側面を強調することは、プッシュ・プルの諸要因、人口学的諸要因などについて論じるにとどまり、その大部分が主体的次元を消去している主流派の言説から距離をとることを意味しています。『逃走の権利』では、この主体的次元を、議論の中心、研究作業それ自体の中心に置く必要性を強調しました。それはある所定の場所での不都合、あるいは望まない諸条件から逃れようとする決断を理解するためにほかなりません。これは、近年、イタリアで移民たちについてなされてきた多くのエスノグラフィーの仕事と同調するアプローチです。たとえば、アレッサンドロ・ダルラーゴ[19]（Dal Lago 1999）、ルーバ・サリー[20]（Salih 2003）のような研究者たちによってなされた仕事があります。これらのエスノグラフィーの仕事が、主流派の言説に表明されているそれよりも、移民たちの移動について、いっそう豊かで複雑な理解を促してきたことに疑念の余地はありません。これらの研究はとりわけ、そこにおいて主体的側面が明瞭となるライフ・ヒストリーという文脈のなかに移住を位置づけることに寄与してきました。

当然ながら、これは、移住の決断はいつも自由と解放への探求を伴っているといった、紋切り型のナラティブへと逆戻りすることを意味するわけではありません。ある時にはその通りでしょうし、別のときにはそうではないでしょう。たとえば、イタリアでインタビューを受けた多くのモロッコ人の女性たちは、厳しい家父長制社会で生きることにもはや耐えられないという理由で、移住を決断したとはっきり述べていました。この場合は、移住を解放の探求として論じることに意味はあるでしょう。しかし、移住行程の基盤に強制の諸要素がかなり強烈に存在するというケース以上に、まったくもって平凡なやり方で、自らの移住の選択を動機づけている人びとにも頻繁に出くわすのです。かれらは経済的な諸問題のみならず、実存的な諸問題もまた述べています。私が目にした移民の初期のインタビューのひとつは、モロッコ人の青年のものでした。彼はカサブランカでの学業を放棄し、イタリアに暮らしにきたわけですが、それは彼女と別れたからでした……。この種の主体的動機づけは、経済的な諸問題、あるいはもっと一般的な社会的諸条件とかかわる動機づけと同じように正当なものです。

最後に、次のことを強調しておくのが重要でしょう。移民の主体的諸側面に力点を置くことで、「デカルト的主体性」といった何らかの神話的イメージを復権させることが、私のねらいではないということです。私はむしろ、フーコー流の意味での主体形成過程について論じています。これらの過程は、苦痛と貧窮によって特徴づけられうるものではありますが、充足と喜びの原因でもありうるのです。

もっと直に政治的な問いへとすすみましょう。そのためには、移民たちとの連帯を示す仕事の大部分が、かれらを犠牲者として、支援、ケア、保護を必要とする人びととみなした上で行われてきたということを強調しなければなりません。それは確かに高尚な動機づけに導かれた仕事です。しかし、それは極めて両義的でもあるのです。議論の中心に移民の主体的側面を据えることで、このようなパターナリズム的な考え方を越えて、移民たちをグローバルな変容をもたらす現在の諸過程の主人公として考察できるようになります。多文化主義に関しては、冷静にこう主張できるでしょう。ヨーロッパには、北アメリカの文脈、オーストラリアの文脈で成熟に達した経験に匹敵しうるようなそれはないと。多文化的言説は、ヨーロッパでは、かなりの部分が輸入の言説であり、それは直ちに移民をめぐる議論と密接に関係づけられます。また、北アメリカやオーストラリアと同様に、ここでも論争は、多文化主義を反対すべきものとみなすある種の「白人原理主義」によってかなり左右されてきました。イタリアには、ジャコモ・ビッフィ（Biffi 2000）やジョヴァンニ・サルトーリ[21]（Sartori 2002）のような人物がいます。ボローニャの司教であるビッフィによると、すべての移民はキリスト教徒でなければならないということです。サルトーリは、ある種の移民たち（なかでも、イスラーム諸国出身の移民たち）が、ヨーロッパの啓蒙主義の伝統に対する脅威を体現していると主張し、世俗主義の見地からとはいえ、同様の立場に属していると言えるでしょう。こうした用語で組み立てられた議論に対峙し、多くの人びとが衝動的に多文化主義を支持する立場を採用してきました。とりわけ、制度的左翼、草の根の社会運動に同一化している人たちにそれはあてはまります。

しかしながら、これら左翼の政治的‐文化的環境においても、多文化主義の政治は、いかなる両義性からも解放されているとは言えないでしょう。もし移民たちとのパーティーを企画しているアクティビスト集団の会合に参加するなら、パーティーに参加する「文化」のいずれもが、自己表現する活動の場をもたなければならないと主張する人に出くわすに違いありません……。それぞれの異なった文化に、それぞれの活動の場が割り当てられるということのみならず、文化と民族という用語が、ほとんどいつも同義語とみなされているわけですね。それから、もしこの提案を行った人に、当の自らの文化、ないしは民族をどのように定義しているのかと尋ねてみるなら、この人物が当惑し、面食らった気分になるのは確実でしょう！　いわゆる「白人性研究（whiteness studies）」のもたらした基本的な教訓（「白人性」が構築されたアイデンティティであること、それが中立的、あるいは普遍的な位置ではないこと）が、実際のところ、ヨーロッパの左翼には吸収されてこなかったですし、白人のヨーロッパ市民と対象をなすかたちで、エスニックな特殊性がなおも特定されるという傾向があるわけです。

その上ヨーロッパでは、文化的レヴェルでの承認の要求を、経済的・社会的幸福に関する要求と対置させる傾向も強くなっています。この場合でも、英語圏での議論の展開と比していくらかの遅れが見出されます。この傾向のもっとも知的で洗練された代弁者のひとりに、アクセル・ホネット[22]（Honneth 1992［二〇〇三］）という人物がいるわけです。これは不安を誘う傾向であるように思えます。特に、社会国家が攻撃にさらされている歴史的局面においてはそうでしょう。マルコ・マルティニエッロ[23]（Martiniello 1997）が、非常に意味ありげなエピソードについて語っています。フランクフルトに、市の多文化業務局が開設されました。すると、他の部局が、移民たちをこの部局へと回しはじめるようになったのです。たとえ移民たちの抱える問題が、まったくもってありふれたもの、完全に「物質的」なもの（労働、住まい、健康など）であったとしてもです。つまり当局は、移民たちは何よりもまず（それだけではないとしても）、「文化」に関する諸問題を考慮せねばならない状況にいるとする見解を出発点に仕事を行っていたように思えたわけです。私には、ヨーロッパにおける移民たちの実際の生活経験が問題となるとき、このエピソードは多文化主義の諸政策の抱えるいくつかの限界について重要な何かを示していると思えます。世界の他の地域と同様に、多文化主義は、今となってはたいていの場合、アイデンティティ・ポリティックスと結合しています。当然、アイデンティティの問いは重要性を有しています。けれども、多文化主義のヘゲモニー下では、移民のすべての側面、すべての問題が、アイデンティティの問いへと切り縮められてしまうのです。加えてヨーロッパでは、アイデンティティは、文化的所属として、公式の地理的境界の内部に含まれた何かとして、つまりは構築されたものではなく所与のものとしてかなり広く理解されています。おそらくは、まさにこうした理由のために、今や英語圏世界ではそれなりに主流派となっているとはいえ、異種混淆性の概念に力点を置くポストコロニアル批評という研究潮流が、イタリアのような状況においては、確かに挑戦的な意味合いを保つことになるわけです。

〈帝国〉とヨーロッパ

ニールソン　一一月三〇日のトリノの拘禁センターに反対するデモを準備するさいに、二〇〇二年にウーメラで起こった復活祭の蜂起[24]の模様を写したビデオが上映されました。実質的に、私がイタリアで話をしたすべてのアクティビストが、この出来事のことを知っていました。これは、オーストラリアでの拘禁センターに反対する闘争のなかで、もっとも重要な市民的不服従の行為でした。もちろんイタリアでは、「不服従者たち（disobbedienti）[25]」として知られた集団が、グローバル運動のなかで非常に重要な役割を果たしてきたわけですね。ラーゲルに対する闘争のなかで、もっと一般的に言えば、グローバル運動の内部で、市民的不服従の果たす役割について、あなたはどのように考えますか？　不服従の諸行為は犯罪とみなされ、テロリズムの脅威と関係づけられるようになっているわけですが、そのやり方について考えるのもまた興味を引くものでしょう。「永続するグローバル戦争」の文脈、警察権力と軍事権力、規律とセキュリティなどのあいだが不分明となる文脈において、これは何を意味するのでしょうか？

メッザードラ　不服従、それは政治のスペクタクル化を引き起こし、見本となるような数々の行動を引き起こすものです。これはグローバル運動が成熟し成長する局面においては根底をなす重要性を有していたと言えるでしょう。メディア空間を占領するべく、周辺的位置から運動が表に姿を現してきたという印象を引き起こすに当たって、それは決定的に重要なものでした。この種の行動は、象徴化とスペクタクル化へと向かっていっそう歩をすすめている社会的文脈においては、まったくもって妥当なものです。「不服従者たち」には多くの批判が向けられましたが、この観点からするなら、私にはそれらは的を射たものではないように思えます。確かに、スペクタクル化がそれ自体で目的と化すようであれば、そしてそれが政治的表現を全体として植民地化していくようであれば、様々な問題が生まれることになります。不服従はこの場合、様々な政治的行為の複雑な組み合わせの内部の一要素であるのをやめることになり、より包括的な変革プロジェクトとの関係を喪失することになるでしょう。

運動の政治をめぐる諸問題に少し触れてみましょう。あなたも目撃したように、フィレンツェでのヨーロッパ社会フォーラムにおいて、「不服従者たち」は要塞には参加しないという選択をしました。要塞とは、数々の研究会や集会が開催されていた場所のことです。要塞の内部では、不服従の諸実践が真に広がりを見せているさまが記録されていましたし、運動の有する様々な視角について、本当に真剣な議論が展開されたのです。しかしながら、このオルタナティブな政治空間に、「不服従者たち」は不在でした。つまるところ、私には次のことは明らかだと思われます。それは、不服従がただ自己プロモーションの形態へと還元されてしまうという危険です。それは一種のロゴであるとも言えるでしょう。

ただしそれと同時に、この論争が開かれたままであることも明らかです。私のような人たちは、「不服従者たち」のある一定の態度には非常に具体的に批判を投げかけてきたとはいえ、かれらによって実行されたそれと同程度に見本となる重要性をもつ政治的行為のかたち、また運動をより全体的に堅固なものとし、日常レヴェルに大きな影響を与える力の強化に寄与するような政治的行為のかたちを見出すことに苦労しているわけですから。それは変容する構造レヴェルの困難に敢然と立ち向かうものでもあるでしょう。これは、この運動の一部を占めるアクティビストたちに広く行き渡っている主要な動機づけと大きく結びついた重大な問題だと言えます。思うに、倫理の言語を語る行為と、政治の言語を語る行為とのあいだには重要な差異があります。もちろん、この差異を認めることで——明らかですが——倫理の言語の価値が切り下げられるわけではありません。「倫理的」動機づけの重要性は、「道徳主義」と混同されてはならないものでしょう。おそらく、運動が構成される内部において「倫理的」動機づけが引き受ける重要性は、むしろ運動それ自体には非常に意味があり、同時に十全に物質的な何かを私たちに示してくれています。つまり、それは労働者やその他の人びとの主体性そのものを利用する生産様式の破壊的な裏面として解釈できるのかもしれません。それにもかかわらず、私には、「倫理的な」動機づけが、いくつかの問題をもたらしているように思えるのです。こんにちの運動が直面している大きなジレンマ、それは以下のことにほかなりません。いかにして運動そのものを強固なものとするのか、そしていかにして運動自体のポテンシャリティを具体的に生かして、まったく予想外の広がりをみせた数々のデモや行進によって引き起こされてきた、私たちは共通の地平を共有しているというユートピア的感覚を乗り越えるのかということです。実際に運動が極めて並外れた成長を経験してきたと言えるのであれば、倫理的と定義しうるような非常に一般的な動機づけに基づいて、数十万の人びとが参加するあるデモ行進とまた別のデモ行進とのあいだにこそ、問うべきことは残ります。「そうですね、次のデモ行進を待っているあいだ、これらの人びとはどこにいるのか、何をしているのでしょうか?」

明らかですが、このような挑発は、運動の力を適用すべき具体的な地点を見出すことから由来するものです。ひとつの可能性としては、大学の内部で生じていることについて考えてみることです。なぜなら、近年の様々な改革にもかかわらず、イタリアには学生アクティビストの新世代が存在し、それゆえに大学は数々の新しい言語、新しい政治的実践の実験室へと改変される可能性があるからです。加えて言及するなら、特に市町村のレヴェルにおいて、運動と制度とのあいだを接続するいくつかの興味深い実験が行われてきました。ひとつだけ例を挙げましょう。コゼンツァには、運動に対して非常にオープンな女性市長がいます。ちょうどここ数日のことですが、地元のアクティビスト数人の逮捕命令が司法によって出された後になって、興味深いことが起こっているところですね[26]。いずれにせよ、こうした「制度」とかかわる諸々の実験は、それぞれのケースに応じて、非常にプラグマティックなやり方で評価されなければならないと思います。またそれらは、運動の制度化という仮説を決して提唱すべきではないと考えます。

弾圧と戦争についての問いにすすみましょう。九・一一、そして「永続するグローバル戦争」のはじまりによって引き起こされた文脈のなかで、運動は自らの成長を実現してきた状況とは非常に異なったそれに対峙していると言えるでしょう。しかし、無差別的な弾圧状況について論じるつもりはありません。私には趨勢としては、選別的な弾圧へと向かっているように思われます。ただし同時に、それは場当たり性と偶然性という特徴で際立ってもいます。いずれにせよ、間違いなくアクティビストたちからすれば、弾圧について考えるよう強いられるリスクは、過去に比してこんにちではより高くなっているでしょうし、基本的諸権利や様々な保証の侵害は、疑念の余地なき趨勢であり、私たちはそれについて考察しなければなりません。たとえば、イラクで戦争が起こるようなら、軍事行動への実効性のある敵対を構築できる現実的可能性がどれほど存在しているのでしょうか。それは私にはわかりません。たぶんアメリカよりもヨーロッパのほうが有利だとしても。けれども、まさしくアメリカで力強い反戦運動を展開できる可能性こそが、次の数ヶ月において、グローバル運動の全体にとって決定的に重要な変数となるのは明らかでしょう。

ニールソン　この数週間に反戦運動がアメリカでもその勢いを増しているように思えるとしても、私もヨーロッパには反戦のためにより多くのチャンスがあると思います。確実に、ヨーロッパでは戦争に反対する制度レヴェルの政党を見出すことができるでしょう。これはアメリカでは起こっていないことです（オーストラリアでも起こっていません。オーストラリアでは、反戦はたびたび国連安全保障理事会の見解にのみ基づいて行われます。つまり、もし安全保障理事会の決議があれば、戦争は自動的に「正しい」となるわけです）。リスクと弾圧にあふれたこの新しい政治的風潮を、いかに評価できるでしょうか？ことによると、退行、反動の時機なのでしょうか？

メッザードラ　概して、私は反動的という用語を用いないように気をつけています。少し大げさに言うなら、私は近代史において、反動の時機が一度たりとも存在したとは思いません。少なくともナポレオン戦争以後には……。私たちは、退行、あるいは反動というよりも、グローバルな諸権力が再組織化される過程に立ち会っているのだと思います。確かに、トニ・ネグリ（Negri 2002）が、現在生じていることとの関係で、「帝国主義のバックラッシュ」、「〈帝国〉のクーデター」について論じてきたことを心得てはいます。しかし、私の印象では、このような姿勢は、マイケル・ハートとの著書のもっとも脆弱な論点のひとつから派生しているのです。『〈帝国〉』（Hardt, Negri 2000［二〇〇三］）が途方もなく重要な本であることに疑念の余地はありません。それは、一九九〇年代に展開された様々な議論と、英語圏のみならず、世界の他の地域におけるラディカルな理論と諸実践とのあいだをつなぐある種の橋を打ち立てることで、行動と政治思想の新たな諸空間を切り開いたのです。けれども、ハートとネグリの立論は、歴史的変動の解釈に関して、かなり直線的な進歩主義モデルのほうへと流れてしまう危険から、完全には解放されてはいないという印象です。たとえば、以下のような主張です。〈帝国〉は、本質的にはウッドロー・ウィルソンの考案した世界平和の統轄計画によってすでに予示されており、とにかくそれは国民国家とその帝国主義に比べるとまったく好ましい前進なのである、というものです。なかでも、ハートとネグリがクリントン政権時代に言及しながら記述する〈帝国〉を、唯一のありうる〈帝国〉としてしまうのは危険なことでしょう。いずれにせよ、〈帝国〉をめぐる論争のなかでは、数々の単純化された理解が流通していますが、それよりも、かれらによって仕上げられた理論モデルそれ自体（特に「混合政体」と題された重要な章を思い浮かべます）は相当に豊かでよく組み立てられたものであると思えます。それは自らの内部に、多数のコンフリクトのレヴェル、〈帝国〉の再組織化における戦争の可能性とその様々な結末を含み込んだモデルなのだと思います。

バックラッシュ、反動について論じるよりも、私は現状を、〈帝国〉の「混合政体」に内在する様々な要素が、再定義、再組織化の過程を横断している状況として理解することにこそ、より多くの意義があると考えます。私たちはこう主張しなければなりません。現代の数々のコンフリクトは、〈帝国〉の内部におけるものであり、経済的・軍事的ナショナリズムの時代への単純な帰還を示しているわけではないと。私たちが立ち会っているのは、新たな形態をした政体の内部における脱臼と調整の連なりにほかなりません。この政体それ自体が、緊張にみちた領域であり、均衡と不均衡の様々な局面を通過する力を有するのです。私には、混合政体というこの概念は、ハートとネグリの本のもっとも説得力のある側面のひとつであると思われます。これは先ほど述べたように、〈帝国〉によって国民国家という古いシステムの凋落が直線的に引き起こされるときにのみ、対抗〈帝国〉の可能性が出現するとするよりメタ言説的なナラティヴに対して、重要な対位法を体現していると思えるのです。私からすれば、逆説的ではありますが、アプローチの仕方において、このメタ言説的ナラティブにはある種のヘーゲル主義へと逆戻りしてしまう危険が存在しているわけですね。このモデルが自らを否定するようにみえる現実の諸要素と遭遇するなら、「バックラッシュ」、反動に言及して避難所を求めてしまうというわけですから……。

確かに、この本のユートピア主義、その大きな物語という特徴は、最大の魅力となっている要素のひとつですし、先ほど言及しましたが、それらが思考と実践の新たな諸空間を切り開く上で、基底的な影響を生み出すのに寄与してきたことは認めなければなりません。ただしいずれにせよ、ハートとネグリの立論のいくつかの行程に刻印された「進歩主義」の痕跡は、本のなかに見出される理論的挿話の数々、たとえばかれらのポストコロニアル理論との真剣な対決と矛盾しているように思えるのです。私が退行や反動といった用語の使用禁止を好むのは、このような理由のためです。

ニールソン ヨーロッパは〈帝国〉の新たなグローバルな構成における一種の弱い環であるというテーゼについて、あなたがどう考えているのかを知りたいところです。これは、ハイドルン・フリーゼ、トニ・ネグリ、ペーター・ヴァーグナーの編集による『政治的ヨーロッパ』(Friese, Negri, Wagner 2002)という本のなかの中心的テーマであるように思われます。あなたもアレッサンドロ・ダルラーゴとともに著した論考[27]で、この本に加わっていましたね。ヨーロッパには、国民国家を越えたところで、超国家的な行政管理システムがすでに存在しているのは確かでしょう。このシステムは、いくつかの新たな統治形態を築き上げる可能性を示唆しています。先ほど私たちが考察したように、ヨーロッパはその境界管理のより複雑で抑圧的な形態の設計に従事しているわけですが、それとは関わりなく、このように言えるのです。

イタリアには、ＥＵの既存の諸制度を通じて、たとえば欧州連合基本権憲章[28]を生かすことによって、変革のための仕事に取り組める可能性を擁護している知識人たちがいます。また別の知識人たちはより懐疑的です。さらに別の知識人たちは、フランスとイタリアの選挙での敗北の後に（また、戦争や移民といったテーマに対するイギリスとドイツの中道左派政権の姿勢を考えて）、ヨーロッパ・レヴェルにおいて制度的左翼の再建に取り組むための機が熟したと判断しています。こうした議論に対して、あなたはどのような立場でしょうか？　なかでも、ヨーロッパを〈帝国〉の内部における弱い環とみなす主張は、ヨーロッパの外部の様々な社会運動と同盟を結び、政治的コミュニケーションの諸回路を打ち立てるというプロジェクトをさえぎる可能性があるとは思いませんか？

メッザードラ　運動と制度的左翼との諸関係からはじめさせてください。これは明らかに、私たちがいくらかの緊急性をもって取り組まなければならない問題です。イタリアには目下のところ、昨今に比して、制度的左翼の変革を引き起こせるより多くの機会が存在しています。おそらく、状況は部分的に改善されてきたというのがより正確でしょうか。しかしいずれにせよ、本質的な点は、運動自体が社会的また政治的諸制度との新たな関係様式を想像しはじめなければならないということです。こんにち私たちがイタリアで直面している困難のひとつとして、次のことを挙げることができます。それは、異質性と動員力については抜群の力を発揮できる運動を私たちは有しているわけですが、いかなる点においても具体的に勝利を得ることはできなかったということです！　たとえば、ボッシ－フィーニ法に反対する闘争をとりあげてみてください。この闘争は並外れて力強く、よく組織されたものでした。けれども、法の公布を阻止することはできませんでした。私たちは、具体的な成果を勝ち取ることのできる新しい政治モデルを発明しなければなりません。これは「改良主義」の問題では断じてありません。そうではなく、ラディカルな社会変革をもくろむ視角のなかで、制度との新しい関係を想像すること、新しいやり方で制度それ自体を思考することが大切なのです。

というわけで、ヨーロッパというレヴェルは、この意味において、非常に重要な実験領域に相当しているのは明らかです。EUの諸制度は、もはやかなり強固なものですし、国民国家の古いシステムへの「逆行」を想像するのは困難なことでしょう。それゆえに、制度的左翼との新たな諸関係について語るときに、私たちが思い浮かべているのは、イタリアの左翼、フランスの左翼、ドイツの左翼を何かしら改良することではないわけです。むしろ、ヨーロッパ政治空間をはっきりと明示する（また再組織化する）新たな方法について考えているわけです。この点に関しては、移民たちの移動について先ほど言及したことが極めて重要です。これらの移動によって私たちに提出された見地からヨーロッパを思考することで、制度のレヴェルで現在構築の途中にあるヨーロッパ空間とは根源的に異なったそれを想像することが可能となるわけなのです。したがって、制度との関係において実験を開始するという点で、運動の取り組むべき主要な課題のひとつは、ヨーロッパ・シティズンシップの数々の境界に対する批判的空間を、開いたままに保つことにあると私は考えています。この点については、ヨーロッパの政体構成というのが、その物質的規定の通り、国民国家を特徴づけてきた境界の型とは、非常に異なったそれを伴っていることを考慮する必要があります。EUの物質的構成は入り組んでおり、柔軟で、多元的なものであり、たえず自らの内部に諸々の空間と機能を組み込んで、それらを再組織化するものなのです。

そしてこのことが、社会運動にとって新たな好機を引き起こすことは明白です。運動には、この政体構成が機能するときに開示されるギャップを占領する（たとえ一時的でも）べく、その内部に存在する数々の矛盾を活用できる可能性があるでしょう。しかし、それがただEUが超国家的なレヴェルで動いているがゆえに可能であると主張するようなら、そこにはこの新しい政体構成と国民国家とのあいだにコンフリクトがあることをあらかじめ前提としていることになります。これは一九六〇年代、七〇年代においてはそうだったのかもしれません。しかしこんにちでは、もはや統合が強化されているために、事態はいっそう複雑なものとなっています。いずれにせよ、次のことを忘れてはいけません。たとえヨーロッパの統合が、運動にとって新たな諸空間を切り開きうるものだとしても、統合は、他方においては、グローバルなレヴェルでの資本主義的指令の様々なメカニズムを強化する方向へと向かう論理にしたがって機能するものだということです。

ニールソン　締めくくるに当たり、あなたが目下のところ取り組んでいることですが、雑誌『デリーヴェアップローディ』の新シリーズの計画について少し教えてくれませんか？　あなたはヨーロッパ空間の内部における関係形成と政治的行為についてこのような新たな可能性を力説する一方で、グローバルなレヴェルにおいて、様々な社会運動のあいだのコミュニケーション、交換、政治的討論の新たな機会を創出するべく多大な取り組みを行っています。グローバルへの開放というこの努力の裏側に存在するのは、どのような類の思考なのでしょうか？

メッザードラ　『デリーヴェアップローディ』誌は、一九九〇年代初頭に誕生しました。それはイタリアにおけるポストフォード主義とグローバル化に関する批判的分析を目指した主要な実験場のひとつでした。この雑誌は、オペライズモの伝統の内部で生まれたものですが、当初から、ラディカルな政治的実践の諸条件を再定義しようとするプロジェクトを目指していました。けれども、二〇〇一年七月のジェノヴァの日々とともに、イタリアでのグローバル運動の爆発に直面したとき、私たちは次のことを理解したのです。それは、私たちのあいだには様々な差異があるとしても、私たち皆が想像していたものとは非常に異なったかたちで、運動の復活が成し遂げられたということです。それゆえに、編集チームは、雑誌の新シリーズを開始する決定をしたわけですが、それは何よりもまず、新しい運動のより革新的な特徴のひとつ、すなわち、この運動のグローバルな次元を研究することに捧げられたのです。こうすることで、私たちは単純なネオリベラリズム批判を乗り越えたかったわけであり、それと同時に、国民国家をグローバル資本主義に抗する最終的な防衛的砦とみなす立場からも、自らを区別していたわけです。ローカルなレヴェル、またナショナルなレヴェルでの動員の重要性をいつも認識しているとしても、私たちはこう主張してきました。運動そのものが、グローバル化についてのオルタナティブなイメージの運び手なのであると。実のところ、特にマイケル・ハートとトニ・ネグリの『〈帝国〉』の諸テーゼのひとつに寄り掛かりながら、私たちはもうひとつのグローバル化、数々の闘争と抵抗のグローバル化について考えようとしてきたわけです。それは、断じてシアトルで開始されたものではありません。こちらのグローバル化は長い歴史を有しています。二〇世紀の労働者たちの闘争や反植民地闘争が、この歴史の完全な一部となっているわけなのですから。

それと同時に、私たちは、シアトルで起こったことによって、新しいグローバルなイマジナリーが形成されるようになったと明言してきました。私たちの意見では、「ノー・グローバル（no-global）」[29]運動ではなく、現実にそれ自体がグローバルである運動が重要なのです。それは、この運動の抱えるあらゆる矛盾、あらゆる限界、たとえばグローバル・サウスにおいて生起してきた様々な闘争に対してのパターナリズム的態度が西洋に存続していることが挙げられますが、こうしたこととは関わりなく、そのように言えます。反システム運動の歴史上はじめて、この運動は地球規模の統合を当然のこととして引き受けているのではないでしょうか。それは、地球規模の統合が、実現すべき目的としてではなく、行為と政治的組織化の新たな諸形態をそこから創出すべき所与のものとして、採用されているという意味においてです。こうしたわけで、私たちは『デリーヴェアップローディ』誌の新シリーズを完成させました。その第一号は、ヨーロッパにおける諸運動の調査にあてられました。続く二つの号は、ひとつがアフリカ、アジア、ラテンアメリカ、もうひとつはアメリカ、カナダ、オーストラリアにあてられています。目的は、数々の異なった政治空間の内部で、さらにはそれらのあいだで、最終的にはそれらを越えたところで、様々な闘争の節合を可能とする共有された新しい言語、新しいイマジナリーを生み出すことに貢献することです。

この意味では、私たちのプロジェクトは何よりもまず、諸闘争のコミュニケーション（またコミュニケーションの可能性）と関係していると言えるでしょう。これは、地理的スケールの政治（より正確に言えば、地理的スケールの階段をジャンプする政治）を採用することなしに、すべてのレヴェル（市町村、国家、大陸……地球規模）において仕事を行う必要性を、それ自体で目的と認めるものです。それゆえに、これは一九九〇年代になされてきた仕事、グローバル／ローカルの関係、別様に言えば、「グローカル」の関係に精力を傾けていた仕事の大部分とは異なったプロジェクトであるわけです。それは特に、グローバルを経済的なもの（ネオリベラリズムの）と、ローカルを文化的なものと（または抵抗と）同一視するいかなる立場からも距離をとっています。繰り返しますと、私たちのプロジェクトは、諸闘争のコミュニケーション、グローバルなレヴェルでの革新的な新しいイマジナリーを打ち立てることに関係しています。これは合理的対話という啓蒙主義のそれ、あるいは自己満足に陥っているポストコロニアルな異種混淆性のそれとはまったく異なった水準において作用するイマジナリーなのです。けれども、このプロジェクトは、最大限に展開されているところなので、私たちはまた別の機会に、ことによるとまた別の場所で、それについて話しあう必要があるかもしれませんね。

訳注

〔1〕世界社会フォーラム（ＷＳＦ：World Social Forum）は、多国籍企業、ＷＴＯ、ＩＭＦ、世界銀行などによって牛耳られたネオリベラリズムのグローバルな展開に支配されないもうひとつの世界を宣言し、グローバルな格差の是正、民主的社会の建設を目指す。多種多様な運動、ＮＧＯ、労働組合などが集まり、数日間にわたって様々なテーマについて議論がなされる。第一回は、二〇〇一年一月にブラジルのポルト・アレグレで開催されたが、参加者はおよそ二万人ほどだった。第二回（ポルト・アレグレ）には五万人が集まった。また、ヨーロッパ社会フォーラムなど、地域規模で組織されるフォーラムもある。

〔2〕「滞在契約」制度については、第二章訳注２（六九‐七〇頁）参照。

〔3〕サン・パピエ（sans papiers）とは、滞在許可証のない移民たち、市民に付与されている権利をもたず、いつも強制送還の可能性にさらされている移民たちのこと。「不法移民」のような否定的意味を内包する用語ではなく、移民政策の締めつけによってこそ、「不法」な地位、許可証のない状態を強いられていることを示すべく、当事者たち自身が用いた用語である。一九九六年のパリで、かれらは滞在の正規化を求め、最初にサンタンブロワーズ教会、最終的にはサンベルナール教会を占拠した。主にマリ、セネガル、モーリタニア、ギニア出身の人びとだった。サンベルナール教会では、数人のサン・パピエたちと支援者たちがハンガーストライキを行った。多大な注目を浴びたこの出来事は、サン・パピエという存在を明示化し、フランス社会に認知させるものだった。

〔4〕『デリーヴェアップローディ』誌については、本章一八八‐一八九頁参照。

〔5〕エンリーカ・リーゴ（Enrica Rigo）、法学者、ローマ第三大学。移民の置かれる状況を注視しながら、ヨーロッパ・シティズンシップの形成について研究を行っている。著書として、*Europa di confine: Trasformazioni della cittadinanza nell'Unione allargata*［『境界のヨーロッパ——拡大ＥＵにおけるシティズンシップの諸変容』］（Meltemi, Roma, 2007）。序文は、エティエンヌ・バリバールが寄稿。メッザードラとの共著論文もいくつかある。たとえばL'Europa dei migranti［「移民たちのヨーロッパ」］（in G. Bronzini, H. Friese, A. Negri, P. Wagner, a cura di, *Europa, Costituzione e movimenti sociali*, Manifestolibri, Roma, 2003）。

〔6〕安全な第三国については、本章一六〇頁参照。

〔7〕二〇〇一年夏、オーストラリア沖で、「密航船」が沈没しているところに、ノルウェーの「タンパ」という貨物船が遭遇し、「密航船」の乗船者四三四人を救助。この乗船者たちは、アフガニスタンから逃れてきた人たちで、インドネシアから出航していた。長い時間、かれらを船の上にとどめて置けないため、タンパ号はかれらの希望にしたがい、オーストラリア・クリスマス島への入港許可を打診。しかし、オーストラリア政府はそれを拒否。その結果、船は一週間、海上にとどめ置かれた。この膠着状態を脱するべく、最終的にオーストラリア政府によってなされた提案が、「パシフィック・ソリューション」であった。それは、救助された人たちを近隣のニュージーランドとナウルに下船させることで、かれらの難民審査が、オーストラリアではなく、ニュージーランドとナウルで行われるようにするメソッドであった。難民審査にかかる諸費用はオーストラリアが負担するが、責任はオーストラリアにはないということである。

〔8〕アキ、あるいは、アキ・コミュノテールとは、ヨーロッパ統合の過程で積み重ねられてきた、基本条約をはじめとするEUの様々な法や規則の総体。ちなみに、シェンゲン協定は、一九九七年調印、一九九九年発効のアムステルダム条約において、アキ・コミュノテールに組み入れられた。

〔9〕一時滞在と救護センター（CPTA：Centro di permanenza temporanea ed assistenza）は、イタリアの拘禁センターである。二〇〇九年に「身元確認と追放センター（CIE：Centro di identificazione ed esplusione）」に変更された。拘留期間も最大六〇日から一八〇日へと延長された。

〔10〕ウーメラ（Woomera、オーストラリア・南オーストラリア州）は、アデレードから五〇〇キロ離れた砂漠のなかの町。一九九九年から、非正規に入国した人びと（大半は庇護申請希望者）を収容する拘禁センターが設けられていた。センターの処遇の劣悪さに対する批判がなされてきたが、被収容者たち自身も、ハンガーストライキ、唇の縫合、放火、暴動、脱走などで激しい抵抗を頻発させた。二〇〇三年に閉鎖。

〔11〕以下の頁でも議論されるように、ラーゲル（Lager）は、ナチ・ドイツによって設けられた強制収容所のことを指す。

〔12〕スヴェンドリーニ・ペレーラ（Suvendrini Perera）、カルチュラル・スタディーズ。オーストラリアにおける人種、エスニシティ、多文化主義、難民、白人性研究、アジア・オーストラリア研究に取り組む。代表的著作に、

Australia and the Insular Imagination: Beaches, Borders, Boats, and Bodies［『オーストラリアと島的想像力——海岸、境界、ボート、身体』］（Palgrave Macmillan, New York, 2009）。

〔13〕ルチャーノ・フェッラーリ＝ブラーヴォ（Luciano Ferrari Bravo）、一九四〇－二〇〇〇。パドヴァ大学政治学部におよそ三〇年間勤めた。アントニオ・ネグリが助手を務めた。一九七九年四月九日に、「アウトノミア」と呼ばれた議会外のラディカル左翼運動の理論的指導者として、国家転覆を図っているなどとされ逮捕された。この逮捕には、ネグリを含むパドヴァ大学政治学部の全教員が含まれていた。著書に *Dal fordismo alla globalizzazione*［『フォード主義からグローバル化へ』］（Manifestolibri, Roma, 2001）など。

〔14〕フェデリーカ・ソッシ（Federica Sossi）、哲学者、ベルガモ大学。移民にかんする著書・編書として、*Migrare: Spazi di confinamento e strategie di esistenza*［『移住する——閉じ込めの諸空間と生存戦略』］（Saggiatore, Milano, 2006）、また *Spazi in migrazioni: Cartoline di una rivoluzione*［『移住のなかの空間——革命の絵はがき』］（ombre corte, Verona, 2012）。

〔15〕エリス島は、ニューヨーク湾の小さな島。一八九四年から一九五四年までアメリカの移民管理局が置かれた。一二〇〇万人以上の移民たちが、この島を通って入国した。

〔16〕アンソニー・バーク（Anthony Burke）、セキュリティ研究、国際社会の倫理、戦争・平和、政治理論の研究、オーストラリア・ニューサウスウェールズ大学。著書に *Beyond Security, Ethics and Violence: War Against the Other*［『セキュリティ、倫理、暴力を越えて——他者に対する戦争』］（Routledge, London-New York, 2007）など。

〔17〕マッケンジー・ワーク（McKenzie Wark）、オーストラリアの研究者、メディア、文化、視覚芸術の理論で知られる。翻訳書に、『ハッカー宣言』（金田智之訳、河出書房新社、二〇〇五）。

〔18〕ジョヴァンナ・ツィンコーネ（Giovanna Zincone）、イタリアの政治学者。トリノ大学で長らく教え、社会的結束をめぐる諸問題にかんする大統領顧問を二〇一四年六月まで九年間務めた。移民政策への貢献を目指す学際的な研究センター「移民研究インターナショナルまたヨーロッパ・フォーラム（Fieri）」を創設。著書に *Da sudditi a cittadini*［『臣民から市民へ』］（Il Mulino, Bologna, 1992）など。編書に *Immigrazione: Segnali di* integrazione［『移民――統合のシグナル』］（Il Mulino, Bologna, 2009）。

〔19〕アレッサンドロ・ダルラーゴ（Alessandro Dal Lago）、社会学者、ジェノヴァ大学。移民について論じた著書として、*Non-persone: L'esclusione dei migranti in una società globale*［『非‐人格――グローバル社会における移民の排除』］（Feltrinelli, Milano, 2004）。また、「弱い思考」と名打たれた一九八〇年代の思想潮流の代表的論集に寄稿している。「弱さの倫理」（ジャンニ・ヴァッティモ、ピエル・アルド・ロヴァッティ編著、上村忠男ほか訳、『弱い思考』法政大学出版局、二〇一二）。

〔20〕ルーバ・サリー（Ruba Salih）、人類学者、ジェンダー研究、イスラーム研究、パレスチナ研究、ロンドン大学東洋アフリカ学院。著書に、*Gender in Transnationalism: Home, Longing and Belonging Among Moroccan Migrant Women*［『トランスナショナリズムのなかのジェンダー――モロッコ人移民女性たちのあいだのホーム、あこがれ、所属』］（Routledge, London-New York, 2003）など。

〔21〕ジョヴァンニ・サルトーリ（Giovanni Sartori）、イタリアの著名な政治学者、フィレンツェ大学で長らく教鞭をとった。民主主義論、政党システム論などについて著作多数。翻訳書に、『比較政治学――構造・動機・結果』（工藤裕子訳、早稲田大学出版部、二〇〇〇）、『現代政党学――政党システム論の分析枠組み』（岡沢憲芙、川野秀之訳、早稲田大学出版部、一九八〇）。後者は何度も版を新たに出版されている。最新版は二〇〇九年。

〔22〕アクセル・ホネット（Axel Honneth）、ドイツの哲学者、「フランクフルト学派第三世代」、ゲーテ大学フランクフルト・アム・マイン（ユルゲン・ハーバーマスの後任）、コロンビア大学に勤める。翻訳書多数あり。『承認をめぐる闘争――社会的コンフリクトの道徳的文法』（山本啓、直江清隆訳、法政大学出版局、二〇〇三）、『正義の他者――実践哲学論集』（加藤泰史、日暮雅夫訳、法政大学出版局、二〇〇五）など。

〔23〕マルコ・マルティニエッロ（Marco Martiniello）、社会学者、リエージュ大学エスニック・移民研究センター。翻訳書に、『エスニシティの社会学』（宮島喬訳、白水社、二〇〇二）。

〔24〕二〇〇二年一月の復活祭の時期に、ウーメラの拘禁センター前に一〇〇〇人ほどのアクティビストが集合し、内部に収容された移民たちとの連帯を示した。内部の移民たちからの圧力と、外部のアクティビストたちからの圧力で、センターのフェンスが倒れ、およそ五〇人の移民が脱走。

〔25〕　不服従者たち（disobbedienti）は、イタリアにおけるラディカル左翼のネットワーク化された運動。オペライズモの系譜に位置し、反資本主義、反レイシズムの立場を思想・行動において示す。二〇〇一年七月のジェノヴァにおける反G8時に出現。「社会的不服従」を掲げ、現在の社会的主体性に適した政治的概念と行為を探求。「マルチチュード」のような、ポスト・オペライズモの鍵となる概念を積極的に用いる。二〇〇二年にボローニャで建設中の移民の拘禁センターを解体。主にイタリア北中部に広がるスクウォット・スペース「社会センター」にその基盤を有した。前身は、「白いツナギ（tute bianche）」と呼ばれた運動。アクティビストたちが着る白いツナギは、プレカリティを強いられ、あらゆる政治的代表回路の枠外で生きる労働者・失業者の存在を可視化するものであった。この運動は、サパティスタ民族解放軍の方針に強い影響を受けていた。

〔26〕　本章の対話のなされた二〇〇二年一一月当時、イタリア南部カラブリア州コゼンツァには、中道左翼連合から当選したエヴァ・カティゾーネ（Eva Catizone）という女性市長がいた。彼女は、破壊的社会集団に関与しているとして逮捕されたイタリアのグローバル運動のアクティビスト二〇人の味方に立ち、かれらの解放を求めるデモを奨励した。数万人が参加したとされるこのデモには、コゼンツァの住民も数多く加わった。カティゾーネはアントニオ・ネグリの友人。

〔27〕　このダルラーゴとの論文は以下。I confini impensati dell'Europa［「ヨーロッパの思考されない諸境界」］（in H. Friese, A. Negri, P. Wagner, a cura di, *Europa politica: Ragioni di una necessità*, Manifestolibri, Roma, 2002）。

〔28〕　欧州連合基本権憲章は、EUが遵守すべき基本権のリストであり、二〇〇〇年末に採択された。その後、欧州憲法条約にも挿入されたが、二〇〇五年のフランスとオランダでの国民投票による条約の拒否によって一度宙に浮いたが、二〇〇七年に批准されたリスボン条約に含まれた。

〔29〕　「ノー・グローバル（no-global）」は、ネオリベラルなグローバル化に反対する運動・アクティビストのこと。イタリアのメディアで用いられる。二〇〇一年のジェノヴァでの反G8行動を準備した「ノー・グローバル・ネットワーク（Rete no global）」からとられたと思われる。しかし、ジェノヴァで力を増した、文字通り、オルタナティブなグローバル化を求め、また体現する運動を名指すには不適切な名称とも言われる。

第六章　移民の主体性、従属的包摂を越えて

――コレクティボ・シトゥアシオネスとの対話

移民の主体性

コレクティボ・シトゥアシオネス　私たちはこの対話を、あなたの本のタイトルから引き出されるいくつかの含意からはじめたいと思います。逃走という概念は、それが生み出される当の場所の否定的な条件に言及するものであると思われます。しかしあなたは、この否定性――逃走へと押し出すもの、あるいは逃走に内在的なもの――を、犠牲者化の言説を展開するための口実として採用しません。むしろ、移住、逃走を、主体性のレヴェルにおいて生じていることに立脚して考察するために、非常に重要な努力を行っています。それは移住を開放の源とみなすことによってです。こうすることで、あなたにはある種の肯定性を把握することが可能となっています。この肯定性を中心にしてこそ、移住現象に対する支配的な視角の変形が引き起こされるというわけですね。この方向性は、『〈帝国〉』という本のなかで、マイケル・ハートとトニ・ネグリが仕事をするさいのそれと類似していると言えるでしょう。そこにおいては、移民は国境に異を唱えるという理由で、一種の英雄的主体としてさし出されているわけです。

私たちは次のことを理解したいと考えています。あなたの視角のなかでは、移住経験の有するこの二

様の側面——出身地域において逃走へと押し出す要素に関係する「否定的」側面と、移民がその移動性のなかで主体的に切り開きうる「肯定的」側面——は、どのような役割を果たしているのでしょうか？ また、この主体性レヴェルにおける分析上の仮説を提案する上で、あなたはどこに力点を置くのでしょうか？

メッザードラ　そうですね、私の観点は、ハートとネグリのそれと同じではありません。たとえ私たちが多くの点について実際に共有し、またそれゆえに分析的観点からは類似の結論にたどりつく可能性がいつも存在しているとしてもです。いずれにせよ、私たちのあいだには重要な差異が存在しているように思えます。移民がそれ自身で革命的主体であると主張すること——これは少なくとも『〈帝国〉』の「表面的な」読解から引き出されるものです——は、まったく意味のないことでしょう。もし必要なら、私の取り組みは、移民の置かれた条件の両義性を強調する方向へと向かうものだと言えます。もちろん、それはあらゆる犠牲者化のレトリックを越えたところでのことです。またそれと同時に、私の取り組みは、理論的・政治的議論の中心に、一方の抑圧の現実と、他方の自由の探求とのあいだの緊張を置こうとするものです。自由の探求、それは数多の移住経験を特徴づける一側面を形づくるものにほかなりません。

その一方で、私の仕事は、より広範囲にわたって展開されている個人的また集団的な研究、つまり、主体という概念それ自体を問題化するねらいをもつ研究のなかに組み込まれてもいます。この研究——たとえばパオロ・ヴィルノの仕事がそこでは非常に重要な役割を果たしてきました——のなかでは、「英雄的」観点から主体について語るという可能性自体が、根底において批判されています。関心はむしろ、社会的諸関係の編成に広がる主体形成過程の総体へと向けられています。

コレクティボ・シトゥアシオネス　この点について、立ち止まりたいと思います。離脱の行為としての逃走——脱出——は、疑いなく、非常に異質な諸条件のただなかから生み出されうるものです。三つの条件を想像してみましょう（それ以上の数があるということは理解しています）。一つ目は、政治的専制体制のケースにおける政治的亡命、あるいは戦争状態における避難民です。二つ目は、耐えがたい経済的状況と対峙しての脱走です。最後、三つ目は、「主体的脱走」とでも呼びうるもの、別様に言えば、将来の展望の純粋かつ単純な欠如、あるいは、ある一定の地域が他の地域よりも多くの好機を約束してくれるように思えるという差異のことです。たとえすべてが「移住」というカテゴリーのもとに要約されるとしても、これらのケースのそれぞれにおいて、異なった過程が引き起こされていると想像できます。あなたに尋ねたいことは、これら異なった過程の主体性の生産性を明確にすることの意義に関係するものです。つまるところ、これらの経験の有する肯定的ないしは生産的な契機についてもう少しうまい具合に理解したいのです。あなたの意見では、移民という形象のこうした政治的特徴づけは、どこに着地点を見出すことになるのでしょうか？

この問いは、ある独自の文脈にも関連しています。つまり、移民の生産的な次元を政治的に評価すること自体が、ヨーロッパ中心主義の視角の内部においてこそ引き起こされるものではないでしょうか。このような印象をいかにして克服できるでしょうか？　それは結局、他の——より（ポスト）近代的な——諸地域に有利になるように、専制もしくは荒廃と特徴づけられた——より周辺的な——諸地域で生み出されている空洞化を祝福する結果となってしまうのではないでしょうか。さらには、この移民への視角が有する批判的ポテンシャルを、近代化にのっとった言説へと傾倒させてしまうのではないでしょうか。この言説においては、専制や荒廃と性格づけされた諸地域の支配のやり方はいつも古めかしいものとして批判されます。こうして、暗により洗練された制御の諸形態が、正当なものとして認められてしまうのです。

メッザードラ　私には、以下のように思われます。移民たちの出発地点の諸条件とは何ら関係なしに、移動性はそれ自体においていくつかの政治的意味を調査しなければならない過程であると。それは、移動性がいつも強制の諸条件と関係している、また自由の探求と関係しているという意味においてにほかなりません。思うに、移動性とは、多くの社会運動の展開において、もっとも重要な賭け金、さらには条件のひとつであったのではないでしょうか。それは、移民というテーマと直接的な関係を有しているとは思われない社会運動についても同様です。たとえば、私はアルゼンチンのピケテロ（piqueteros）運動[1]のことを考えています。ブエノスアイレス大都市圏でのピケテロ運動の展開と、この大都市圏の「人文地理」を形成するときの基盤にある移動性や移動の歴史とのあいだには、どのような関係があるのでしょうか？　なされるべき問いは、社会的振る舞いという観点からみた場合、都市の周辺から中心へと向かうピケテロ運動のデモ行進と、この行進の主役たちの大部分が有する移住経験とのあいだに連続性が存在するのかどうかということです。この種の問いこそが、『逃走の権利』のなかで展開されたカテゴリーのいくつかを、アルゼンチンの状況に適用しようとする場合になされうるもっとも重要な問いのひとつであるように思えるわけです……。

あなたたちの質問に戻りましょう。移住経験のなかに途方もない差異があるのは明らかです。出発の文脈の種類が、こうした差異を引き起こす上で非常に重要な役割を果たしていることも明らかです。しかし、私はヨーロッパで生活する多くの移民たちの出身地であるアフリカの国々の状況を思い起こします。そこには、とてもひどい社会的危機状況があります。こうした状況から離れること、そこから逃れることは、異なったやり方で自らの生を組み立てようとすることを意味します。しかしながら、たとえばひとりの移民がアフリカのある国を立ち去り、ヨーロッパで自らの暮らしを組み立てるとき、これは出身国とのいっさいの関係を遮断することを意味するわけではないと強調することが大切であるように思えます。関係、交換、振る舞いや想像的なものから構成される複雑なネットワークが存在しており、それが出身国の社会編成にも跳ね返っていますし、到着国に対しても様々な影響を引き起こしているのです。これはトランスナショナルな諸空間という概念を用いることで、少しばかり本書で私が述べようとしていることでもあります。これは移民のテーマに取り組む国際レヴェルの研究の非常に興味深い一分野に同調するものです。

つまり要点は、移住が必ずしも出身国の諸条件との根源的な断絶を含意するわけではないこと、むしろ出身国の社会編成それ自体が、移民たちの目的国との新たな諸関係によって変形されるようになることなのです。この過程には、非常に明らかな経済的側面があります。それは、移民たちによる家族への送金です。これは、いまや裕福な国からなされる「開発援助」よりも、出身国にとっては非常に重要で意味のあるものです。

その一方で、アルバニア、ルーマニア、他の東ヨーロッパ諸国に目を向けてみると、ここ一〇年、一五年のあいだに、外国資本による非常に精力的な投資がありました。実際、それらは一定の経済発展モデルを強要してきました。たとえば、アルバニア人移民の増大について論じられるとき、私には、以下のことはかなりはっきりとしているように思われます。つまり、多くの移民たちにとって根本的な問題は、たとえ国にとどまっていても、月に一〇〇ドルを稼ぐために、イタリア人の企業家によって経営された工場で働く結果になるということです。この点において、どうしてイタリアの賃金を稼ぎに、イタリアに行かずにいられるでしょうか？　この意味において、移住には、出身国で有力なものとなった発展モデルに対する批判が含意されているのは明らかであるように思えるのです。たとえ「意識的な」政治的行為というものが想像されるさいの古典的形態とは非常に異なったそれであったとしてもです。さらに言えば、それは生産の「脱配置」の諸過程、つまりは新たな経済地理を基盤にした目的国の発展モデルに対する批判でもあるわけなのです。

コレクティボ・シトゥアシオネス　何よりもまず、アルゼンチンのピケテロ運動の構成の基盤にある移民フローについてのあなたの考察を見過ごしたくはありません。実際に、隣接諸国からの移民、さらには国内移民という構成要素が存在しているのです。この研究方針を発展させるのは、ただ興味を引くというだけにはとどまりません。それと同時に、この視角のなかでこそ、ピケテロ運動によって提出されている都市の「侵略」というレトリックは研究されるべきなのでしょう。このレトリックは、現在の「インセキュリティ」をめぐる言説の基盤にあるものです。

あなたの仕事においては、『〈帝国〉』と同様に、第一世界と第三世界のあいだの区別が徐々にその意味を失ってきているという主張にしばしば出くわします。しかしながら、世界がより「平滑」になっているなどということは断じてありません。国境や大陸の境界を越えたところで――またしばしばそれらと重なりますが――、生の価値、労働の価値を規定するという点では、より意味をもつ数々の障壁が存在していることは明らかです。これらの「敷居」は極めて歴然たるもの（その存在について知るためには、移民フローに対する一方的な諸政策に目を向けてみれば十分でしょう）であり、それゆえに、私たちに対して、以下のような移民たちの移動の解釈モデルをつくり出すよう義務づけるものです。それというのは、国際関係の形式的な水準のさらに先へとすすんで、これらの「敷居」、これらの障壁についての地図を作成できるモデルです。

ここから、様々な問いが浮かび上がってきます。これらの障壁に名を与えようとするときに、「トランスナショナルな領域」を公理とみなし、北と南、第一世界と第三世界のような区分を捨て去ることに、どのような利点があるのでしょうか？　そこにおいて移動性の過程が曖昧化される一元的モデルを促進することで、これらの不平等が覆い隠されてしまう危険はないのでしょうか？　三〇年前に構造的不平等を解釈するさいに用いられたカテゴリーが、資本主義の「トランスナショナル化」という新たな局面で切り開かれた今までにない力学を、理解し名づけるにはまったく十分ではないことを私たちも理解しています。その上で、これらの問いをあなたに投げかけています。私たちもまた、この新たな局面における諸々の地域的非対称を、再び名づけられる表現を見出す必要があると確信しています。しかし、これらの非対称はかなりの部分で、「第一、第三世界」の時代における不平等の地理的配置を再生産しているようにみえるということも、私たちは強調しています。これは何らかの考察に値することのように思えるのです……。

メッザードラ　この問いは極めて重要であると思われます。しかし同時に、それは頻繁に繰り返される誤解の源となるリスクもあるように思われます。だからこそ、「第三世界の終焉」について論じるとき、私たちが、いったい何について論じているのかをはっきりさせておくのがよいと思うのです。これは、この惑星の様々な場所のあいだにはいっさいの差異が存在していないと主張するものなのでしょうか？現代のグローバル空間は、「平滑」空間であり、境界は何の役割も果たしていないと主張するものなのでしょうか？　境界とは、想定された「国民国家」の「時代」のある種の地質学的残骸として生き残っているものなのでしょうか？　地経済的かつ地政的レヴェルで、様々なエリアのあいだには不平等の問題はもはや存在しないのでしょうか？　明らかに、否です。ひとつのテーマにとどめておきますが、まさしく移民に関する仕事というのは、一方における境界の重要性、他方におけるこの惑星のエリア間の経済的・政治的不均衡の重要性を私たちに示すものにほかなりません。問題は別のところにあります。私にとって「第三世界の終焉」について論じることに意味があるとすれば、それは何よりもまず、「第三世界」という概念自体がその当初から政治的な概念であったからです。第三世界という概念は、「非同盟諸国」の運動とともに誕生しました。それは、非常に異なってはいますが、植民地主義と従属状態を通過してきたという事実によって結びつけられた国々のあいだの利害の調和に言及するためでした。「第三世界」についての論争はいつも、帝国主義への抵抗（あるいはオルタナティブ）の政治的可能性についてのものでもありました。このような可能性は、「第一世界」から非常にはっきりとした境界によって区切られた空間の内部においてこそ与えられていたわけです。

さて、私には「第三世界」に関するこの言説は、ここ数十年のあいだに起こった数々の展開によって危機にみまわれてきたように思われます。一方において、資本の地理は、中心と周辺、先進と発展途上のあいだのはっきりとした境界という観点に立って再現できるような地理では微塵もありません。できるだけシンプルに言えばこういうことです。こんにちではますます、中心のなかに周辺がある、周辺のなかに中心が存在するようになっているということです。それは、不平等と不均衡がまったく存在しないことを言わんとするわけではありません。当然ですが、こんにちでも従属関係がはっきりとしていることを意味するものです。ただし、これらの関係が、自らの内に閉じこもった第一世界、同じように内に閉じこもった第三世界という輪郭を描くことはないのです。

これは、「世界の一体化」というテーゼを考究し明確にするという目的にとって、非常に重要なことであると思えます。このテーゼが単純化され直線的なやり方で採用されるようであれば、こうした作業がなされることはありません。しかしながら、私はたびたび、このテーゼは表面的な解釈で済まされてしまいがちではないかという印象をもっています。それとは逆に、すでに述べたことですが、たとえば移民に関する仕事というのは、この惑星の一体化が、支配と搾取をもたらす数々のラインによって筋をつけられた複雑なものであることを示しているわけです。これらのラインについての地図表象を提出することもまた可能でしょう。

しかしながら、この問題にはもうひとつの側面があります。それは「旧」第三世界における様々な社会運動の政治的可能性に関係するものです。二〇年前までは、「宗主国」と「第三世界」の運動の視角のあいだには、質的な差異が存在すると当然視することができました。こんにち、事態はまったくそうではありません。ブエノスアイレスでピケテロ運動が展開される諸条件が、ミラノあるいはマドリードでのプレカリたちの運動の諸条件と異なっているのは明らかです。しかし、それは質に関わるものではなく、量に関わる差異です。基本的に、抱えている問題や用いられる言語は、ますます同様のものとなっています。これが第三世界の終焉のもうひとつの側面なのです。

コレクティボ・シトゥアシオネス　ではそれに基づいたなら、新しいトランスナショナルな空間における搾取の地図の描写を可能とする、新しい前提とはいったいいかなるものなのでしょうか？　第一、第三世界という図式は、このようにヒエラルキー化された差異、また搾取の空間的諸関係を明確に述べることができるという利点を有していました。しかし、実際は、あなたが説得力をもって述べる通り、この図式はここ数十年のあいだに生み出された空間の新たな輪郭を分析するにはまったく十分ではありません。流動性、速さ、異質性の新たな形態を把握し表象することが、こんにちでは問題となっているというのに、これらのカテゴリーは、均質性と固定性という認識にとらわれたままであるかのようです。

このいっさいが、移民という観念自体に影響を及ぼしているのではないでしょうか。このように考えることは、何ら見当違いではないように思えます。トランスナショナルな空間のなかには搾取をもたらす数々の境界が存続していること。それと同時に、この空間が液動的なものになっていく（また潜在的に統合されていく）こと。この双方をより明確に説明可能とするこの新しい地図を出発点として、移民という観念は再定義されなければならないのでしょう。「世界の再度の一体化」の趨勢は、同時に、空間がヒエラルキー化された差異によって再び満たされる新たな――フラクタルの――距離効果を伴っているわけなのです。では、この新しい文脈において、移民という観念はどのように変化するのでしょうか？　こうした事態のすべてと私たちは対峙することになるわけですが、そのさいの方法について、あなたの観点はいかなるものでしょうか？　明白ではありますが、結局この質問というのは、国境を越える主体の単純な法的定義から、移民という観念を引き離すことを目的としています。一方のニューヨークに授業をしにいく大学教授と、他方の、同じように確かに国境を越えますが、とりわけ経済的・社会的ヒエラルキー化の「敷居」を越え、そしてその国境を越えることでもたらされる敵意と障害に直面する人びととのあいだの差異をいかに考えるべきなのでしょうか？

メッザードラ　私はこれらの問いの重要性について、また特にはあなたたちがそれらを設定するやり方に対して全面的に同意するところです。繰り返すのが重要だと思われることが、ひとつだけあります。それは、たとえこの惑星がひとつの「平滑」空間ではないとしても、第三世界主義のあらゆる政治の前提を形づくっていたもの、すなわち均質的な諸地域を区分するための諸々の条件が欠けてきたというのは確かだということです。これは非常に重要であると思われます。というのは、先ほど言ったように、それは政治的展望を徹底的に変化させるからです。だからこそ、この批判は、第一世界と第三世界とのあいだの区別に向けられるのではなく、第三世界主義の政治にこそ――あるいはもし望むなら、第一、第三世界のあいだのこの区別をイメージする第三世界主義の流儀に対して――向けられるものなのです。

つまるところ、私が第三世界について論じるときには、何よりもまず、ひとつの政治的概念に言及しているということです。もちろん、この政治的概念は、経済的な基盤を有するものではありますが。

コレクティボ・シトゥアシオネス　「主権主義」の政治を定式化するための基盤としての、第三世界主義のイメージ、概念ということですか……？

メッザードラ　確かに、それは多くの反帝国主義の政治のイメージ、概念です。しかし、それは国民国家を中心に据えるところから、資本主義もしくはネオリベラリズムへの「オルタナティブ」を構想し続けている政治的イマジナリーが有しているものでもあります。

コレクティボ・シトゥアシオネス　そうすると、私たちは次のような議論へと導かれることになりますね。国民国家の中心性と結合した単純に法的な観念の彼方にこそ、移民という観念は存在していると。

メッザードラ　もちろん、その通りです。たとえ私が法的次元の重要性を強調したいとしてもそうでしょう。しかしもしドイツへ暮らしにいくイタリア人の条件と、イタリアに暮らしにくるモロッコ人の条件を考慮するなら、法的レヴェルの差異に重みがあることに気づくでしょうけれども……。

コレクティボ・シトゥアシオネス　もちろんです。しかしこの例によってこそ、本当に重要な境界、つまりより複雑な空間的配置に対応した一定のヒエラルキー化された「敷居」とは、それを形式上の空間的配置、あるいは国民国家の法的地理と、直線的に同一視するのをやめるときにこそ姿を見せるということが示されているのではないでしょうか。

メッザードラ　先の例は、二つの空間的配置のあいだの交差もまた重要であるということを示しているのです。この交差は境界の克服と同時に、境界の多数化をも生み出します。とりわけ、まったく異なった境界経験を生むことになります。この意味では、ニューヨークへ暮らしにいくフランス人の教授は移民でしょう。しかし、ローマで生活するモロッコ人とは非常に異なった境界経験（境界経験が移民の日常生活において意味を与えられるいっさいのことを含めて）を有する移民だというわけです。前者はグローバル空間を活用できるのです。フランス人の教授は、モロッコ人に比べると、完全に異なった――私は質に関わる点について話しています――グローバル空間へとアクセスしているわけです。

コレクティボ・シトゥアシオネス　ここから、いっそう高い数々の壁、境界が生起しているわけですが、そこには国境とは異なる統制が表現されているということです。この統制が優先されることによって、国境自体が人と財を分配する自らの権力を譲り渡しているのではないかという見解が強化されることになります。ことによると、イタリアやスペインにおいても、法的ではないですが、シチリア人やアンダルシア人にとって、現実的な境界が存在しないなどと言えるのでしょうか？　この観点からすると、イタリアもしくはスペインにいるモロッコ人やアルゼンチン人の経験と、かれらの経験の類似性は存在しないのでしょうか？

メッザードラ　存在しています。しかし、基本的な違いがあります。モロッコ人とアルゼンチン人は追放されますが、シチリア人とアンダルシア人はそうではありません。こうした理由でも、私には法的条件が重要な役割を果たし続けているように思えるのです。ミラノで生活するシチリア人もローマで生活するモロッコ人も移民です。しかしながら、私が先に触れた違いは、かれらの生に対して多大な重圧をかけるものです。追放の脅威のもとで生きること。それは恐ろしくて厳しい経験です！　生活を組み立て、数年間の計画を立てる。このすべてがいつの日か追放されるという脅威のもとでなされるわけです……。その上、イタリアやスペインのような国においては、近年の外国人移民によって、一九六〇年代、七〇年代の状況と比べて、「国内移民」の位置もまた変化してきたように思えます。つまり、新たなヒエラルキーが形成されつつあるわけです。このヒエラルキーが、これらの国のシティズンシップの中身を変化させているのです。

コレクティボ・シトゥアシオネス　あらゆる境界（法的境界、しかしまた搾取をもたらす社会的「敷居」も）が、移民の概念化に様々な影響を及ぼすとするなら、おそらくそのさいのやり方について少し立ち止まるのがよいでしょう。あなたが二つの境界の節合のされ方について論じるときに言わんとすることを、私たちは理解しているつもりです。しかし私たちには前者、つまり法的境界の機能を再定義しているのは後者、つまりは搾取をもたらす社会的「敷居」なのであって、逆ではないという印象が残ります。これはあなたの仕事のまた別の重要な側面へと私たちをすすませるものです。すなわち、量的なフロー、しかしまた主体的でもあるフローが、移民の到着する地域の労働力の構成を変化させる仕方、それがその地理と空間的配置の変質に寄与する仕方です。

メッザードラ　もちろん、これらのテーマには立ち寄るつもりです。しかし、まずは先に議論した問題点について何点かを付け加えたいと思います。もし現代の移民たちの移動が展開されるさまを注意深くたどってみるなら、第一、第三世界について語ったときの大がかりな変容がここにも影響していることに気づきます。こんにち、移民たちの移動は、北‐南あるいは東‐西の方向にのみすすむものではありません。それらは何らかのかたちで、グローバル空間の偶然性を表現しています。たとえわずかしか論じられていないとしても、たとえば、南‐南、東‐東の莫大な移民のフローもまた存在しているわけです。これらはこのグローバル空間の定義にとって非常に重要な帰結をもたらすものです。

ともかく、『逃走の権利』（特に第四章）でなされている試みというのは、一九五〇年代、六〇年代の移民のなかに、さらには移民と反植民地闘争のあいだの関係のなかに、第一、第三世界のあいだの境界を克服する主要な形態を再発見するということにほかなりません。

私の暫定的な結論を、かなり図式的な仕方で言ってみましょう。つまるところ、多かれ少なかれ安定した地理と、何ら安定などしていないし、いつもたえざる再定義の状態にある地理とのあいだの差異というものこそが、現在の変移における根底の差異だということです。生の諸形式を分け隔てている絶対的な境界と、永続的に再定義されている境界とのあいだの差異についても同様です。私はこんにちの世界のもっとも興味深い特徴のひとつが、まさしくこの地理のたえざる混合にほかならないと考えます。つまりここにおいてこそ、支配と搾取の諸関係の再定義のみならず、平等と自由の探求もまた賭けられているのです。こんにち、移民というテーマが非常に重要だと思えるのは、このテーマ（もちろん、このテーマのまわりで展開されている様々な政治的実践）について研究することによって、政治的賭け金に立脚しながら、グローバルな地理のこの混合を考察することが可能となるからなのです。しかも、これらの賭け金を〈帝国〉の支配に還元してしまうことなく、具体的な社会経験として移住を生きる人たちの中心性を引き受けながらです。

コレクティボ・シトゥアシオネス　あなたの仕事には、私たちにとって印象的であったさらに別の側面があります。それは、移民をエスニックな系譜、あるいはかれの出身文化の型にはまった代弁者へと還元するいかなる仮説に対しても批判的なことです。ここには二つの問題があります。ひとつは、逃走の権利――その主体形成の次元を伴う――によって、移住する個人を当人の出身の共同体へと還元せずに済むということです。もうひとつは、逃走の権利によって、自由と制御のあいだにある移住経験のなかに生み出される緊張が考察できるようになるということです。

メッザードラ　あなたたちによって提示された最初の論点は、実際にはかなり複雑なものです。移民の「個体性」へと力点を置くなら、それは様々な意味で論争を喚起する役回りを引き受けることになります。第一に、これは政治的なものですが、イタリアまたヨーロッパの左翼に、また運動の内部にも、かなり広まっている移民の主体性を理解する方法と論争になります。つまり、移民はいつも、「私たち」のそれとはまったく異なったアイデンティティ、まさしくエスニックな観点から定義されたアイデンティティを有していると当然視されているのです。また、たとえ左翼の多くのアクティビストが、移民のアイデンティティが「コミュニティ」組織のなかに相当に根づいているという点で、それを私たちのそれよりも「よい」アイデンティティだと考えるとしても、この視角は、典型的に植民地的な図式を再生産する結果になってしまうと思われます。こちらには個人がいて、あちらにはコミュニティがある。こちらには国民がいて、あちらには「民族」がいる。こちらには市民がいて、あちらには臣民がいるというわけです。

この論争は、さらに別の側面にも関係しています。それはつまり、弱い主体として、犠牲者としての移民の表象を批判することです。このような文脈の渦中で、私は移民の個体性を強調しているわけです。しかしこのような強調は、主体性（移民たちの主体性のみではない！）を考える図式としての――古典的な社会学的用語を借りれば――共同体と社会とのあいだに設けられている概念上の対立それ自体への批判の内部においてこそ意味をもつものでしょう。

しかしながら、こうした姿勢によって、移民を以下の意味での個人としてみなす方向へとすすむことはありません。それは、古典派経済学、あるいは新古典派経済学によって、個人という用語に付与されている意味です。この点について、これまでに様々な誤解が存在してきたことをふまえ、本書に再録されている移民の自律性についてのテクスト[2]のなかで、この問題を深く掘り下げるよう努めています。私からすればこんにち、移民研究の基本的問題のひとつは、移民の主体性という見地から、移住経験のなかで「コミュニティ」編成が脱節合されては再節合されるという複雑な過程を、それに引き続くいっさいのことを含めて深く考究することにほかならないと強調しておきます。次のことを繰り返しておきましょう。コミュニティのアイデンティティ、「文化的」アイデンティティに全面的に包摂された主体として、移民について論じることは、学術的観点からみても、政治的観点からみても何ら意味のないことだということです。

コレクティィボ・シトゥアシオネス　普遍主義と「小さな祖国」という概念のまわりであなたが仕事を行う方法は、非常に興味深いものに思われます。これらの概念は、移民をめぐる政治的変動の様々な極を記述可能とするものでしょう。それというのは、他のコミュニティとの対立に力点を置く反動的コミュニタリアニズム、定住社会の文化に同化させる徹底的な様式、そして新しい異種混淆を可能とするコミユニティの諸要素です。ここでは、研究の方法論的基準である以前に、移民たちにとって可能な政治的オプションが問題となっているのではないでしょうか?

この問いを投げかけているのは、それが、運動としての調査[3]という私たちの経験と何かしら関係しているからにほかなりません。とりわけ、包摂‐排除というテーマのまわりで再生産されている共通の局面、つまり数々の運動によって提出されている共通の局面から出発して、この問いに取り組むならば、このいっさいをたとえばアルゼンチンのピケテロ運動へと結びつけることができるでしょう。ここでも、様々な政治的オプションが出現することになります。それらは、包摂の過程、労働への復帰、自己アントレプレナーシップの諸形態と市場との関係、国家との関係などについて考えるときの様々なアクセントであるわけです。

メッザードラ 次のことを繰り返しましょう。やはりあなたたちが言及するラテンアメリカの経験のように、ヨーロッパにおいても、論争は非常に具体的な展開がみられるレヴェルにまで達しています。それは移民への純粋な支援の政治と、自らの根本をなす構成基盤として移民の主体形成を認める政治とのあいだの矛盾からなるものです。それから、また別のレヴェルの議論があります。それはこんにちの知的論争とより結びついたものです。論戦は、移民の賛美的かつ耽美的なイメージに逆らう方向へとすすんではいますが、この美的イメージによるなら、移民とはポストモダンの主体性を体現する実例なのです。移民は何ら根というものを有してはいませんし、歴史とコミュニティの重荷によって左右されることもなく、数々の境界をたえず横断し、数多の異種混淆を体験しているというわけです。移民の主体性のこのような思考方法においては、移住経験そのものの厳しい物質的基盤は完全に忘れ去られています。このうした理由のために、移民の置かれた条件の両義性というものを強調する必要があるように思えるのです。

コレクティボ・シトゥアシオネス　境界、そして包摂と排除の諸様式のまわりで展開されている（また境界というものを運動の賭け金としている）数々の社会闘争は、シティズンシップについての言説に疑問を呈するところから出現しています。しかし同時に、どうにかしてこの概念の幅を広げることにもねらいを定めています。「擁護」や「保護」のような概念のまわりで表明される言説と対決する政治的取り組みをいかにしてしつらえるべきでしょうか？　ちなみに、こうした言説は、古いシティズンシップを享受し続けているいくつかのセクターによって提出されているものですね。一種の従属的包摂を通じた社会的「解決」をいかにして避けるべきなのでしょうか？　あなたの意見では、周縁を出発点とする闘争（当然ながら私たちは、アルゼンチンについてはピケテロたちの運動、労働者たちによって占拠され奪還された工場の運動のことを考えています）において生起する直接の主体形成に内包された要素には、いかなる意味があるのでしょうか？　これらの要素は、こうした包摂の諸様式に抵抗し、包摂が提示され、引き起こされる空間それ自体に対して疑問を投げかけるほどまでに、それらに圧力をかける方向へとすすむものではありますが。

メッザードラ　ヨーロッパでは移民というテーマは、この観点からしてもまた、著しい両義性によって特徴づけられています。たとえば、少なくともいくつかの国においては、移民たちが正規化される過程がありました。しかし、それはいつも厳格で非常に厳しい基準で制限されていました。結局、それらは何らかのかたちで、「非合法性」という諸条件を再生産してしまいます。こうした状況において、保護と擁護、市民的不服従、専制的と認められる法の拒否といった実践をはじめることは、極めて理にかなったことでしょう。ここ数ヶ月のあいだ、あるキャンペーンが行われています。わずかな人数の移民が正規化される可能性を生み出すという目的のためだけに、「偽装」の労働契約や「偽装」結婚の正当性が主張されているのです。私には、まったくもって重要な政治的実践であるように思われます。それは、これらの実践が数多の人びとの生の条件に対してただちに影響を与えうるという点においてです。しかし、保護や擁護が長期間にわたって展開される構造レヴェルの諸関係として考えられるようになるなら、事態は変化し、パターナリズム的態度をたえず再生産する結果になってしまうことでしょう。

コレクティィボ・シトゥアシオネス　こうしたことのいっさいによって、包摂という概念それ自体に対しては、どのような影響が与えられるのでしょうか？　また、ヨーロッパの批判的で連帯を掲げる諸セクターに対して、このタイプの実践はどのような結果をもたらすでしょうか？

メッザードラ　まさに問題は、移住のなかで生起する主体形成過程と闘争が、イタリアまたヨーロッパの左翼のみならず、シティズンシップのイメージそれ自体に対して変革を生み出す力となりうる可能性を真剣に考慮することです。これは根本をなす論点です。しかし、開かれたままの問題があります。私の考えでは、包摂の要求に対して主体形成過程を直線的に対置することはできません。でなければ、排除こそが主体形成の起こりうる唯一の基盤であると考えることになり、排除――多くの移民の場合は、「非合法性」――というものを擁護する必要があるという見解にたどりついてしまうからです……。

コレクティィボ・シトゥアシオネス　もちろん、その通りです。いずれにしても、「非合法性」のような条件がそれとして主体形成過程にとっての基盤であるはずがありません！　私たちからすれば、本当の問いは、非包摂、つまり包摂のない状況において、何かしらの政治性が作用することはないのかどうかということです。それは過度な戦術的ラディカリズムの基盤としてではなく、用意された既存の包摂モデルを承認しないためです。非包摂の主張とは、異なった政治的行程を切り開くための適切な足がかりだとは思われないでしょうか？　私たちの経験、そしてそれを解釈する私たちの方法は、まさにこうした契機の重要性を証明してくれています。非包摂とは、固まった存在様式、政治的・法的確実性を揺り動かし、「知」について語るときに、私たちが習慣的に理解している事柄に疑問を呈するところにまで至るものなのです。私たちは、この観点からこそ、具体的な政治的ポテンシャルとしての差異、つまり包摂を探求しない差異に関するテーマをあなたに提出しているのです。

メッザードラ　そうですね、短い答えを許してもらえるなら、私には差異が不平等へと転換される可能性にはいつも注意を払わなければならないように思えます……。私にとって本当に重要なことは、差異が展開されるための基盤として、平等を主張することにあります。つまり、平等と同時に差異を考えるということ。これは、二つの概念の意味そのものの再定義をもたらし、そして何らかのかたちで、包摂と排除の対立それ自体に疑問を投げかける方向へと向かうことになるでしょう。

コレクティボ・シトゥアシオネス　それはすなわち、差異について思考するある種の方法は、移民に対してその生のいっさいにおいて、「非合法移民」であることを強いる危険を犯しているということでしょうか？

メッザードラ　そうです。もし移民に関する問いについて考えてみれば、私には、かれらの置かれている条件のなかでは、とりわけ法的次元が帯びている重要性はより明らかであるように思われます。繰り返しましょう。移民にとって主体形成が起こりうる唯一の条件が、永続的な非合法性、拘禁センターと追放の脅威のもとにある生であるという考えは何ら魅力的であるとは思えません……。

私にはまさしく、あなたたちが「排除」と呼んでいるものを、差異という意味において利用することのできる包摂の様式を想像することが問題であると思われるのです。しかしそれは、平等という基盤から出発してのみ可能なことなのです。

コレクティボ・シトゥアシオネス　確かに。間違いなく差異と平等のゲームが存在しています。それは何かしら考えなければいけないものです。なぜなら、周縁性というのは、排除しながら包摂するひとつの様式だからです。完全なる統合とは、差異を許容しない植民地的なやり方、すなわち差異からあらゆる政治的ポテンシャルを取り去ってしまうやり方です。平等 - 差異を目指すこれらの闘争について私たちがつくり出しているイメージは、主体性の差異を主張することにほかなりません。この差異はそれ自体が、経済的かつ法的平等をより高水準において獲得することを可能とする運動の基盤に位置するものでしょう。「統合」ではなく、「市民的（あるいは社会的また経済的）権利がほしい」と唱える要求が出現していることについて、どうして考えないのでしょうか？　私たちにとって興味深いのは、全体的かつ絶対的な区切りとしての差異ではなく、「従属的包摂」のあらゆる形態、すなわち、いつもそれほど平等主義的ではない新しい関係の諸様式を転覆する表現としての差異を肯定することにほかならないのです。

メッザードラ　それです。この定式化について、私はあなたたちに全面的に同意します。さらに次のことを付け加えましょう。ヨーロッパでの近年の移民たちの闘争においては、この類の態度が何らかのかたちで予示されているということです。それは、パピエ、つまりは滞在許可証、そして一定の諸権利への妥協なき要求が、いかなる「統合」の視角に対しても根本的な不信を表明する態度と結びつくようになってからのことです。

コレクティボ・シトゥアシオネス　問題はしたがって、包摂なしの平等という条件、あるいは諸差異からなる平等主義という条件を肯定することだと言えるのではないでしょうか？

メッザードラ　それはまさしく、逃走の権利という概念のまわりで仕事をすることで、私が取り組んでいることにほかなりません。それは、この本をめぐってここ三年のあいだに展開された理論的・政治的論争のなかで、私のなかにいつも深く印象に残っている問いなのです。多くの人びとは、逃走の権利という概念を法的概念として理解し、その観点からそれを批判していました。しかし、私は逃走の権利の問いを、古典的な法的観点から提出しようと思ったことは一度たりともありません。この概念の意味は、まさしく現効の法体系を、少なくとも潜在的には緊張状態のなかに置く具体的な社会的諸実践を出発点として、平等と非統合とを同時に思考しようとする試みからなるものです。だから、逃走の権利という概念は、近代の法的伝統に対する根源的な挑戦を内包しているわけなのです。

下からのグローバル化

メッザードラ　私は自分の仕事のなかで、シティズンシップをめぐる問いを理解しようと努めていますが、そのさいの方法は、この平等と非統合との融合に非常に近いと言えます。

コレクティボ・シトゥアシオネス　実際、あなたの著書には、こうした方向へとすすむ数多くの要素が存在しています。たとえば境界地帯の市民という形象です。これは移動の条件、出身国にも到着国にも還元することのできない空間についてのアイディアですね。

メッザードラ　それは、いつも閉じられた空間として考えられてきたシティズンシップの空間を横切り、不安定化させる空間です。しかし真の挑戦――この本のなかではただ示されているだけですが――は、以下の内容を問うことからなります。それは、移民に関係する境界地帯のシティズンシップのこれらの諸形態が、シティズンシップに関するまた別の諸実践、つまり移民の置かれた条件とは必ずしも関係をもたないシティズンシップの諸実践と共鳴効果を打ち立てるのかどうかということです。それはたとえば、アルゼンチンのピケテロ運動に関して私たちがここで語ってきたような諸実践のことです。移民に関する本のなかで、労働の拒否、つまりいわゆるフォード主義の危機をもたらしたもっとも重要な――しかしそれほど認識されていない――要因のひとつである工場からの労働者たちの逃走と、移民たちの様々な振る舞いとのあいだに連続性を突き止める可能性について論じているのはこうした理由からです。

コレクティボ・シトゥアシオネス　けれども、「市民化（cittadinizzazione）」について論じることは、逃走のポテンシャルを弱体化させるという含意があるとは思われませんか？

メッザードラ　私が議論しようとしていることは、シティズンシップを脱節合させる諸々の実践です。

それらは、シティズンシップがそれとして制度レヴェルにおいて構造化される諸過程、さらにはそれを機能させる諸々の規範とぶつかりあうものです。

シティズンシップという概念を用いる私の方法は、近年、歴史的‐政治的観点から私自身がすすめてきた研究活動から引き出されています。しかしいずれにせよ、非常にはっきりとした言い方をするなら、あなたたちの用いた「市民化」という用語は、ヨーロッパにおいてもかなり流布してきたものです。移民の「市民化」というスローガンを叫んできた左翼、また運動のなかにいくつかの重要なセクターが存在しています。これらのセクターと対話をするとき、私はたびたび次のことを考えます。話相手となる人びとが、私が著書のなかでシティズンシップについて論じているという理由で、私がかれらと同意していると当然視していることです。それとは反対に、断じて私はかれらと同意見ではありません！

「市民化」というのは、統合としての包摂を通じて、移民の抱える諸問題を一度にすべて解決できるということを前提としたスローガンです。私には、少なくとも二つの問題があるように思われます。ひとつは、そこへ移民たちが統合されなければならないとされる空間が、どのようなものであるのかが十分には理解されていないということです。もうひとつは、「市民化」というスローガンが、移民たちによってなされるシティズンシップの実践を何ら考慮に入れていないということです。それらの実践は、完全な統合という要求には達することがないものなのです。

私には、シティズンシップの脱構造化をめぐって二つの過程が存在しているように思えます。それらは、私たちの眼前で展開されています。ひとつは、ネオリベラリズムの概念を通して約言できる過程です。もうひとつは、統合という発想そのものに疑問を投げかけるシティズンシップの様々な実践にほとばしる過程です。

コレクティボ・シトゥアシオネス　アルゼンチンの失業者運動を用いて、事態がどのようであるのかを考察してみましょう。そうすると、いわゆる「包摂プラン」の全般的な適用を、平等の指標としてみなすのは容易ではないことがわかるでしょう。つまるところ、問題はいつも同じなのです。社会政策について、最低限のものでしかない所定のメカニズムが全般的に適用されること。それが、社会空間の許しがたいヒエラルキー化を引き起こす方法としてではなく、平等を強化する要素として機能できるようにするにはどうすればよいのでしょうか？

メッザードラ　複雑な問題ですね、その通りではありますが……。

コレクティボ・シトゥアシオネス　以下のことを擁護するのは、それほど複雑ではないでしょう。それは最初に述べたように、平等は、差異が形成される具体的過程のなかでこそ肯定されるということです。言い換えると、差異を肯定すること（法的ないしは経済的に承認するというより）が、平等を現働化するという意味で作用するということです。ここから、私たちには、あなたの著書と、そのスペイン語版の付録として追加した移民の自律性に関する論考[4]とのあいだに存在する異なった調子を把握できるように思われたのです。移民の自律性のテクストでは、あなたは運動としての調査視角と定義できるものをかなり強調しています。この視角は、具体的な実践を出発点として、政治的仮説を定義することと大きく関わるものです。

メッザードラ　それは、この論考の切り口と大きく関係しています。この論考は、特にはドイツの仲間たちとの議論のなかで、集団行動を行うための提案として考えられ書かれました。かれらは、カナック・アタック（Kanak Attak）〔5〕と呼ばれる非常に興味深いネットワークに属している人びとです。カナック・アタックには、数多くの「第二世代」の移民たちが所属しています。加えて、より一般的に言うなら、このテクストは、近年ヨーロッパで形成された政治行動の大規模なネットワーク（いわゆるフラッサニート・ネットワーク）に向けて書かれたものです。反レイシズム、滞在許可証、住居、社会的サービス、職をめぐる移民たちによる闘争と自己組織化の経験がそうであるように、このネットワークは、私の理論的仕事の文脈を構成するものです。

コレクティボ・シトゥアシオネス　先ほど、私たちは次のような議論をしました。それは、支配的なレトリックが、「平滑」と提示する世界空間のなかに、資本のグローバル化（あるいは「上から」のグローバル化）がいかにして数々の「条理」とヒエラルキーを生産するのかということです。けれども、あなたは著書のなかで、「下から」のグローバル化についても論じています。それは数々の闘争、社会運動、そして移住それ自体によって生産されるグローバル化です。グローバルなものの（「上から」の）レトリックが、現実にある数多の条理、起伏を包み隠しているわけですが、そこで用いられる抽象的かつ一般的な論調から、グローバル性に関するあなたの概念はいかにして逃れうるのでしょうか？

メッザードラ　一方において、私にとっては、「下から」のグローバル化という概念は、理論レヴェルにおいてある種の重要性を有するものです。私たちがそれを用いはじめたのは、二〇〇一年七月のジェノヴァの出来事の周辺においてのことです。そこで生じたこの運動は、単に反グローバル化運動、あるいは「ノー・グローバル」として形容されていたのですが、「下から」のグローバル化という概念――たとえばジェレミー・ブレッチャー〔6〕のような、アメリカの仲間たちによって議論に導入されたものですが——はそれに対して、新たな政治的イマジナリーを展開させられるより大きな可能性を提出しているように思われたのです。

他方、私は当時すでに、グローバル化の問いをめぐって仕事を行っていました。それは、『〈帝国〉』のなかで、マイケル・ハートとトニ・ネグリによって提出されていた方向性と非常に近いものでした。すなわちグローバル化の過程を、「ナショナルな」世界のアーキテクチャを批判し、それを物質的に脱節合してきた様々な運動と闘争があるわけですが、その総体に対する資本主義の側の応答としてもまた——ただそれだけというわけではありませんが——理解するということです。これは私の意見では、『〈帝国〉』において展開された分析のなかのもっとも重要な論点のひとつです。

こうして、私は下からのグローバル化というイメージをつくり出そうと努めてきたわけです。闘争と〈帝国〉の構成［＝政体構成］とのあいだの関係について言えば、私はハートとネグリによって主張されているそれと同一の目的を有する視角において、この試みに取り組んできました。たとえかれらのアプローチが、私にはあまりにも直線的で、まるで「すべての闘争」がほとんど目的論的な仕方で、〈帝国〉の構成［＝政体構成］を押しすすめているかのようにたびたび思われるとしても……。思うに、この過程はもっと複雑なものですし、もっと一貫性を欠いたもので、複数のレヴェルにおいてこそ展開されるものでしょう。しかしながら、私は国境を構造的にこじ開けてきた闘争の展開によって果たされた役割を考慮することなしに、いわゆるグローバル化、そしてその系譜学について理解することはできないものだと確信しています。まさにこの意味においてこそ、移民たちの移動は、この系譜学の重要な構成要素であったわけです。というのは、それを国境に挑戦してきた運動とみなすことができるからです。それは、直接的に政治的な運動としてではなく、社会運動として、つまり国境に疑問を呈する方向へと向かってきた、そして向かい続けている社会的振る舞いの総体とみなすことができるのです。

コレクティボ・シトゥアシオネス　私たちにも、帝国主義から〈帝国〉への移行は、一方的で、直線的な移行として理解してはいけないように思えます。それが「肯定的な」ものかどうか、「進歩的な」ものかどうか口に出すことが重要ではないでしょう。いずれにせよ、私たちは、資本主義的指令の具体的形象であるという事実を共有した複雑な節合様式に対峙しているわけですから。

メッザードラ　私は、そのような立場を共有しています。私の発言内容も、同様の方向で理解されなければなりません。たとえ示唆にとどまっていたとしても、私が移民の自律性についての論文で表現しようとしたように、グローバル化の諸過程の内部における国民国家の機能と命運についての問いそのものが、単純な解釈モデルからは逃れているように思えます。要するに、私は国民国家が消えてなくなっていくと言っているわけではないのです。これは、ときにハートとネグリが支持しがちなことですね。思うに、国民国家は徹底的な変容過程を経験しています。その変容によって、国民国家のいくつかの機能が見直され、また別の機能が再規定されるのです。確実に、すべての国民国家――アメリカも――が国境をはるかに越えていく数々の過程によって強烈に急襲されています。けれども、これは国民国家が消え去っていくことを意味するわけではないのです。

コレクティボ・シトゥアシオネス　そうですね。そうするとしかし、「上からのグローバル化」と「下からのグローバル化」という定式化のなかで、「グローバル」という用語を用いて主張されている事柄について、概念上の区別を深めることがいっそう重要となるでしょう。実のところ、この用語に関して言えば、私たちはひとつの結論に達しているのだと思います。つまるところ、問題は、資本と闘争の一定の力学が加速した結果として姿を現している新たな強勢、新たな特徴であるわけです。しかし、それはまた両義的な過程でもあります。そこにおいて、未曾有の解放の可能性が切り開かれる一方で、数々の搾取の技術――古いものも、新しいものも――が再び出現する状況を、私たちは目撃しているのですから……。

メッザードラ　その通りです。非常にすばらしい定義だと思います。たとえ、ときに私はグローバルなものを賞賛することに寛大だと言わねばならないとしてもです……。たとえば、イタリアとフランスのアタック（Attac）[7]の関係者たちと議論をしているとき、グローバルなものを賛美したいという欲求は非常に強いものとなります。というのは、かれらの視角では、グローバルなものを批判することが、ナショナルなもの、国家的なものの賛美と密接に結びついているからです。私には、このような立場は、しまいには政治的想像力を遮断する要素として機能する結果になると思われます。さて、告白しましょう。もしスーザン・ジョージ[8]と五分以上議論することがあれば、私はグローバルなものを賛美することとなるでしょう！

移民労働

コレクティボ・シトゥアシオネス　はじめに示唆された問いに戻りましょう。それは、移民と労働力の構成、移民労働と生きた労働とのあいだに、あなたが設けている関係についてです。ともかく、移民労働のいくつかの特徴は、プレカリ労働のそれと同一であるように思われます。このことは、移民労働は例外というプリズムではなく、むしろ規範というプリズムを通して解読されなければならないという、あなたの強い主張を説明するものです。これは非常に興味深い論点です。というのは、それがヨーロッパの生産構造の核心に、移民の問いを位置づけるものだからです（無視することもできる外部の異形としてではありません）。

しかし同時に、主体というテーマについて考えるために、経済的土台というレトリックに立ち帰ろうという内容が、それとなく示されているようにも思えます。つまり主体のテーマを、生産過程のなかの位置へと還元するということです。そして、このような位置こそが、すでに構成された主体性を保証するというわけです。こうしたやり方では、移民たちの主体形成は、再び労働者の主体性によって完全に吸収される結果となってしまうのではないでしょうか。政治の複雑性の解決を、メシアの夢、主体‐労働者の出現へと委ね、主体性の過程を経済的に決定されるとする言説に、移民たちの主体形成の政治性によって付け加えられるものは何もないのではないでしょうか。

メッザードラ　明白ですが、それは決して簡単ではないまた別の問いですね。階級構成〔9〕あるいは生きた労働の構成というカテゴリーをとりあげてみましょう。周知のように、このカテゴリーはイタリアのオペライズモの伝統のなかで展開されてきたものです。私自身、この伝統に身を置いています。基本的に、私がしようとしているのは、これらのカテゴリーを発展させ続けることです。それは、これらに内在している両義性のいくつかを解明することによってです。階級構成というカテゴリーは、オペライズモにおいては、いつも分析的であると同時に政治的でもあるカテゴリーでした。知っての通り、伝統的なオペライズモの議論では、階級の技術的構成と政治的構成のあいだの区別〔10〕がなされていました。この区別はともかく、階級構成というカテゴリーの両義性を要約するものですが、その政治的生産性をもまた要約しているのです。

さて、以下のこともまた確かです。階級構成のまわりで仕事がなされてきたわけですが、そのさいの方法においては、問題はいつも、この構成内部の中心的主体を突き止めることにあったということです。それこそが政治的再構成のエンジンとして機能できるというわけですね。階級構成という概念は、いつも政治的概念として、階級構成それ自体の内側からあふれ出る政治の概念として考えられてきたのです。

ともかくオペライズモは、階級意識というカテゴリーによって引き起こされる一連の問題を回避するために、階級構成というカテゴリーを構築してきたと言えるでしょう。階級の技術的構成と政治的構成の関係は、「即自的階級」と「対自的階級」のあいだの伝統的関係、もしくは伝統的なマルクス主義の階級意識と分離された主体としての政党からなる空間によって開示される関係に取って代わるものだと言えるでしょう。それゆえに、オペライズモは政治的なものに関するマルクスの思想のなかに、非常に重要な革新を引き起こしているように思われます。つまり目下のところ、政治的なものとは、「社会」(または「経済」)闘争の諸過程から分け隔てられた何かでは些かもないですし、「意識」の領域に属するものでもありません。それはこれらの過程そのものの内部に広がりゆくものなのです。また政治的なものが、このように新たに概念化されることで、当然、それには「経済的なもの」自体の新しい概念化、資本の生産過程の新しい概念化が関係してきます。資本の諸々のカテゴリーと対称をなすかたちで様々なヒエラルキーが構築されているわけですが、これはそうしたヒエラルキーに基づいて理解された主体形成過程に異を唱えられる——少なくとも潜在的には——方法で概念化されるものです。

コレクティボ・シトゥアシオネス　したがって、ここから非物質的労働[11]についてのアクチュアルな言説が引き出されてくるわけですね……。

メッザードラ　それは複雑かつ興味深いテーマです。とりわけ——いま一度——それが与える直に政治的な影響のなかでこのテーマをとりあげるなら、このように言えます。いずれにせよ、オペライズモの試みは、階級構成の内部に政党の機能を再配置し、内在性の次元において政党の機能について思考することでした。ハートとネグリの視角のなかで、非物質的労働というカテゴリーによって示唆されているのは、このカテゴリーそれ自体が、こうした問題系の内部に位置しているということです。つまり、非物質的労働について論じることは、優れて政治的であったし今もそうあり続ける諸々の役割が担う中心性を、労働の内部において主張することに相当しているのです。

一九七〇年代にあるスローガンが流通していました。それはすべてのスローガンと同様に、もちろん図式的なもので、多くの誤解にさらされていました。けれども、この発想の意味を伝えてはいたのです。それは、「階級に戦略を、政党に戦術を」というスローガンです。

コレクティボ・シトゥアシオネス　それは実際に機能したのでしょうか？

メッザードラ　一定の時機、一定の闘争の経験においては、確かに機能しました。階級構成の問いに戻るなら、とにかく論点はそのままです。この問いは、もっとも重要な階級の主体的構成要素を突き止めようとしていつも取り組まれてきたのです。間違いなくヒエラルキー化を生む結果となる理論的図式の内部で。たとえ、それがいつも理論的また政治的に正当化されていたとしてもです。六〇年代においては、オペライズモにとって、大衆化された労働者（operaio massa）[12]こそが、階級の主体形成が生じうるあらゆる過程の原動力でした。この仮説は、その一〇年を締めくくる工場での数々の力強い闘争によって確証されることになります。それは、国際的な闘争のサイクル同様、イタリアにおいてもです。それから、七〇年代の半ばに、社会化された労働者（operaio sociale）[13]について論じられるようになりました。当然ながら、これは事態を複雑化させるものです。なぜなら、社会化された労働者について論じるとするなら、再構成の原動力となりうる主体的形象を突き止めることが困難となるからです。

しかしながら、続く年月になされたオペライズモの議論全体は、この類の形象を探求することになおも影響を受けてきたと言えるでしょう。こんにちの非物質的労働に達するまでに、数多くのこうした形象が提案されてきたのです。このようにして、ヘゲモニーを担う役割の探求がなされるわけですね。たとえその他の考察によってバランスがとられているとしても、これは、トニ・ネグリが非物質的労働の問いを展開するときの方法にも同様に影響を与え続けていると思われます。この探求は、社会的生産構造のなかで、独自の労働形象として理解された非物質的労働の中心性と結びついているわけです。ネグリの仕事のなかでは、このような探求が、次の現実と問題をはらみながら共存しています。その現実とは、こんにちでは生産が社会編成の全体へと拡散しており、そのために、中心的位置について論じるのが非常に難しいということです。

これらの問題の総体に対する私の関係の仕方ですが、それは様々なレヴェルにおいて表現されます。一方では、形式的包摂と実質的包摂の問いがあります。資本のもとに労働が包摂されるこの二つのかたちを、異なった「時代」に属する特徴とみなして、それらのあいだに時間的順序を見出すよりも、私は以下のように考えます。つまり、互いに節合可能な様式、互いの節合を通して搾取を準備する様式として、それらを考えるべきであると。いずれにせよ、この点については、パオロ・ヴィルノの論点が極めて重要なものだと思います。それによるなら、ポストフォード主義は、資本主義史を特徴づけてきた労働と搾取のすべての様式、そしてこんにち表面に姿を現している労働と搾取のすべての様式から構成された一種の「万国博覧会」として特徴づけられるように思えます。ポストフォード主義は、独自で唯一の特徴をもった生産モデルを示唆しているわけではないのです。もしこの提案を真剣に考慮するなら、先に言ったように、独自の労働形象として理解された非物質的労働の中心性を主張することは、かなり問題を含んだものとなるでしょう。

他方、私は研究のなかで、中心的主体の探求を特徴とするそれとは異なった視角から、移民労働の問いに着手しようと努めてきました。私は以下のことを示そうとしてきたのです。それは、移民労働が自らの社会的条件のなかで、移民ではない大多数の労働者たちによって共有される傾向にある一連の質、特徴を表している、そしてそれらを先取りしているということです。これは移民労働を、階級を再構成する原動力として直にみなすことを意味しているわけではありません。望むなら、私にとっての論点とは、「再構成」というモデルの彼方で、現代の生きた労働の構成にかんする問いを政治的に思考することにあるのです。

コレクティボ・シトゥアシオネス　それぞれがそれぞれのやり方ではありますが、オペライズモの伝統を出自とするイタリアの理論家たちは、一般的知性（general intellect）[14]という概念をめぐって仕事を続けています。たとえばパオロ・ヴィルノは、マルクスのように、機械体系のなかへの一般的知性の技術的硬化を出発点とはしていません。彼はこの概念を、むしろ人間の身体そのもの、精神、協働のネットワークの有するインテンシブな能力とみなしています。それは、現代の生産力を、広がりゆく情動、知性、言語の織りなす組織として理解する地点にまで及んでいます。こうしたやり方で、労働者という条件が、社会的身体へ、まさしく情動的・言語的協働のネットワークの全体へと拡張されるわけです。それゆえに、「労働の終焉」、その帰結としての政治闘争の終焉にこんにち立ち会っているとする言説は無効化されることになります。工場が非物質化するとき、工場それ自体が社会的なものへと変貌するのです。全体的にみれば、工場は大都市と一致していく趨勢にあると言えます。

しかしながら、ときに以下のような印象をもちます。社会工場ないしは大都市工場のこうしたテーゼは、ある種のノスタルジアから出発して深められたものではないかと。というのは、生と生産の同一性というテーゼが、主体形成の古い図式を尊重するオペライズモのやり方に異を唱えるまさにそのときに、この古い図式にしたがって、生と労働とのあいだの関係が考えられているからです。

数年前に、サンティアゴ・ロペス・パティット[15]が、ネグリを批判しました。その理由は、大都市がその内部で価値、生、主体性が生産される舞台であることをふまえるのなら、あれやこれやの生産部門のなかに隠れている中心的過程や革命的主体性を突き止める発想から解放されて、都市的な政治化の諸様式——狭い意味での労働者のそれではまったくありません——を仕上げること、調査することこそが重要であるというものでした。

したがって、これらの考察のいっさいを考慮に入れるとすれば、あなたが著書のなかで行うように、「例外」ではなく「規範」の見地から、移民の置かれた条件、移民労働について論じることに意義があるというのは、どのような意味においてなのでしょうか？　このテーゼの政治的重要性とは、いかなるものでしょうか？

メッザードラ　私には、問題の二つのレヴェルを同時に保つことができるなら、このすべては乗り越えられるように思われます。非常に抽象的な表現で言えば（というのは、明らかですが、移民たちの実存様式には極めて数多くのものがあるからです）、移民の実存様式には、忘却することのできない独自性があります。しかし同時に、それはまさしく搾取と資本の価値増殖メカニズムにとっての中心的要素をさらけ出しているがために、模範となる特徴もまた有しているのです。私にとって、搾取の概念は絶対的に中心的なものであり続けていますし、それによってこそ、私の関心は生の諸形式と労働とのあいだの交差点に集中するのです。いま一度言いましょう。私はトニ・ネグリと多くの事柄を共有していますが、議論をするなかで、彼とのいくつかの差異が明確なかたちをとる点があります。それは空間を表象する方法です。この点について先ほど、私たちはグローバル空間に関連して考察しましたが、ここでは社会空間に関連してそれを考察しましょう。私は、トニにとっての社会空間は平滑空間であるという印象を頻繁にもちます。この平滑空間において、生の形式と労働の様式とのあいだの収斂が存在し、そしてその下には、特別な労働者たちに具現化された生きた労働の力強い主体性が存在しているというわけです。さて確かなことを言えば、私は、トニが自身のイメージにしたがって行うのと同じように体系的かつ説得力のある方法で、私自身のイメージを展開するつもりはありません。しかし、私の印象は、社会空間もまた多数の主体的軌道によって横断された空間であるというものです。そこには出会いと衝突の多数の地点が存在します。生の諸形式と労働の諸形式、シティズンシップの諸実践と搾取の様々なメカニズムなどのあいだの出会いと衝突が織りなすこれらの地点こそが、私の関心を引くものなのです。

コレクティボ・シトゥアシオネス　あなたが搾取の問題を考察するときの方法について、さらに言葉を加えてみましょうか？

メッザードラ　搾取について論じられるときは、以下のことが論じられているのだと思います。それは、支配のための社会的諸関係が規定されるさいに賭けられているのは、いつも労働力であるということです。言葉を換えましょう。労働力が資本のもとへと包摂されるときも、この包摂が引き起こされずとも、とにかくそれが規範として、労働力の所持者である主体の生を規定し続けるときも、搾取は存在するのです。たとえば、失業者たちの社会的実存の条件そのものが、かれらの労働力が「過剰」であるという事実によって規定され続けています。スタートの諸条件それ自体が、資本の価値増殖という規範によって規定され続けているのです。資本は、搾取の論理のなかに社会的生の全体を刻み込み、それを包摂していく趨勢にあるわけです。

訳注

〔1〕一九九〇年代後半あたりから、アルゼンチンの失業労働者たちは、各地の幹線道路を封鎖して、地方とブエノスアイレスとのあいだの物流を麻痺させるという闘争手段を考え出し、これによって政府に失業手当や食糧を要求しはじめた。ピケットによる道路切断という闘争手段から、かれらは「ピケテロス」と呼ばれ、かれらの運動は「ピケテロ運動」と呼ばれた。この運動は、就労働者ではなく失業者たちの運動であること、また単なる公的扶助要求運動ではなく、自律的かつ水平的な組織形態をとり、そのような政治経済空間の構築を目指す点において特徴的とされる。廣瀬純、コレクティボ・シトゥアシオネス、『闘争のアサンブレア』月曜社、二〇〇九、一九九‐二〇九頁参照。

〔2〕本書に再録されている論文とは、本書第八章の旧版の論文のことである。旧版の日本語訳は以下。サンドロ・メッツァードラ、「社会運動として移民をイメージせよ？――移民の自律性を思考するための理論ノート」（北川眞也訳、『空間・社会・地理思想』一二号、二〇〇八、七三‐八五頁）。

〔3〕運動としての調査（inchiesta militante）は、運動を外部から調査したり、外部から特定の認識を適用したりするものではない。また、運動の包括的な見取り図を提示するものでもない。そこにおいては思考と行動が明確に区別されることもない。むしろ、運動としての調査は他の人びととの繋がりを産み出し、それを生産的なものとするために、社会的な行動の新たな様態をともに思考することである。それによって、社会運動のただなかで編成されてきた様々な知覚、さらには様々な知が産み出される。廣瀬純、コレクティボ・シトゥアシオネス、『闘争のアサンブレア』月曜社、二〇〇九、二二九‐二三一頁参照。

〔4〕スペイン語版の付録として追加された論考とは、本書第八章の旧版であり、訳注2に挙げられている文献と同様。

〔5〕カナック・アタック（Kanak Attak）、ドイツの反レイシズム集団、ラディカル左翼。ヘゲモニックな文化のもとに差異を従属させるいかなる保守的ないしはリベラルな態度をも批判。そのような仕組みを可能とするドイツの統治体そのものへの挑戦を目指す。

〔6〕ジェレミー・ブレッチャー（Jeremy Brecher）、アメリカの歴史家。労働、社会運動などに数多くの著作。代表的なものとして、*Strike!*［『ストライキ！』］（Straight Arrow Books, San Francisco, 1972）。これは何度も版を重ねている。共著書で、*Globalization from Below: The Power of Solidarity*［『下からのグローバル化——連帯の権力』］（South End Press, Cambridge, 2000）。

〔7〕アタック（Attac）、「市民を支援するために金融取引に課税を求めるアソシエーション」。一九九八年六月にフランスで設立、ついでヨーロッパ、アフリカ、アメリカ大陸、日本へと広がる。民主主義的規制を逃れ、世界市場を不安定化させる、外国通貨の投機的取引に課税する「トービン税」の実現を求める。アタックは、オルター・グローバリゼーション運動、世界社会フォーラムにおいて重要な位置を占めてきた。

〔8〕スーザン・ジョージ（Susan George）、オルタナティブなグローバル化を求める国際市民運動のリーダー的存在。一九九九年から二〇〇六年までアタック・フランスの副代表を務めた。訳書多数。『オルター・グローバリゼーション宣言——もうひとつの世界は可能だ！　もし……』（杉村昌昭、真田満訳、作品社、二〇〇四）、『金持ちが確実に世界を支配する方法——一％による一％のための勝利戦略』（荒井雅子訳、岩波書店、二〇一四）など。

〔9〕階級構成（composizione di classe）は、オペライズモ（新版へのはしがき訳注8（一五〇‐一五一頁）参照）の主要概念のひとつ。それはある歴史的時点における労働者階級が内在化している行動や規範の組織体のこと。階級構成は、労働の技術的構造、階級の欲求や欲望のパターン、政治的・社会的活動が生じるさいの制度などの相互作用によって規定される。労働者の効果的な組織化や活動を生み出すには、階級構成を経験的研究から理解することが必要と考えられた。

〔10〕 階級の技術的構成（composizione tecnica di classe）と政治的構成（composizione politica di classe）は、オペライズモ独自の概念。技術的構成は、労働力として理解された労働者階級。資本主義的分業、生産の技術的組織、技術と、「生きた労働」（訳注14参照）とのあいだの関係によって定められる。政治的構成は、労働者階級の主体的次元。文化、思考様式、欲求、欲望などに関わるが、何より闘争へと向かう主体的過程に関係する。

〔11〕 非物質的労働（lavoro immateriale）は、工業労働に代わり、一九七〇年代半ばから徐々に主導権を握るようになったとされる労働形態。知識、情報、コミュニケーション、さらには安心や興奮などの情動、人間関係の形成といった非物質的な生産物をつくり出す労働。

〔12〕 大衆化された労働者（operaio massa）、二〇世紀半ばに出現した大規模な被熟練工場労働に従事し、福祉国家の公共サービスを享受した労働者。それゆえに、階級構成は比較的均質的であった。政治的には、労働者の自主管理や革命よりも、労働組合を通じた賃金交渉、左翼の改良主義政党を通じた選挙への参加へと限られることも多かった。

〔13〕 社会化された労働者（operaio sociale）、一九七〇年代半ばに提出された概念。大衆化された労働者による闘争へのリアクションとして、資本の価値形成は工場から社会全体（流通領域、商品交換、再生産領域など）へと拡張され、社会そのものを包摂するようになった。社会化された労働者は、大衆化された労働者の脱構成と解体に応じて出現した労働者の形象。この労働者の構成は、社会的関係性の創出、コミュニケーションへの参加を特徴とした。一九七〇年代のイタリアのアウトノミアと称された運動においては、労働組合や政党ではない、この新たな労働主体にふさわしい政治形態の理論化が探求された。

〔14〕 一般的知性（general intellect）は、マルクスの『経済学批判要綱』のいわゆる「機械についての断章」（「固定資本と社会の生産諸力の発展」）で論じられている。そこでは、資本主義がより発展していくなら、機械に具現化された科学的・技術的な知、つまり固定資本に具現化された抽象的知が、生産過程からの自律性を獲得しはじめることで、それ自体が生産力となりはじめる状況が指摘される。労働者は生産の基礎的行為主体としてよりも、生産過程の脇にいて、それを監視・調整することとなり、生産力としての役割を喪失していくと考えられた。しかしオペライズモは、この概念を独自のやり方で練り上げた。オペライズモの知識人たちは、一般的知性を何

よりもまず「生きた労働」として把握した。知の生産と生産のあいだの連結は、機械体系のなかで使い果たされるものではない。それは、人びとの言語的協働、具体的な協働のなかに現れる。これは生産的労働の非物質化であり、資本にとっての価値の源泉が人間の言語的協働に属するという状況である。一般的知性とは、個々人が有する具体的な知識、専門的で科学的な知識を直接に意味するというよりも、人間の思考する能力、記憶する能力、話す能力などの潜勢力の総体として理解された。

〔15〕 サンティアゴ・ロペス・パティット（Santiago López Petit）、哲学者・化学者、バルセロナ大学。一九七四年に『カタルーニャの権威的左翼批判一九六七－一九七四（Crítica de la Izquierda Autoritaria en Catalunya 1967-1974)』を出版（共著）。一九九〇年代以降、フランスのポスト構造主義、イタリアのオペライズモとの理論的対話を続ける。著書に *La movilización global: Breve tratado para atacar la realidad*［『グローバルな動員――現実を攻撃するための小論』］（Proyecto Editorial Traficantes de Sueños, Barcelona, 2009）など。

第七章　境界、シティズンシップ、戦争、階級

——エティエンヌ・バリバールらとの討論

しばらく前から、ヨーロッパは、ヨーロッパ自身のアイデンティティ、さらにはその数々の境界についての政治的行為と理論的考察の空間となってきた。エティエンヌ・バリバールは、これらのテーマに関して、長年にわたって文章を書いてきた。彼は「ポストナショナルな」選択を、ヨーロッパの諸政策の批判と両立させてきたのである。特に、政治的アパルトヘイトが出現する危険を告発し、「消滅する媒介」として理解されたヨーロッパのプロジェクトを提唱している。バリバールは、ヨーロッパにおける移民たちの闘争の重要性もまた強調してきた。これらの闘争は、次のような状況において展開されてきたものだ。一九六一年一〇月一七日のフランスにおけるアルジェリア人殺戮のケース[1]のように、極端な孤立状態において。あるいは、一九九六年のサン・パピエたちの運動のケースのように、可視性を獲得しながら。さらに彼は、国民社会国家という概念を用いることで、政治をめぐる何かしらの着想から解放された政治・社会システムはいっさい存在しないとはっきり述べてきた。

比較的、最近の仕事のなかで、バリバールは、サンドロ・メッザードラとの対話を行った[1]。それは、移民に対する「ローカル／グローバル」戦争について、ＥＵの制度的アーキテクチャそのものの基底的特徴たる、ヨーロッパの数々の境界の柔軟性と移動性についてのものであった。それはつまり、民主主

義の「非民主的」要素としての境界、シティズンシップの物質的基盤としての境界の横断、さらには境界が強化される過程についてだ。諸々の境界は、たえず再構成されている。それはEUの外部においても、内部においてもだ。境界の機能は、ただ制御に関するのみならず、選別的包摂にも関係している。境界の変容は、ヨーロッパ・シティズンシップの展開、さらには移民フローの管理運営と密接に結びついているのである。つまり、外国人を「生産する」のは、境界管理レジームそれ自体なのだ。だがそれと同時に、これらの変容過程は、ヨーロッパを急襲し続ける移民たちの移動によってもたらされた効果でもある。ヨーロッパ拡大の文脈で、ある種の境界の脱領土化が引き起こされているわけであるが、それは二重の意味においてである。一方は、境界管理のヨーロッパ・レジームが、EUの領域的限界を刻印するラインのはるか向こう側で著しい影響を及ぼしており、自らをヨーロッパ・ポリスそのものの内側へと組み込ませていきつつあるという意味である。他方は、このレジームが、自らを超過する移民たちの移動を後追いする方向へとすすんでいるという意味である。

私たちは、次のようなグローバルな文脈のなかに、今回の討論をさし挟むつもりである。それは、反イスラーム主義のグローバルなレヴェルでの高まり、ヨーロッパの構成［＝立憲］過程の内部における国民国家の危機、戦争の新たな諸形態、社会運動としていっそう認められつつある数々の移住現象によって特徴づけられた文脈である。

実のところ、この討論の時期を正しく位置づけておかねばならない。この討論は、二〇〇四年一一月二一日、つまり欧州憲法条約をめぐるフランスとオランダの国民投票[2]が行われるよりもかなり以前に、パリにて行われた。

イスラーム主義、反イスラーム主義

イザベル・サン＝サーンス〔3〕　二〇〇四年一一月二日に、芸術家・映画監督のテオ・ファン・ゴッホが、ひとりの若いムスリムによってアムステルダムの路上で殺害されました〔4〕。そこから、反イスラーム感情の波、ヨーロッパじゅうで興奮した議論が引き起こされました。さらにいくつかのケースでは、モスク、学校、教会への襲撃、ムスリムたちへの攻撃も引き起こされました。こうした事件の少し後に、あなたは自身の仕事について議論をするために、オランダに招かれていましたね。会議では何について話したのですか？

エティエンヌ・バリバール　私はナイメーヘン大学で「人文地理学アレクサンダー・フォン・フンボルト講演」を行うために招かれていました（Balibar 2005 に収録）。そこには多くの研究者がいるのですが、かれらはヨーロッパ、そして世界におけるこんにちの政治問題としての境界の問いに関する仕事をしています。かれらが望んでいたのは、ヨーロッパの数々の境界、それらの新たな機能や遍在性などに関する私の仕事について議論することでした。

私は、カルロ・ガッリ〔5〕（Galli 2001）の仕事から借用した一連の考察を展開することで話をはじめました。ヨーロッパの政治空間の、多様で、矛盾をはらんだいくつかのイメージの分類を提出したのです。それは、シティズンシップの問いに対する境界の重要性を示すためです。私は、ヨーロッパにおける政治空間の変容を理解するために、互いに争いあう四つのモデルが存在することを示しました。一つ目は、ハンチントンのようなモデルです。それは文化と文明の衝突を中心としたものです。二つ目は、グローバル・ネットワークの概念のまわりで展開されているモデルです。それには、対立しあう二つの変化形が存在します。一方はより資本主義的なものであり、他方はより革命的なものです。しかしながら、双方ともに、姿をみせつつあるこの構造を、資本においても社会運動においても、コミュニケーションが潜在的に転地されるシステムとみなす傾向を共有しているのです。三つ目は、中心‐周辺モデルです。これはヨーロッパでは、拡大過程について、トルコ、バルカン諸国などのような加盟候補国についての議論において、とりわけ著しい重要性をもつものです。このモデルは、歴史的にも地理的にも、この中心がヨーロッパの中核を占める諸国家、ヨーロッパ共同体（EC）をもともと創設した諸国によって代表されてきたという考えに基づいています。ある国がより最近になってEUに加盟すればするほど、またより周縁的、境界付近に位置していればいるほど、その国は潜在する諸問題の源とみなされるわけです。つまり、経済的な発展が少なければ少ないほど、文化的には、共有されたヨーロッパ的諸価値の体系からはより遠く離れていると仮定されるのです。最後に、私は「交差（cross-over）」というアイディアに基づくモデルを提出しました。それは、境界地帯としてのヨーロッパというイメージに符号しています。すなわち、それはヨーロッパのどこにおいても、マーストリヒトにおいてでも、誰もが境界の上に身を置いているということです。境界とは境界線ではありませんし、シェンゲン協定の諸原理に要約されるものでもありません。境界は、境界線よりも内部にあると同時に、それより外部にも位置しているのです。

それから、私は境界の調整機能について話をしました。それは多くの側面で戦争に近い現象であるわけですが、移民を廃止するというよりも、むしろ移民の数を制限すること、また移民に対して永続的に安全が欠如した状態を創出することを目的としています。そして最終的には、翻訳、「トランス‐ヨーロッパ」空間、ユートピアの問いについて論じました。それから、フランスで言われるように、私のいつもの媒介的立場を採用し、トランスナショナルなシティズンシップとそのアクターたちに関する議論にいくつかの考察を行って、話を終えました。

サン＝サーンス　ヨーロッパの境界に関して、あなたは戦争に類似した過程について論じているわけですが、そのさい、ジョージ・W・ブッシュがある種、率直に永続する戦争と定義したものとは何の関係もないのでしょうか？　この問いは、こんにちのヨーロッパで、反イスラーム主義が様々なかたちで表出していることにも関わるものです。あなたはレイシズムについて長年仕事をしてきたわけですが、それに基づくなら、現在のレイシズムの展開をどのように評価しますか？　オランダの出来事は、氷山の一角に過ぎないように思われるのです。

バリバール　オランダにいたとき、私はドイツの日刊紙『ディ・ヴェルト（Die Welt）』を読みました。オランダの警察が手榴弾を用いて、ハーグ中央駅近くの家屋に襲撃を行った翌日でした。そこの住民たちは、テロリストだと疑われていたのです。同じ日に、いくつかのモスクが放火され、いくつかの教会が襲われました。『ディ・ヴェルト』紙の一面は、確かに注目に値するものでした[6]。ドイツの政治家へのインタビューでしたが、それはオランダの移民統合大臣リタ・フェルドンクの声明をまるごと中心に据えたものでした。フェルドンクの声明とは、脅威を過小評価している数多のおひとよしたちがいる、というものです。コメントは、ドイツでも同様のことが起こりうる可能性をめぐって展開されていました。

そこには、コンフリクトをエスカレートさせるもくろみを示唆する二つの画像、「戦争のような」二つの画像がありました。それは、火に包まれた都市と、ヴェールを身につけた女性の画像です。つまり、ヴェールをした女性の格好のなかに、イスラームの脅威が、致命的な見当違いの帰結、政治の怠慢の帰結として姿をみせていたというわけです。たとえ画像のキャプションが、「ドイツにはほんのわずかなムスリムがいるだけである」と述べているとしても、そこで目撃される最初のものは、この女性のまとう信用のおけない衣服のなかにある火、火と過激主義者にほかなりません……。

それと同時に、この日刊紙は、次のような論法を大量に用いていました。オランダ人たち――ヨーロッパのもっとも開かれた社会、多文化政策のモデルなど――は、突然、撤退しだしている。かれらはもっとも恐ろしい過ちを犯そうとしていたこと、結果的に自らの社会を脅威にさらそうとしていたことを悟りはじめていると。このドイツの日刊紙にしたがえば、そのひとつの理由は、過激主義者たちがいるから、かれらは危険だからというものです。もうひとつの理由――典型的な新しいレイシズムの論法――は、地元の人びとが怒りと憤りを蓄積し、かれらもまた過激な立場へと向かっている、それゆえに永続的な衝突の危険が存在しているというものです。もしこうしたことがオランダで、この非常に独特な歴史をもつ小さな国で起こるなら、それはヨーロッパ全土が十分に注意しなければならないことを意味しているというわけです。

私はこのことについて、ナイメーヘンで仲間たちと話しあいました。かれらは私がすでに知っていたことに確証を与えてくれました。それは、多文化主義という概念が、ここ二年のあいだに、すべての人びと（右翼だけではありません）から拒否されるようになったことです。おそらく、ついには摩滅してしまうほど、それが過度に用いられ、道具的にも利用されてきたからでしょう。また多文化主義は、文化という概念、存在するもののなかでもっとも不明瞭で漠然とした概念に基づいているから、失敗する定めにあるというわけです。

ここ数年間、オランダの状況を理想化しようとする人びとが数多くいました。かれらは、自らの国の抑圧的で狭量でもあるナショナリスティックな諸政策を批判するために、オランダの制度の寛容な諸側面に言及していたのです。たとえば、かれらはこのように言っていました。「オランダでは、私たちからすれば信じられないこと、実行不可能とみなされることがなされています。それらが極めて見事にきちんと機能しているのですよ。たとえば、地方選挙での参政権が外国人に与えられているのです」。明らかなことですが、もしこの「優れた」事例がダメになってしまえば、この立論全体に終止符が打たれ、率先した行動は、ただポピュリストの手のうちにのみとどまることになります。

もちろん、誤った理想や目的が選ばれてきたがために、こうしたことが生じていると言うことはできるでしょう。私たちは「永住する人、居住し税を納める人は、自らの代表を選ぶ権利を持たねばならない」という原理を支持しています。しかし重要なことは、単に地方選挙の投票だけではありません。移民たちの数々の闘争、そしてサン・パピエの運動において生じたように、それらの闘争のまわりで集まる連帯こそが重要なのです。最終的な目的は、居住のシティズンシップです。言葉を換えると、それは「ポストナショナルな」ヨーロッパの広がりゆく公共空間のなかでの居住者間の政治的平等ということです。

マヌエラ・ボヤジエフ[7]　「ヨーロッパに国家はひとつもない（Es gibt keinen Staat in Europa）」（Balibar 1992所収）という一五年前に公表された論文で、あなたはヨーロッパのレイシズムについて論じています。それは、『人種・国民・階級』（Balibar, Wallerstein 1991［一九九七＝二〇一四］）のなかのすばらしい章において、あなたが新しいレイシズムと定義しているものです。そのテーゼは、以下のようなものです。この種のレイシズムは、植民地的型枠と反セム的型枠を改訂するものであり、これら双方の型枠が、反イスラームの場合には結合する。あなたによると、この新しいレイシズムに関する立論は、概念レヴェルでの有用性ということ以上に、レイシズムをめぐる議論における典型的な二つの誤りを批判する内容を含んでいるということです。ひとつは、連続性という観念に対する批判です。連続性の観念は、現代のレイシズムをその状況に位置づけるのではなく、植民地主義、あるいはナチの遺産が直接的に継承されていると考えてしまいます。もうひとつは、あまりにも短絡的なアナロジーへの批判です。こうしたアナロジーは、いくつかの用語をある状況から別の状況へと移し換えるものです。たとえば、イギリスなどの文脈に由来する用語や伝統を用いて、ドイツのレイシズムを説明するということです。実際、あなたは多様な「ナショナルな状況」について論じているわけですね。そこにおいてこそ、移民とレイシズムのあいだの独自の諸関係が定義され、表明されるということです。しかし、それと同時に、「ヨーロッパの構築」によって、これらの多様なあり方がしだいに収斂していく状況が引き起こされています。またその速度も増していきます。この文脈のなかでは、反イスラーム主義の今日的形態にかんしてトランス‐ナショナルな状況が出現していると述べることはできないのでしょうか?

バリバール　オランダのような国でポピュリズムが広がりをみせる状況に立ち会うのはショッキングなことです。それは、ある国から次の国へと、波のようにヨーロッパじゅうに広がっているように思えるポピュリズムです。ヨーロッパのポピュリズム、ないしは外国人嫌悪が、純粋かつ単純に直線的なかたちで展開されることはありません。むしろ、それは外国人嫌悪がひと続きのかたちで爆発したということです。もちろん、全般的なレヴェルで事態は悪化しています。それは部分的には、こうした外国人嫌悪の展開に対抗する防波堤の構築を試みるトランス‐ヨーロッパ・レヴェルの真摯な取り組みが存在しないことに求められるでしょう。これは、非常に官僚的な制度の彼方でなされるべきものです。俗な意味でのマルクス主義者で申し訳なく思います。しかし、下部にある社会的諸問題に取り組まれない限り、私たちの有するのがマニフェストに「今こそ、社会的ヨーロッパを!」と書きとどめるフランス社会党だけである限りは、そうなのです……誰もこれらの事柄を真剣に受け取ることはないでしょう。こんにち抵抗の真摯な形態は存在していません。

ボヤジエフ　しかし、現在私たちは状況がエスカレートする局面に立ち会っているともあなたは言っていましたよね？　反イスラーム主義の表出は、しばらく前から存在しているものです。特に、このテーマをめぐって、広範囲にわたってパブリックな議論がなされるフランスにおいてはそうです。当然ながら、九・一一以後の新たな複合的状況があります。ヨーロッパ全土に、反イスラーム主義の非常に様々な表出パターンが存在しています。二〇〇四年三月一一日の攻撃後のスペイン[8]、またドイツでは、EU加盟に向けたトルコの立候補にかんして議論のかなりの部分が集中しています。文化とイスラーム主義の問いのいっさいが、EU拡大という問題系を通して解読されてきたのです。その一方で、こうした議論の別の部分では、学校のヴェールに焦点が当てられてきました。しかし、バルカン諸国では状況が異なっています。二〇〇四年四月に、コソヴォで起こったポグロム[9]の後に、ベオグラードとニーシのモスクへの襲撃がなされました。これらの出来事の関係については論じられもしましたが、続いて行われたデモのなかでは、「ニューヨーク、マドリード、コソヴォ」と書かれた横断幕が目撃されることになったのです。これらの事態につきまとうテロリズムに対する戦争と反イスラーム主義は、ヨーロッパという問い全体、ヨーロッパの構成［＝立憲］の問い全体に疑念を抱かせることとなっています。もちろん、ヨーロッパのシティズンシップの問いに対してもです。

バリバール　これらの質問の多くに対して、私は答えを持ちあわせてはいません。私の友人であるイマニュエル・ウォーラーステインはいつも旅をしています。それを見かけるとき、彼にこう言います。

「世界システムを細かく調べているね」と。これは彼の仕事ですし、それを見事に実行しています。私は、境界地帯としてのヨーロッパを、細かく調査はしていません。私は新聞に目を通し、研究し、アカデミックな会議に参加しているということです……。

反イスラーム主義の表出は、一九八〇年代のフランスではじまりました。それから、ドイツ、オーストリア、そしてアンダルシアで農業に従事する移民労働者へのポグロムのあったスペイン、それからコソヴォなどでもはじまりました。これは亡霊ではありません。伝令のように人手から人手へと伝わっていった一種のたいまつです。どこかで火事が起こっています。それは必ずしも、あらゆるものを燃やし尽くす巨大な炎となるわけではありませんが、恒久的に存在する現象なのです。そこに構造レヴェルでの諸要因が存在していることに同意するなら、またたえず同一方向へと圧力をかけている地 - 政的また地 - イデオロギー的諸要因を付け加えるなら、こうした現実が和らいではいかないことに何ら驚く必要はないでしょう。

その一方で、あらゆる個々のケース、個々の国での議論で用いられている用語は、言説分析を展開することを通して、注意深く研究するに値すると思っています。あなたは正しいと思います。フランスでの反イスラーム主義は、独自の言説にその基盤を有しています。ドイツでは、事態は同様ではありません。トルコをめぐる問題も異なっています。したがってただ戦術的な理由でも、これらの言説の独自性を考察することが重要であると思います。

サン＝サーンス　ヨーロッパという文脈には、その統合過程を考慮に入れたとしても、ムスリムにせよ、政治家にせよ、その言説、あるいは戦略に何らかの共通点は存在しないのでしょうか？

バリバール　私はこう考えずにはいられません。この場合でもまた、構造レヴェルでの理由のために、私たちには、ヨーロッパにおける抜け目のないアラブ人、あるいはムスリムの指導者がひどく欠けているということです。つまり、民主的な基盤に基づいて反論する力をもち、何らかのタイプのヘゲモニーを確立しようとする指導者です。フランスでは、抜け目のない唯一の人間、こうしたテーマに関して話し相手を出し抜く能力のある唯一の人間、それはサルコジだと思われます。「侵略」のレトリックに反論するために、サルコジはこう主張しました。「ムスリムたちは、フランスにおいて他の人たちよりも多くの権利を有しているわけではない。しかし、かれらの権利がより少ないわけではないことが重要なのだ」。続いて、彼はこう提案します。「国家と教会の分離に関する一九〇五年の犯すべからざる法を改正する。フランスでのモスク建設に、公共機関が資金供与できるようにするためだ。それは、モスクが非合法なものとならないため、サウジアラビアからの出資を避けるためだ」。私には、これが今の平凡な常識のように思われるのです。

けれども、この背後にはある戦略が存在しています。それはナポレオンの時代にまでさかのぼるものです。この戦略は、リーダーシップを階層的に体系化することを通じて、ムスリム住民たちを管理することからなります。それは、ユダヤ人のためのフランス・ユダヤ人代表団体評議会（CRIF）[10]、プロテスタントやカトリックの信者のための同様の団体をモデルとしたものです。これは、多様な信仰を利用して、国家が間接的に住民たちを管理していたいと欲するなら必要なものでしょう。これは、リーダーシップをめぐる交渉と圧力に基づいた服従のモデルです。その結末として、公式に承認された対話者の地位を得るために、イスラームの様々な組織間での競争が苛烈となるのです。

これは、イデオロギー上の分割（組織のなかには原理主義に傾倒しているものもありますし、そうではないのもあります）と、国家への強固な従属システム（アルジェリアに従属するものもあれば、モロッコ、サウジアラビアなどに従属するものもあります）を用いて、重層決定された分類の二重システムです。ここには逆説があります。それは、フランス政府のこの戦術が、外国の政府を代表している「排他的派閥」へのフランスのムスリムたちの従属を強化する結果となってしまうことです。明らかですが、セキュリティをめぐる諸問題もあります。私は無垢ではありません。いくつかの集団、アル・カーイダやその他の集団によって、テロリストがリクルートされるかもしれませんし、ある種の非合法者たちが教育されるかもしれません。それは現に起こったことです。しかし、これは警察のいつもの問題です。それは宗教とは何の関係もありませんし、フランス、ヨーロッパでのイスラームの管理とも何の関係もないことです。

メッザードラ　私は、マヌエラによって提出された質問に戻りたいと思います。マヌエラが言ったように、ヨーロッパの反イスラーム主義には長い歴史があります。現在の輪郭に関して言うならば、それは一九八〇年代の初頭に結びつけることができるでしょうし、もし長期にわたる時間的側面を理解したいというなら、それは数世紀前にさかのぼるものでしょう。しかし、オランダで起こったことを理解するためには、それをもっと広い文脈のなかに位置づけなければなりません。これまで議論されてきたことですが、当然、フランスの状況、ドイツの状況には、それぞれの独自性があります。しかし、私には、オランダで生じていることの新しさは、そのヨーロッパ的次元にこそあるように思えるのです。保守的な『ディ・ヴェルト』紙のみならず、たとえば『ラ・レプッブリカ（La Repubblica）』紙や『エル・パイス（El País）』紙のような「進歩的な」新聞においても、様々なヨーロッパの国々、イタリア、イギリス、ドイツ、スペインでムスリムたちの置かれた条件、かれらの振る舞いについての記事が掲載されています。オランダで起こったことが、進行中のヨーロッパ統合過程の文脈に位置づけられるのは、むしろ明白なことではないでしょうか。簡潔に言えば、こういうことです。私たちがおそらく考慮するよう強いられている問題というのは、新たな構成［＝立憲］、新たなシティズンシップが形成途上にある状況において、ヨーロッパの生活様式、もし好むなら「ヨーロッパ社会モデル」の基盤をなす価値としての寛容が、危機に陥っているという可能性にほかなりません。思うに、オランダをめぐってなされているいっさいの議論は、オランダ社会の独自性よりも、ヨーロッパで新たなシティズンシップが構成されるこうした状況と関係があるのです。

サン＝サーンス　新しいレイシズムについて、マヌエラが述べたことに戻りたいと思います。連続性とアナロジーという見地に立つ「古典的な」分析では、どういうふうに新しいレイシズムそれ自体の目的を把握できないのでしょうか。それは、ポストコロニアルよりもコロニアルな遺産を強調し、統合の問題に対する移民政策の役割を無視するからということでしょうか。

メッザードラ　それは明らかに、一方での、近代ヨーロッパの植民地事業（エドワード・サイードの用語を用いるなら）とヨーロッパのモダニティとのあいだの関係、他方での、「ポストコロニアルという条件」[11]（Mezzadra, Rahola 2006［二〇一〇］）という概念自体に関する見解にかかっています。私は、オランダの出来事をめぐる議論が、多文化主義の概念よりも、寛容の概念と関係していると示しましたが、ある意味ではまさしくこれらの問題に言及していたわけです。もう一度、極端ではありますが、要約してみましょう。私は、寛容と多文化主義、これら二つの概念のあいだには連続性があると同時に、区切れもあると考えています。双方ともに、「他者」の問題に、「他者」との関係に言及するものです。しかし、寛容の概念は、一六世紀、一七世紀のヨーロッパの宗教戦争にその起源を有するものであり、「他者」をヨーロッパ内の「他者」として歴史的には概念化してきました。他方、多文化主義の概念は、ヨーロッパの外から（つまり、北アメリカとオーストラリアから）輸入されたものです。それが輸入されたのは、ヨーロッパ空間の内部に、非ヨーロッパ人の「他者」のプレゼンスが増していく状況から派生した問題について思慮するためでした。まさしくかれらがヨーロッパに存在するということによって、ヨーロッパの現状は、「ポストコロニアル」という条件に変化するのです。当然ながら、多文化主義の概念についても、それぞれの「ナショナルな」独自性は存在します。たとえばドイツです。ドイツでは多文化主義の概念は、一九七三年の外国人労働者の募集停止（Anwerbestopp）によって、そして多くの「ガストアルバイター」が、政府の期待に反して、ドイツに居を構える決定をしたことによって引き起こされた新たな状況に直面して、一九八〇年代初頭に導入されました。[12]西ドイツの多文化主義の概念は、たとえばキリスト教民主同盟（ＣＤＵ）の政治家ハイナー・ガイスラーによって提案された定式において言うなら、実際、当初はヨーロッパ出身の人びとに関わる問題に言及するものだったのです。しかし、それはかなり急速に、トルコ人の問題に収斂していく結果となりました。それからすぐに、トルコ人はヨーロッパ人とみなされるべきかどうかを理解する問題が提示されたのです。つまるところ、それは、ＥＵへのトルコの加盟許可をめぐる議論のはじまりだったと言えるでしょう……。

したがって、ヨーロッパにおける多文化主義をめぐる議論は、近年ではいつもヨーロッパのアイデンティティ、ヨーロッパの諸々の境界をめぐる議論であったわけです。こうした状況において、ファン・ゴッホが暗殺されるずいぶん以前からすでに明らかとなっていた危機、多文化主義の危機が、寛容の危機でもあると主張することには、どのような意味があるでしょうか？　それはこの危機を、均質的な全体として理解されたヨーロッパと、その文化的・地理的な「他者」とのあいだの関係には切り縮めることができないということにほかなりません。ヨーロッパの植民地事業の長きにわたる歴史が、再び姿をみせています。ある意味では、植民地事業というものが、寛容という概念の隠れた一面だったのです。この歴史が再び浮上してくることによって、ヨーロッパ内部の社会的諸関係の「文明性」が崩壊させられる、言葉を換えれば、「寛容」の基礎的な獲得物としていつも示されてきたものが破壊される恐れがあるわけです。

もちろん、多文化主義の多くの理論家たちが、近代普遍主義の数々の矛盾や罠の克服に邁進してきたこと、邁進し続けていることを否定しません。しかし、少なくとも潜在的にヨーロッパでは寛容の危機に直面していると口に出すとき、私は以下のような意見を提出しているつもりです。それは、近年数多くのヨーロッパ諸国で奨励されてきた多文化主義的常識そのものの内部に、当の寛容の概念によって前提とされていた、ヨーロッパとその外部とのあいだの植民地的な境界が、再び見出されてきたことです。英語圏で「白人性研究（whiteness studies）」と呼ばれるものの豊かな伝統を参照して言うなら、ヨーロッパ市民の「白さ」に対して、多文化主義は異を唱えてはこなかったということです。修辞レヴェルにおいて、ただそれを「弱めてきた」だけにすぎません。それは「非白人」の市民と共存するため、つまりは、ヒエラルキー化された共存として（特に先ほどあなたが言及した移民政策を通して）、いつも創出され構築されてきた共存を可能とする目的のためです。明らかに、こんにちヨーロッパで「多文化主義」の危機――この点について、私たちはかなり断定的でなければならないでしょう。ヨーロッパ空間の内部での「白人」市民と「非白人」市民の共存様式における危機――として議論されている事柄によって、この共存のヒエラルキー含みの性格がさらに急進化させられる危険な空間が開かれています。しかしながら、この危険に対抗するためには、思うに、私たちは危機が把握される仕方そのものを脱臼できなければなりません。潜在する寛容――あるいは、偉大な法学者J・H・H・ワイラー[13]（Weiler 2003）によって、ヨーロッパの立憲的伝統の基盤的価値と定義されたもの――の危機が、極めて顕著な状況として現状を論じること。それは、私たちが直面している問題が、一体としての「私たち」と「他者」とのあいだの関係に関する問題としては理解できないということを強調することです。むしろ、ヨーロッパの「私たち」という定義それ自体に取り組むことが問題なのです。これを認めることは、「ポストコロニアルという条件」がヨーロッパに適用されるさいに投げかけられる挑戦を受け入れることであると私は考えます。

ヨーロッパ——シティズンシップと構成する過程

バリバール　あなたをもう一歩前進させてみるなら、この憎悪、これらのコンフリクトは、単純にヨーロッパ・シティズンシップを定義する別の側面であると論じるに至るということでしょうか？　それとも、それは既存のナショナルなシティズンシップの諸定義の単なる足し算、統合なのでしょうか？　それゆえに、これはヨーロッパの有権者たちの新しい性格を無視したシティズンシップであるというわけでしょうか？　あなたは、このいっさいが、ヨーロッパにおける「構成的契機」と関連づけられると考えるのですか？

メッザードラ　そうです。寛容の危機について語ったときに、このことも同時に言うつもりでした。私には、オランダの出来事をめぐってヨーロッパで展開されているパブリックな議論は、最終的には、ヨーロッパ・シティズンシップ、ヨーロッパの構成［＝政体構成］の未来に関する議論であることははっきりしているように思えます。また潜在的には、それは形成途上のヨーロッパ・シティズンシップの根底に位置するであろう「政治人類学」の型をめぐる闘争、衝突です(2)。別様に言えば、それは市民としての個人というイメージ、つまりヨーロッパの構成［＝政体構成］自体に登録される、市民としての個人というイメージのかたちをめぐって繰り広げられる数々の闘争、衝突なのです。

スラヴォイ・ジジェクにならえば、ある意味では、オランダで生じていることは、ヨーロッパの構成［＝政体構成］が空っぽのそれであること、ヨーロッパの未来に関する文章のなかであなたがたびたび用いる表現を借りれば、ヨーロッパ・シティズンシップが「民主主義の前進」という見地からすれば、いかなる中身もないシティズンシップであることと同義だと言えるのかもしれません。これはポピュリズムに関わる問題です。あなたは先ほど、すべての懸念の下には、社会的懸念事項にかかわる問題が存在していると言いました。その通りでしょう。だからポピュリズムは、自分なりのやり方で、この社会的懸念事項に取り組んでいるわけです。ヨーロッパの構成［＝政体構成］は、そうではありません。ここには隔たりがあるのです。けれども、この隔たりの存在を認めることが、必然的にヨーロッパの構成［＝政体構成］というアイディアを拒否することを意味するとは限りません。むしろ、ヨーロッパ統合に対して「ナショナルな」レヴェルでの反目が表明される空間というのは、現在では構造的にポピュリズムによって占拠されているのだと思います。すなわち、どのような左翼（「穏健な」左翼のみではありません。その表現の意味が何であろうと、「ラディカルな」左翼もです）も、この空間においては、従属的位置を占めるよう定められているのです。『フランスにおける階級闘争』のマルクスを一五〇年後に引用することを許してもらえるなら、私たちの唯一のチャンスは、闘争、そして政治的想像力のヨーロッパ的次元を奪取することにほかなりません。

バリバール　法定国家（pays légal）と実在国家（pays réel）のあいだの区別を用いるのは、明らかにいつも危険なことです。これは右翼の人びと、シャルル・モーラスとアクション・フランセーズ[14]によって創出されたものですね。カール・シュミットによって提出された合法性と正当性のあいだの区別とそれほど異なったものではありません。

ただ、ヨーロッパにおける構成する過程が、超現実的であるという印象を避けることはできません。それはこの過程が根拠を有していない、つまりヨーロッパの新しい社会学的諸特徴を何ら参照していないという意味においてです。ヨーロッパは一定の社会構造、ある種の社会問題、様々な国での一定数の法的・イデオロギー的伝統を有する政治空間として存在していますが、ヨーロッパを構成する過程は、こうしたものの全面的な抽象化に基づいています。それは、純粋に形式的ないくつかの問題のまわりで構築されているわけですね。たとえば実際に、基本的人権の中身が、実質的には権力の分割をめぐる問題とされているわけです。それは、この用語のできるだけ厳密な意味においてのことです。つまり、国家が保持する諸権力はいかなるものか、国家がより中央の組織へと委任することをよしとする権力とはいかなるものか、という具合です。

おもしろいことに、私には「欧州の将来に関するコンベンション[15]」の議長を務めるヴァレリー・ジスカールデスタンが、構成する過程とよく似た何かを実行するつもりでいるとはまったく思えないのです。こうした人たちは「憲法（Costituzione）」という用語を使いますね。それは、かれらが法についての教養を有しているからでしょう。またおそらくは、この用語が自ずとかれらに権力を与えてくれるからでもあるでしょう。「ヨーロッパにひとつの憲法を与えるときがきた。私たち（NOI）が与えよう。私たちは、ヨーロッパのジェファーソン、アベ・シーエスとして記憶にとどめられることになろう……」。ヨーロッパの加えて、憲法の「真正性」自体によって、私的とは言いませんが、確実に政治的な取引、ヨーロッパの様々な政党、政党の指導者たちとの取引を、かれらは少しばかり統制できるのでしょう。

しかし実際は、「憲法」という用語を完全に制御しておくことはできません。人びとは、欧州憲法がまさに憲法であるためのあるべき姿について考えはじめています。法学者たちは、「連邦主義」についての仕事を行っています。様々な社会運動、労働組合のアクティビストたちは、「ヨーロッパに憲法をつくるというのなら、あなたたちが考慮せねばならない数々の問題がある。あなたたちは、これらの問題が属する現実を生きる人びとの声を聞かねばならない」と口に出しています。ある意味で、こうした反応は、あまりに遅すぎるわけであり、滑稽で「見当違いの優柔不断」であると言えます。人びとは左を向いてこう言います。「心配するな、これは憲法ではない。条約だ。私たちがすでに締結してきた他の条約と同様なんだ」。その同じ人びとが、次に右へ向いてこう言います。「決定的な歴史的瞬間だ。史上初めて、私たちはヨーロッパに憲法をさし出しているのだ」と。

ボヤジエフ　政治的プロジェクトとしてのヨーロッパについて論じるときには、いずれにせよいつも、私たちはある危険を犯してはいないでしょうか？　それはひとつの「ヨーロッパ・アイデンティティ」を構築、定義しようと競いあう危険です。私たちはこれを「より優れた」プロジェクトとして設定することで、何よりも左翼に広がりをみせている反米主義を育む結果となってはいないでしょうか？

メッザードラ　ヨーロッパについての私たちの議論を、グローバルな文脈に位置づける必要があると思います。世界的スケールで展開されるまったくもって悲劇的な舞台において、私たちはヨーロッパについて論じています。つまり、九・一一、アフガニスタンでの戦争、そして、こんにちではアメリカ占領軍からしても手に負えない状況にあるイラクでの戦争です。この悲劇的状況に対して、ヨーロッパはどのような応答ができるのでしょうか？

この問いについて考えるひとつの方法があります。それはこう言うわけです。「私たちは解決策をもっている。それは統合過程を深化させることである。これこそが、ヨーロッパ憲法の目的だ。私たちは解決策をもっている。なぜなら、ヨーロッパ政治空間の構築における統合過程は、重要なことに、アメリカのそれとは異なったモデルを基盤にしているからだ」。これは数多くの新聞紙上に見出される立場です。『ラ・レプッブリカ』紙、『ディー・ツァイト（Die Zeit）』紙、『エル・パイス』紙、ときに『ガーディアン（Guardian）』紙。これは、ヨーロッパ統合を、グローバル化の挑戦への応答、アメリカの政策への応答としてみなす一種のヨーロッパ主義的ドクサにほかなりません。

オランダの出来事についての議論を皮切りに、ここまで私たちが語ってきたことのいっさいを真剣に考慮するなら、この立場が私たちにとっての解答となりうることはありません。現実を構成する過程なしでは、また、論争中の様々な社会問題に敢然と立ち向かい、このヨーロッパ空間に、コンフリクトを生み出すことのできるシティズンシップの実践の深化なしでは、解決などありえないでしょう。とはいえ、私はエティエンヌに同意します。問題の核心は、法定国家と実在国家の区別へと逃げ込めるものではありませんし、社会的ヨーロッパと制度的ヨーロッパとのあいだの対立のなかで定式化できるものでもないのです。

ヨーロッパの構成［＝立憲］過程をより注意深く観察してみると、あなたが先ほど述べたばかりの事柄の重要性を否定せずとも、それについて異なった読解を行うことも可能だと思います。実のところ、私はEUの独特な特徴についてなされている法的・政治的分析に非常に関心があります。これらの分析は、EUの制度的アーキテクチャそれ自体の柔軟性と「開放性」を強調しています。たとえば、ウルリッヒ・ベックとエドガー・グランデの近著『コスモポリタン・ヨーロッパ』（Beck, Grande 2004）を思い出しますが、いわゆる多層的立憲主義[16]学派も同様です。インゴフ・ペルニースとフランツ・マイヤーのような法学者たちは、一方では、ヨーロッパの構成［＝政体構成］がすでに存在することを明らかにしてきたのだと言えます。けれども、他方においては、ヨーロッパの構成［＝政体構成］空間を具体的に形づくっているもの、すなわち、様々な価値からなる立憲上の範囲と水準の重なり合いについてのかれらの分析は、さらに深められなければならないと思います。つまりはこういうことです。構造的に開かれた過程であるヨーロッパの構成［＝立憲］過程は、ヨーロッパの近代立憲主義の基本的な概念と制度のいくつかの激しい変容によって特徴づけられているとする見解があります。私たちは、この見解について真剣に考えねばならないのです。これは要するに、近年の数多の理論的論争のテーマであった国民国家の危機というものが、ヨーロッパの構成［＝立憲］過程の内部では、非常に具体的な形態を帯びているということにほかなりません。

しかしこの形態は、「ポストナショナルな」未来について熱狂する一連の理論家たちによってイメージされてきたものとは、かなり異なったものです。この点については、私は先ほど引用した研究者たちからも距離をとっています。一方において、国民国家自体が、ヨーロッパの構成［＝立憲］過程の内部において、直線的なやり方で克服される定めにあるとは思えないということです。それはむしろ、形成途中の新しい政治空間の構造的成分として、異なった形態をとることになると言えます。国民国家の機能には弱められるものもあれば、強化さえされるものもあるのです。他方、この過程そのものが、必ずしも「肯定的な」過程ではないということがあります。たとえば、構成する権力と構成された権力のあいだの関係という古典的な問題について考えてみましょう。これは先ほどあなたが言及したものですね。ヨーロッパの近代法思想のなかでは、この関係は常々、時間的な関係として展開されてきました。最初に、構成する権力が表現されます。次に、構成する権力は、その行為を通じて確立された構成的枠組みの内部の沈黙へと還元されるわけです。ヨーロッパの構成［＝立憲］過程の場合、このモデルは、もはや機能しているとは思えません。むしろそこにおいては、構成する権力の概念に含意された革新の権力は、構成された諸権力の秩序との永続的な緊張のなかで、細分化され、複数の水準に「散らばっている」ように思われるのです。

これは一方では、ヨーロッパ憲法の構成［＝立憲］が、実際に絶え間のない変容に開かれており、社会運動と制度とのあいだの関係自体を新たなやり方で想像することを、潜在的には可能とするということです。それは「社会的」ヨーロッパと「制度的」ヨーロッパのあいだの対立に還元できるものではありません。しかしその一方で、この構成［＝立憲］過程の「開かれた」特徴によって、以下のような状況が引き起こされることにもなります。それは、諸権力の働きに、自由と独断性のための新たな余白が与えられる状況です。これは、政府のパラダイムからガバナンスのパラダイムへと移行することで、統治性の新しい形態、新しい技術のための空間が開かれるという状況です。これらの形態、技術は、「政府」のパラダイムの内側でこれまで私たちが理解してきたものよりも、必ずしも「柔らかい」ものではないでしょう。先ほど私が述べたことを、たぶん部分的に修正、少なくとも補足しなければなりませんが、こうしたやり方でヨーロッパの「構成［＝政体構成］」を考察してみるなら、それは決して「空っぽ」ではないように思えるのです。むしろ、数々の好機と「危険」で充満しているのではないでしょうか。しかし、当然ながら、ヨーロッパの構成［＝政体構成］には、いくつかの独特で基本的な盲点もまた存在しています。思うに、先ほど言及したグローバルな文脈とは、これらの盲点を十分な光のもとで考察するさいの助けとなってくれるものでしょう。それは特段「まばゆい」光ではありませんが。グローバル戦争の時代においては、暴力が、シティズンシップという社会的結合コードそのものの内側へと入り込んでくるのです。この暴力と、ヨーロッパはいかなる関係を築けるのでしょうか？

バリバール　九・一一が多くの事柄を変化させたことに同意します。九・一一はそれ自体で、数々の問題をグローバルなものとし、すべての文化に対してただひとつの強力な説明モデルを提出しました。このモデルは、恐ろしいほどに還元的で抑圧的なものです。したがって、それは単に諸々の状況を悪化させるのみならず、それらを衝突という一般図式のなかへとさし込む傾向を有しているのです。ただし、そうは言っても、私はイラクなどで生じている事柄に、私たちの関心を集中させようという誘惑には抵抗したいと思っています。最近のオランダで明らかとなった諸々の問題を、たとえ少しのあいだ孤立させてみたところで、それらは長年、私たちがヨーロッパで経験してきた問題、東ドイツでのポグロム、イギリスやフランスのゲットー地区での暴動と質的に異なるわけではいっさいないのです。これらの問題と関わることに、私たちは慣れてしまっているわけですが、当然、それは好ましいことではありません。

これらの問題に対抗するための、ヨーロッパによる実のある戦略については、手がかりさえも存在していません。これについては、もちろん私はあなたに同意しています。それは、これらの問題を統轄、制御、抑制、隠蔽、中和するべくヨーロッパでこんにち採用されている政策のどこにも存在しないのです。また、もしヨーロッパが数々の「グローバルな」前線で、中東で何らかの役割を果たしたいのなら、そしてこんにち世界に存在する重大な社会的‐経済的諸問題に対して何らかの役割を果たしたいとすれば、同様の戦略が緊急に必要となるでしょう。私たちは好機を逸しているだけではありません。罠にはまっているのです。たぶん事態は、あなたが物語っているように、確かに終末論的な状態にあるのかもしれません。

メッザードラ　ヨーロッパ、そして世界の状況について思考するさいに、自分が終末論的であるかどうかわかりませんが、実際にこうは思うわけです。ヨーロッパのパブリックな言説には、私たちが生きる現在を形づくる数々の挑戦、そのいくつかが有するまさしく決定的な次元に対する意識がないと。政治理論の観点からみた場合でも、これらの挑戦のひとつに戦争の遍在性というものがあります。

バリバール　戦争の遍在性ですか？　つまり、それは政治と社会の軍事化ということでしょうか？　いわば、その両方のことでしょうか。

メッザードラ　そうです、両方ですね。境界の変容について私たちが展開してきた議論は、境界によってどうにか戦争から保護されていた政治空間の内部に、戦争の論理が浸透してきたことに関係します。近代史において、境界とは戦争を中和する一装置でした。これが、境界の第一義的な機能だったわけです。たぶんさらにうまく言うなら、それはカール・シュミット（Schmitt 1950［一九七六＝一九八四＝二〇〇七］）の提起した意味で、国家の政治空間から戦争を追放すると同時に、国家間の戦争の「統制」（当然ヨーロッパのなかですが）を可能にしてきた装置だということです。二〇世紀の初頭に、カーゾン卿[17]は以下のように主張していました。境界とは「カミソリのナイフである。戦争と平和をめぐる近代の問題が、そこにおいては中断される」（Curzon 1908, p.7）。これは、シュミットにしたがって、私が述べたことの適切な説明であると思います。私たちは境界の変容に関して議論しているわけですね。だからそれは、戦争（哲学的な意味においても）と政治のあいだの関係が、これまでとは異なっている現況について考えるよう仕向けるに違いありません。もう一度、簡潔に言いましょう。戦争は、統合された政治空間の内側の社会的諸関係に具体的な形を与える上で、ますます大きな役割を果たしています。それと同時に、「伝統的な」戦争は、近代の国際法によって、交戦法規（jus in bello）によって確立された統制とは無関係に、自ずと展開していく趨勢にあります。

バリバール　ここ数年のあなたの仕事によって、経済でも政治でも、支配的位置を占めるエリートたちが、統治性についての深刻な危機のただなかに身を置いていることが示されています。かれらは政治的協議事項を有してはいません。おそらく、超リベラリストたちは有しているでしょうが、かれらはそれを実行に移せる境遇にはいません。戦争が、徐々により大きな空間を占めるようになっています。それは、暴力と戦争のグローバル経済が、ますます数々の緊張の帰結、あるいは直接の表現となっているグローバルな状況のためでもあり、ヘゲモニックなビジョンが欠如しているためでもあります。しかし、それはオルタナティブが欠けているためでもあるでしょう。「オルターグローバリゼーション」運動については、ポジティブなことを数多く述べることができます。それは重要なことです。優位を占める諸政策に、反対がないというわけではまったくないのです。しかしながら、たとえ私には、グローバルなシステムに対するグローバルなオルタナティブというアイディアには、それ自体ではそれほど意味があるとは思えないとしても、この社会に表出している数々の批判精神にあふれた運動、非常に異質でもあるこれらの運動を節合する何らかの一貫性、何らかの体系性が必要なのではないでしょうか。私は、それをまだ目にしてはいません。

あなたが提示した問題のもうひとつの側面は、戦争という用語そのものに関わるものです。私たちが戦争によって包囲されているという見解は妥当ですし、戦争の近接性に由来する一種の永続的圧力のもとで、私たちはいっそう生き、思考し、行動することになるというのも同様です。しかしこんにち、戦争とは何でしょうか？　戦争とは「可塑的な」用語です。アラン・ジョクス[18]（Joxe 2002［二〇〇三］）のみならず、私たちの多くは、戦争とはカオスであると述べることでしょう。目下のところ、私は三つ、四つの論考に取り組んでいます。これらを集めてひとつにしたいと思っていますが。これらの論考は、一方では当然ながら、戦争とは何かということに関するものです。他方は、コンフリクトの質に関するものです。戦争の他者とは何でしょうか？　それは平和でしょうか、それとも他の何かでしょうか？　ローマのヤヌス信仰から、アウグスティヌス、カント、クラウゼヴィッツに至るまで、「戦争」の観念、戦争と政治のあいだの関係は、この形而上学的な二項対立によって統治されてきました。

なぜ私たちは戦争状態に生きていると言えるのでしょうか？　この概念の中身が変わってきたのです。イラクでの戦争は、戦争の一タイプなのです。あなたの論考に書かれているグローカル戦争、つまりヨーロッパの境界で、移民フローを統制するために活用される警察の軍事部隊の作戦行動は、また別のタイプの戦争なのです。たとえばチェチェンのように、テロリズムと反テロリズムのあいだの衝突が発展していく可能性もあります。これらも戦争であるわけです。私たちは、非常に複雑で混乱した数々のタイプ、少なくとも、言葉の古い意味における軍隊が存在しない数々の戦争に対峙しているのです。私たちは、イラクでは外国人傭兵のいるアメリカ軍を目撃しています。数々の民間の主体が作戦を実行しています。これは戦争の民営化です。それは、いくつかの新たな側面が加わってはいますが、二〇年前に戦争学者たちによって考えられた意味での、低強度戦争なのです。

ボヤジエフ　伝統的な考え方では、戦争とは境界を定め、地域の政治地理をその土台から再構築するものです。人口の生は、新たな形態の管理、新たなヒエラルキーをもたらす管理――移動性、そして資源に対する管理――の内部に再びさし込まれることになります。

メッザードラ　私たちの置かれた状況が、戦争の遍在性によって特徴づけられていると主張するさい、戦争の非常に伝統的な観念が、私によって用いられているのではないか、という印象を与えうることを自覚してはいます。しかし論点は、もっとも重要な近代の政治的概念のいくつかがよって立つ基本的区別のひとつ、つまり戦争と平和のあいだの境界それ自体がぼやける方向へと向かっているということです。これは真に根源的な挑戦です。それは、境界という制度そのものを再定義している数々の変化にかんする議論のなかで深められなければならない点だと思います。この対話の最初に、あなたはヨーロッパを「境界地帯」として論じていましたね。あなたが言ったことは、先ほど引用した本のなかで、ウルリッヒ・ベックとエドガー・グランデによって提示されているテーゼと関係づけてみる価値があるように思えます。ベックとグランデは、ヨーロッパの諸々の境界の柔軟性と移動性のなかに、EUの制度的アーキテクチャそのものの鍵となる特徴を見出しています。戦争と平和の境界がぼんやりしていくと言うとき、私は、「内部」と「外部」のあいだの境界がぼんやりとしていく状況に言及しているつもりです。もう一度、言いましょう。境界はもはや存在しないなどと主張しているわけではありません。それとは逆に、境界がたびたび悲劇的なやり方で作動していることを了解するには、移民たちの日常経験について思い起こしてみれば十分でしょう。しかし、この境界はもはやひとつの絶対的な境界ではないのです。それは地政的にもそうですし、概念においてもそうです。戦争の遍在性について論じることは、境界の遍在性について論じるためのまた別の方法なのです。境界の遍在性というのは、境界地帯としてのヨーロッパというあなたの講演の論理的前提であるように思えます。あなたによって述べられた状況は、非常に両義的なものです。できるだけ簡潔に言ってみましょう。メキシコとアメリカのあいだの境界についての仕事のなかで、人類学者のパブロ・ヴィラ[19]によって提出された用語を用いるなら、それは境界が横断される可能性と境界が強化される可能性の両方を開くものなのです。私自身の仕事にとって基本的なものであり続けてきた論考のなかで、あなたはこう示していました。境界とは、民主主義の「非民主的」要素であると。境界の遍在性とは、この「非民主的」要素の遍在性なのです。それによって、ヨーロッパのなかで戦争に近似する統治技術の形式が採用されることになりうるわけです。

バリバール　私は、哲学者たちが時間・空間とは無関係に、異なった現実を関係づけ、歴史哲学をつくり出す性向を有していることを心得ているつもりです。ピエール・クラストル（Clastres 1974［一九八九］）は、国家と戦争のあいだの矛盾した関係についての新たな言説に着手しはじめました。彼は「領土化」と「脱領土化」という概念を中心に据えていましたが、これは後にドゥルーズとガタリ（Deleuze, Guattari 1980［一九九四＝二〇一〇］）によって展開されていくものです。西洋に限らず、人類史のなかには、戦争が常時存在していたいくつもの時代がありました。それは自然状態としてではなく、非常に制度化された、成文化されたものとして存在していたのです。永遠平和の観念は、アウグスティヌス、実際には彼の主要なイデオローグであったウェルギリウスによってつくり出されたものです。彼は真の天才です。戦争の扉は閉じられるというすばらしい象徴的イメージを用いて、パクス・アウグスタ（pax augusta）という帝国のドクトリンに正当性を与えました。何世紀にもわたって、毎年のように、戦争がその扉を開いたり閉じたりしていた時代にです。明らかですが、ローマ人たちは帝国の周辺ではどこにおいても、戦争をやめることはありませんでした。しかし、それはもはや戦争とは呼ばれなかったのです。ローマは、パクス・ロマーナだったのです。それは普遍的平和を予期するものだったでしょう。次にキリスト教徒たちが現れ、それからカントが登場しました。カントは、永遠平和は帝国の成果ではありえず、ただ人類の贖罪によって生じる精神の回心の結果でなければならないと主張しました。しかし、永遠平和という観念は、確かに存在していました。都市もしくは国家と呼ばれる集団的主体も存在していましたし、人びとは戦争をしていましたが、それは安全のない状態や暴力とは異なったもの、もっと成文化されたものだったのです。

いまや私たちは、これとは完全に異なった図式を想像できるかもしれません。その考えはこうです。戦争は続いていくだろう。だから問題は、それをいかに中断するか、そしていかにはじめるか、ということです。第二次大戦、国連の創設、脱植民地化といった大きな出来事があったときにはいつも、暴力を生む様々な原因から部分的に開放され、永遠平和を築くことができると私たちは考えてきました。しかし、それとはまさに真逆の印象をもっていた同時代の人びとも一定数いたのです。つまり、平和への障害物が取り除かれる瞬間に接近などしていないのみならず、コンフリクトの原因はいたるところへ拡散し、増加しているというわけです。さらに、人びとを組織すること、愛国心や犠牲の精神などを育むことの周辺に、過去のようにはっきりと定義された集団的主体は存在していないのです。

ここにおいては、アメリカの人たちは、テロリズムとの戦争で正気を失っているわけではないと言えるでしょう。かれらはアラン・ジョクスの議論をひっくり返すことができるのかもしれません。つまり、こういうことです。長きにわたって、たぶん極めて長きにわたって、カオスが存在するだろう。国民国家はこの現象を統制することはできない。なぜなら、暴力は宗教上の動機づけから生まれているからである（つまり、アメリカの神秘主義のなかでは、敵はイスラームなのです）。この状況を征服できるのは、ただ支配的権力の背後に結集することによってのみだ。おそらく、この権力は不正なものである。しかし、とにもかくにも、主導権を体現し、世界のなかで仲裁役を果たすことのできる唯一の権力なのだ、というわけです。当然、いつも戦闘宣言するべき何がしかを育てている、敵を必要としていることを考えると、これは自己充足的な預言でしかありません。

メッザードラ　アメリカ人たちは、反キリストを必要としています。ヘアフリート・ミュンクラー[20]（Münkler 2002）は、その著書『新しい戦争』のなかで、私たちは、近代国家が誕生する以前のヨーロッパの状況を特徴づけていた戦争の様式が帰還している状況を生きていると主張しています。彼は三〇年戦争に関するいくつかの章のなかで、アジアやアフリカの国々で起こってきたことは、この経験様式の反復以外の何ものでもないと述べています。ミュンクラーの仕事のなかで私に衝撃を与えるのは、彼がヨーロッパ、西洋世界というひとつの空間が存在し、それがこのような趨勢からは全面的に免れていると当然視していることです。つまり、この空間は平和の空間であるわけです。なぜ彼はこれほど確信を持てるのでしょうか？　アメリカは、まさに自らの領土において戦争と平和の境界があいまいになっていることを、すでにある程度は受け入れてきたというのに。

バリバール　さらに別の現象があります。アメリカとヨーロッパの内側に数々の巨大な貧困地区を有する富裕世界は、自らを取り囲んでいる世界に安全がないことについて非常に正確な認識をもっています。障壁、予防措置、壁、その地方特有の暴力と戦争が浸透するのを防いでくれるあらゆるものの建設を約束してくれるいかなる政府に対しても、かれらは必死になって信任を与えているのです。だからこそ、活動する政治的イスラーム主義、こちらでの政治的暗殺、あちらでの暴動を目撃するとき、かれらはこれほどまでにショックを受けるのです。つまり、それらの障壁が多孔的であることに突然気づくわけです。当然、これは悪循環です。なぜならこのパニックは、その原因のみならず、私たちの国々で起こりうる緊張の背後にある様々な事情を考えることを妨げ、その結果、それ自体が極めて暴力的な「法と秩序」政策を受容するよう人びとをせき立ててしまうからです。

あなたが、境界があいまいになる趨勢にあると論じるとき、私は同意します。しかし、すべての人びとが、この現実を受け入れる準備をしているわけではありません。多くの人びと、特に貧困状態にいる多くの人びとは、私たちの境界を守るときだという考えに取りつかれています。私たちの多くは、セキュリティとインセキュリティというのが、複雑な概念であることをいつも強調してきました。それらは、暗殺や略奪に限られるわけではなく、社会的安全、失業などをも含んだ概念なのです。実際にもっとも安全のない生活を送る人びとを、インセキュリティが増す状況のもっとも重大な責任者として提示することは、矛盾をはらんだ事態であると、私たちは強く主張します。しかし、多くの人びとは、自身の生がいっそう安全ではなくなる経験をしています。それゆえに、「私たちがあなたたちの安全を守りましょう」と言う人びとに信任を与えてしまう状況にあるわけです。

メッザードラ　これこそが、私が先ほど論じた両義性というものにほかなりません。境界があいまいになっていくということは、それが消え去ってしまうという意味ではありません。むしろ私たちは、境界が遍在していく状況に直面しています。境界を引くという行為が、シティズンシップ、そして政治の創設と関係し、とりわけ民主主義自体の「非民主的」要素を暴露するものであることに同意するなら、こんにちのヨーロッパにおいて、まさに日常生活のレヴェルで私たちが考察するよう強いられるのは、この問題にほかなりません。

ボヤジエフ　こうした内容のすべてが、私にあることを思い出させます。たぶん少し単純化しますが、ここまで話してきたことのいくつか、なかでも戦争の他者とは何かという、エティエンヌによって提出された問いを再びとりあげてみたいと思います。フーコーの『社会は防衛しなければならない』という講義のなかに、戦争は二つの主要な領域においていわば抑制されてきたという見解があります。それは人種間闘争と階級闘争です。フーコーによって提起された問いのひとつに、次のようなものがあります。まず、いまいちど単純化して言うなら、階級闘争も人種間闘争も、「下から」生じるものです。このように歴史を理解するなら、私たちは、どのように「下からの歴史」を記述しなければならないのでしょうか？　私たちは、大なり小なり階級闘争という古典的概念の末路を生き、人種間闘争の異なった概念に対峙しています。そして非常に図式的ですが、この二つの概念がテロリズムに対する戦争のなかで収束していることを考えるなら、現代のコンフリクトをいかに理解すべきなのでしょうか？　この新しい文脈においては、階級闘争の未来とはいかなるものでしょうか？　移民の自律性という概念、シティズンシップと境界という観念への異議申し立てを含んだこの概念は、考察の方向性を少なくとも指し示しうるものなのでしょうか？

バリバール　『社会は防衛しなければならない』は魅力的な本ですね。それは数々の重要な問いを提示しています。ただし、それほど「制御された」本というわけでもありません……。フーコーは、クラウゼヴィッツの定式を反転させる必要があると述べています。つまり、戦争は政治の延長ではなく、政治が戦争の延長であると。簡潔に言えば、ここには、純粋政治という理想型が前提とされています。それは、イデオロギーにも経済にも還元不可能なものです。これはフーコーのユートピアです。彼は明らかに古典時代、もしくはたぶんその限界のなかにそれを位置づけています。確かに、フーコーはこの理想への回帰を唱えているわけではありません。むしろ、私たちがそこから遠のいてきた理由を理解する必要性を主張しています。

これは、権力と抵抗を概念化しようとするフーコーの試み、つまりフーコーが闘争ではなく、闘技(agon)、コンフリクトと呼ぶ事柄をめぐるいっさいの問題系と何らかの関係を有しています。私は自分の仕事も、これと同様の思考方向へと向かっていることをすすんで認めています。これは他の多くの人たち、たとえばおそらくはジャック・ランシエールのような人たちと同様ですね。私たちは、もろい、偶発性に満ちた政治的生の形式を想像しようとしています。そこにおいては、抑圧と支配の反対物は、コンセンサスではなく、敵対性、政治的コンフリクトの連続性、ないしはその周期的な再駆動にほかなりません。目下のところ、双方の前線において、私たちは敵を有しています。一方では、サンドロが語った意味での戦争、純粋で単純でもある過激な暴力です。他方では、コンセンサスの政策とイデオロギーです。これらの双方によって、私たちは、政治が破壊される可能性を目撃しているのです。ちょうどロマン主義の哲学者たちが、ギリシャのポリスを芸術作品とみなしたように、私たちは、フーコーによって論じられた戦争としての政治、あるいはコンフリクトとしての政治を、敵から、どんな場所からでも生起する危険から守られるべき一種の芸術作品とみなしています。

サン＝サーンス　およそ一五年前ですが、『不和あるいは了解なき了解——政治の哲学は可能か』(Rancière 1995［二〇〇五］)、また一九九二年の移民についてのパスクワ法に関する発言において[21]、ジャック・ランシエールによって展開されたコンセンサスをめぐる分析について、あなたたちは同意見でしたね。コンフリクトに基づいた社会のもつ他性を受け入れる力量が破壊されてしまい、いまでは「他者」を構築し、他者に敵対する方策を採用することが問題となっていますが、これこそが、コンセンサスによって表現されるものだということです。「あいだ」ではなく、「反して」ということですね。(「コンセンサスを得ること、それは何よりもこれには我慢ならないという感覚を共有することだ[22]」)。

メッザードラ　この意味では、私は実際のところ、少しばかり終末論的な方向にすすんでいるのかもしれませんね。問題が、一方では過激な暴力という敵、他方ではコンセンサスという敵から、政治を救済することだと口に出されるとき、私には守られるべき政治というものがなおも存在していることが当然視されているように思われます。政治のこのような様式はもはや存在しないという現実から出発すること、それこそが生産的なのではないでしょうか？　もちろん、これはマヌエラによって提示された重要な問いに、階級闘争に関係しています。私は「客観的な」意味、マルクス主義や社会学的な意味で、階級闘争を語っているわけではありません。私は、マルクス自身の発想に非常に近いと思える意味、階級と階級闘争の概念によって示される政治問題という意味で語っています。つまるところ、数々の分割の線、コンフリクトの線によって横断された現実のなかでこそ、政治は確立されるのです。またそれゆえに、こうした条件のなかでこそ、政治的主体は構成されるのです。私たちはおそらく、数々の分割線によって筋を引かれた社会的次元のなかに政治を確立するというこの問題を、理論と政治哲学の中心に再び位置づける必要があるでしょう。

さらに言葉を換えてみるなら、社会の概念と、社会的なものの概念と呼びうるものとのあいだの差異という見地から、この問題を提出できるのではないでしょうか。社会の概念は、政治また政治の社会的次元を考察するある種の方法の基盤に位置してきた概念とみなせると思います。社会とは当然ながら、数々の分割線、関係の線、数々の協働のあり方によってしるしづけられた社会空間なのですが、それは最終的には、諸々の役割からなる固定されたシステムとして理解されることになります。しかし、社会的なものはそれとは異なっています。それは諸々の空間的カテゴリー、社会の地図作成によっては分析することのできない次元なのです。この観点に立つなら、階級という政治的概念、たとえばこのテーマに関する近著のなかでスタンリー・アロノヴィッツ[23]（Aronowitz 2003）が思い出していたように、いつも闘争の概念たる階級という政治的概念は、政治・社会理論のなかに時間という次元を再び導入するために活用できるものです。政治のある種の観念を支えていた社会・政治システムは、もはや存在していないという現実から出発するなら、この理論モデルは、私たちが置かれた状況のなかで再駆動させることができるのかもしれません。私には、これは国民社会国家というカテゴリーで、エティエンヌによって提出されている問題であるように思えます。国民社会国家は、ある一定の関係、いわば国家と社会、資本と労働のあいだの「弁証法」に基づいていました。これらの用語のいずれもが、明確な「国」境によって定義されていたのです。

したがって、私の問いはこのようになるでしょう。敵から守らなければならないという観点に立脚して、政治を思考することに意味はあるのでしょうか、それとも、根源的に新しい諸条件においてつくり出されなければならない新しい政治について考えるべきなのでしょうか？

バリバール　おそらく、あなたは私が新古典主義者、アーレント主義者になったとでも思っていますね（笑）……。政治の可能性そのものを脅威にさらす危険について話すとき、私が思い浮かべていることは、政治的行為の可能性にほかなりません。あなたもそうですが、多くの人びとが、フーコー流の用語を用いる傾向にあります。つまり、主体形成、主体形成過程という用語で論じるということですね。私は、主体形成が非政治的なものではないこと、また、服従と主体形成のあいだには差異、ないしは永続的な緊張があることも理解しています。これは、フーコーによって記述されたことの中心に位置するものでしょう。おそらく、この布置――ポストモダンもしくはポスト構造主義と呼ばれる――の内部に位置する理論家たちが考えようとしているのは、権力と抵抗、服従と主体形成の不安定ですが決定的に重要でもあるこの差異なのでしょう。これが、かれらの政治的なものの概念の中核です。それはおそらく、何かしら戦争と政治のあいだの関係などをめぐる問いでもあるでしょうか。実際にはフーコーよりもアーレント流のテーマですが、主体形成から行為、行為主体性(agency)へと歩をすすめるとするなら、その差異というのは、制度をめぐる側面にこそあります。私はまったく相容れない立場のあいだのオルタナティブを考案しているわけではありません。この場は、自己分析、自伝を告白する機会ではないですが、私は自発行動主義者であったことは一度たりともありません。多くの友人はここに、スターリン主義ではないとしても、政治のレーニン主義的理解が、私の思考様式に長きにわたって影響を及ぼし続けている結果を見出すのです。かれらは、おそらく正しいのかもしれませんが。この理解においては、政党なしで政治を行うことはできませんし、政党という装置なしでは政党も存在しないわけです。もちろん、このモデルをそのまま擁護はできないことを、あなたは理解していることでしょう。だから、あなたは様々な批判的要素を導入して、組織などを民主化する必要性を主張し、そうすることで、内側から批判に着手しはじめているわけですね。それゆえに、あなたが最終的に到達するところは、ヨーロッパにおけるラディカル・デモクラシーというアイディアでしょうか。それは、コンフリクトと制度のあいだの関係の「不安定」で「もろい」ゲーム(均衡ではありません)を、それ自身の内部に含み込んだ問題として理解することができるものです。これはつまり、近著(Balibar 2003〔二〇〇六〕)において、私が「マキァヴェッリの定理」と定義した問題、ラクラウとムフ(Laclau, Mouffe 1985〔一九九二=二〇〇〇＝二〇一二〕が、かれらなりのやり方で取り組んできた（実際には私よりもずいぶん以前に）問題ではないでしょうか。

この問いは、一種の「ダブルバインド」のまわりで展開されています。つまり、解放を求める闘争や運動が、自らが必要とする制度的ツールそれ自体に由来する条件設定からいかにして自己を解放できるのか、ということです。過激な暴力とコンセンサスという対をなす敵から政治を守ることは、民主的な政治の要求、すなわち、制度の枠組みの内部に能動的シティズンシップを再創出することとそれほど異なるわけではないのです。

メッザードラ　私の論点は、まさしく制度という概念そのもの、そしてここ数十年のあいだに制度を襲ってきた数々の変化に関係しています。最初にヨーロッパの構成［＝立憲］過程について話をしました。思うに、私たちが取り組まねばならない問題は、いま一度、境界が不確定になる過程という見地から定式化できるように思われます。この場合、あいまいになっていく境界というのは、「社会的なもの」と「制度的なもの」のあいだの境界です。ガバナンスの問いをめぐって近年展開されてきた論争を考察してみると、まさしくこの過程に焦点が当てられてきたように思えます。私たちはしかし、この問いを急進化させることができます。また、そうしなければならないのだと思います。もし内部と外部のあいだの境界があいまいになる趨勢であるなら、それは以下の事柄を意味することでしょう。それは、概念上、「統合」というカテゴリーによって提出された用語に基づいて、政治と民主主義を考える意味はもはやほとんどないということです。この観点からすれば、ヨーロッパにいる移民たちの置かれている条件は、とりわけ重要であると思います。ポストコロニアル・フェミニズムの理論家ニーマル・ピュワー〔24〕（Puwar 2004）によって用いられた概念を借りれば、移民たちは、部内者であると同時に部外者なのです。しかし、これはもっと全般へと普及していきつつある条件ではないでしょうか。つまり、状況にいかなる差異があるとしても、それは「土着の」ヨーロッパ市民のかなりの構成員によって徐々に共有されつつある条件なのです。たとえば、労働の「プレカリ化」のテーマに関するいっさいの議論は、こうした観点で解釈できるものだと思います。もう一度言っておけば、移民たちの条件の場合でも、「プレカリ」労働の場合でも（二つの条件は非常に異なってはいますが、それにもかかわらず共通の要素を有しています）、私たちは深く両義的な状況に直面しているということです。私たちは、部外者であると同時に部内者でもある位置として記述可能な「主体位置」について語っているわけです。このような主体位置が引き起こされているのは、一方においては、数々の権利そのものを不安定化させている諸政策のためでしょう。しかし他方では、あなたが「国民社会国家」と呼ぶものの諸前提のなかにあった「所属」の一定の様式が、「ネオリベラルな」諸政策が開始されるよりもかなり以前に、国家を危機へと陥れていた社会運動の総体によって批判され、脱構築されてきた——今もそうされ続けています——ことが原因です。これらの運動は、振る舞い、イマジナリー、欲望のレヴェルで、現代の「生きた労働」を形づくるものです。まさにこうした理由のために、以下のような観点から、「ネオリベラリズム」批判を展開する理論的・政治的な姿勢に対して、私は批判的になるわけです。それは、「オルタナティブ」となりうる唯一の解決策として、伝統的な「フォード主義型」福祉国家への帰還を提唱していると思われる観点です。

バリバール　私は、『自由の境界』（Mezzadra, a cura di, 2004）という論集形式の本の序文で、あなたが書いていたことを思い出しています。特に、移民たちの社会運動の構成についてです。移民たちは、「第三世界」の伝統的な住民ではないですし、明らかに型通りの安定した労働者階級でもないということとでした。かれらは新しいタイプであり、新しい社会的場を占めているということです。もしこの移民たちが、そこにおいて私たちが生きている政治空間の様式に何らかの影響を及ぼす必要があるというのなら、強調しますが、やはりかれらは意識、組織、諸制度を必要とするのではないでしょうか——当然、それは第一インター、第二インター、第三インターを単純に模倣したものではありません。

あなたが示そうとしていることは、移民たちを制御する目的で、世界の支配的諸階級がすでに実践的な政治的議題としていることですし、移民フローが恒久的なものであるという見解は、今ではかれらによって受け入れられたものです。境界、境界のある種の利用は、制御という目的のために役立ちうるツールのひとつなのです。制御することは、制度化することを意味するわけではありません。そこで、問うべきはこうです。オルタナティブな提案とはいかなるものなのか？　私はこの問いに単純な解答があるとは思えません。それは諸々の権利、代表の様々な形態、交渉の様々な枠組みの組み合わせのことでしょう。そこにおいては、当然ながら、NGOや国家機関などの手中に単純には収められないほど、力強くまた効果的なかたちで、主体性の音を耳にすることができるでしょう。ともかく、シティズンシップのこれら新たな諸形態をめぐる問いには、制度をめぐる側面が存在しているわけです。

また別のことを付け加えましょう。これはおそらく少し保守的な響きがするかもしれません。しかしそれとは逆に、大いなる未来へとさし向けられるものだと思います。一九四八年の世界人権宣言にはこう書かれています。「すべての人は、国籍をもつ権利を有する」、同様に「国籍を変更する権利」も保証されねばならないと。同様のことを言ってみましょう。自由な移動の権利は、保護されなければならないし、促進されなければならないと。特に、それがあらゆる手段を尽くして危険にさらされているときにはそうです。居住の権利は、北においても南においても、保証され、守られなければなりません。この双方の権利を実効的なものとするために、私たちは制度、規則、規準、トランスナショナルな制度と手順を必要としているのです。

メッザードラ　制度についての問いは、私にとっていつも重要なものでした。二〇年前、私はトマス・ホッブズに関する卒論を作成しましたが、この「古典的な」タイプの政治思想（強調しておきたいのですが、レーニンはこの伝統の肝心要の部分です）に深い影響を受けてきました。制度は、いつも安全をめぐる問題と結びつけられてきました。近年、私は安全のレトリックに反対する「左翼」のある種の言説の限界を感じるようになりました。ネオリベラリズムとポピュリスト右翼によって擁護される政治言語、「セキュリタイゼーション」を脱構築し、批判する必要があるのは明白です。しかし、ときに私たちは、本気で取り組まれ、政治的に展開、表明されなければならない安全の諸問題に直面するのです。ここ数年、私はアルゼンチンで多くの時間を過ごしていますが、たとえばブエノスアイレスの広大な周辺地域に位置する近隣地区（barrios）には、ピケテロという運動があります。少なくともいくつかの近隣地区では、ピケテロ運動は、たとえばインセキュリティで真に荒廃した社会的地域のただなかで、この問題を考察してきました。一例をあげるなら、不良連中（pibes chorros）と呼ばれた人たちを巻き込むことで、かれらが得た経験は非常に興味深いものです。それは、伝統的な制度、「国家」の制度によっては見捨てられてきた、そうした制度がまったく存在していない現実によって深く条件づけられた地域において、独自の社会的制度を発展させようとしたからにほかなりません。これらの経験から、少なくとも示唆されてはいるように、社会的諸制度と政治的諸制度のあいだを新たに節合できる可能性が出現しているように思われます。このような社会的諸制度のタイプは、実際、政治的諸制度を再構築する上での基盤となりうるものでしょう。しかし、それらは当の運動によって構築された社会的諸制度の規範や制御のもとに置かれうるものでもあるのです。

理論的な観点からすると、制度についての理解を深めることは、いずれにしても重要ですし、絶対に必要なことです。私は、たとえば人類学的な観点から、それに取り組もうとしてきました。例をあげれば、先ほどあなたが引用した仕事、クラストルの仕事から出発するだけではなく、制度というテーマについては、たとえば、アルノルト・ゲーレン[25]の研究のように、政治的には「反動的」と思われうる研究を用いてもきました。また若き日のギュンター・アンダース[26]（当時はまだギュンター・シュテルンと名を記していました）も、それよりは保守的ではない方向において、類似のアプローチを展開しようとしていたのです。ともかく、私たちの理論的仕事に有用となりうる様々な洞察を含んだ研究が存在しています。一方では、これらの研究は、制度というテーマにかんする人類学の分厚さを取り戻させてくれるものであり、十全に政治的、さらには哲学的な意味でのセキュリティの創設をめぐる問いへと、私たちを連れ戻してくれるものです。他方では、すでに述べたように、私たちは、ガバナンスについての文献全体を批判的に読解するよう努めなければなりません。この文献を真剣に考察するなら、そこで書かれていることが、以下の事柄であることがわかるでしょう。それは、現代世界の重要な諸制度が実際に作用するときには、制度の内部と外部の境界が徐々にあいまいになっているということです。それはおそらく、新しい制度の領域が形成されつつあること、またそれゆえに、諸制度の領域と社会のあいだに新たな種類の関係を創出する必要が生じてくることにも関わるものでしょう。この関係の様式は、社会運動が押し入ることができるように制度それ自体を開いておくことができるものでなければなりません。そこでは、政治をただ「守る」ことよりも、新たな政治空間、新たな政治的諸制度、新たな政治的諸概念をつくり出すことこそが、重要な論点であるように思えるのです。実際、主体形成という概念は、この方向に向かう上で、非常に有益でありうるのだと思います。

バリバール　それを否定してはいません！

メッザードラ　それは理解しています。私は確かにこの概念をフーコーから取り出してきたので。しかし、私はまた別の方法でこの概念を発展させようとしてきたのです。これを行う上で、「数々の普遍的なもの（Gli universali）」（Balibar 1997 所収）に関するあなたの論考は、私にとって基本的なものでした。主体形成は決定的に重要なテーマです。なぜならそれは、客体性と主体性、制度と社会運動のあいだに新たな節合をつくり出すことが問題となる状況と関係するものだからです。つまりは、これらのテーマを中心にしてこそ、真の研究プロジェクトを構築するべきなのかもしれません！

サン＝サーンス　アルゼンチンのいくつかの経験、運動の内部から諸制度が構築されるさまについてあなたが話すとき、このいっさいを、移民、移民の自律性というテーマと、どのように関係づけるつもりでしょうか？

メッザードラ　そうですね、一方では、移民に関する最近の文献、たとえば、いわゆる「移民の新しい経済学（new economics of migration）」、さらには「トランスナショナリズム」の概念を採用する研究を思い浮かべますが、こうした文献は、一連の「社会的制度」——たとえば、家族や「エスニックな」ネットワーク——が移住過程のあらゆる段階において、鍵となる役割を果たしていることを明らかにしてきました。しかし他方で、これらの制度に対して、私たちは無批判な態度をとることはできません。つまりこういうことです。これらの制度は、抵抗の手段として機能しうるものです。それは、移民の様々な闘争の歴史が示しています。しかしそれらは、支配と搾取の古い、そして新しい諸装置を再生産する場としても、効果的に機能しうるのです。制度の問いに対する新しい考察の様式と、移民の自律性とのあいだの関係は、もっと広い政治的・概念的図式の内部でのみ展開可能なものでしょう。それは、この対話で長々と話しあってきた、境界があいまいになるという過程が投げかける挑戦を、ポジティブに展開できる新しい政治空間の構築に主眼を置いた図式となるでしょう。おそらく、それを実行するなら、つまり自己統治という昔からの問い、トニ・ネグリによって近頃たびたび用いられている用語で言えば、「〈共〉(comune)」の構築の問いを、新たな方法で展開させようとするなら、いま一度、レーニン主義の遺産についてエティエンヌが語った諸問題を考察するという状況に、私たちは直面することでしょう。たとえ根源的に新しいいくつかの原理に基づくとしても……。

原注

（1） Mezzadra, Dal Lago 2002, Balibar 2003［二〇〇六］, Mezzadra, Rigo 2003, Balibar 2005, Mezzadra 2006 参照。

（2） 「政治人類学」の概念を掘り下げるためには、Mezzadra 2004 参照。

訳注

〔1〕 一九六一年一〇月一七日、アルジェリア戦争の最中のパリで、アルジェリア人の夜間外出禁止令に反対するアルジェリア民族解放戦線（ＦＬＮ）によるデモがなされた。パリの警視総督モーリス・パポンはデモ隊への攻撃を指示し、警察からの銃撃や虐待によって、少なく見積もっても一五〇人から二〇〇人のアルジェリア人が殺害されたと言われる。

〔2〕 二〇〇五年五月二九日にフランスで、同年六月一日にオランダで、欧州憲法条約の批准をめぐる国民投票がなされたが、いずれの国においても否決された。

〔3〕 イザベル・サン＝サーンス（Isabelle Saint-Saëns）、フランスで移民・難民をめぐる政治的・社会的問いに積極的に取り組む。フランスの批評雑誌『ヴァカルム（Vacarme）』の編集委員。

〔4〕 イスラームを女性差別の宗教として描いた映画『サブミッション』など、イスラームに批判的な作品を製作していたオランダの映画監督テオ・ファン・ゴッホは、二〇〇四年一一月二日に、モロッコに出自をもつ青年によってアムステルダムの路上で殺害された。

〔5〕 カルロ・ガッリ（Carlo Galli）、政治思想研究、ボローニャ大学。著書多数。*Spazi politici: L'età moderna e l'età globale*〔『政治空間――近代期とグローバル期』〕（Il Mulino, Bologna, 2001）、*Perché ancora destra e sinistra*〔『なぜなおも右翼と左翼なのか』〕（Laterza, Roma-Bari, 2010）など。

〔6〕 リタ・フェルドンク（Rita Verdonk）、オランダの政治家、移民排斥論者。移民統合大臣のときに、移民・難民（特にムスリム移民）への規制を著しく強化。自由民主国民党（ＶＶＤ）からの追放後、二〇〇七年に「オランダの誇り」という政党を立ち上げた。

〔7〕 マヌエラ・ボヤジエフ（Manuela Bojadžijev）、政治学者、ベルリン・フンボルト大学ヨーロッパ民族学研究所。ヨーロッパの境界や都市における移民研究に取り組む。カナック・アタック（第六章訳注5（二三四頁）参照）のメンバー。著書に *Die windige Internationale: Rassismus und Kämpfe der Migration*〔『吹きつけるインターナショナル――レイシズムと移民の闘争』〕（Westfälisches Dampfboot, Münster, 2008, second edition 2012）。

〔8〕 二〇〇四年三月一一日にマドリードで、複数の列車が同時に爆破され、一九一人が死亡、二〇〇〇人以上が負傷した。アル・カーイダに影響を受けた集団によって実行された。

〔9〕 ポグロムとは、一九世紀から二〇世紀にかけて、ロシアあるいは東欧で生じた民衆によるユダヤ人の集団的迫害のことを指す。ただしここでのように、エスニックないしは宗教的マイノリティに対する集団的迫害一般を指して用いられることもある。

〔10〕 ユダヤ人のためのフランス・ユダヤ人代表団体評議会（ＣＲＩＦ）、一九四四年創設、世界ユダヤ人会議（World Jewish Congress）に属する。

〔11〕 ポストコロニアルという条件（La condizione postcoloniale）は、メッザードラがグローバルな現在を定義する

さいに用いる概念のひとつ。それは、過去へと引き渡されたはずの植民地的支配の論理（「閉じ込め」に象徴される）が、反植民地闘争などに代表される様々な抵抗運動の結果、植民地空間からあふれ出し、逆説的なことに、グローバルに広がりゆく状況を指す。つまり、この論理が、旧宗主国（いわば「西洋」ないしはヨーロッパ）の内部へと入り込んでいるのである。いまや植民地的な支配の論理とそれへの抵抗が、グローバル資本主義のもと、様々な強度で地球規模に展開されている。メッザードラは、同名の著書を二〇〇八年に出版している。

〔12〕ハイナー・ガイスラー（Heiner Geißler）、一九三〇年生まれ、ドイツの保守政党キリスト教民主同盟（CDU）の政治家。一九八〇年代後半に、憲法愛国主義の立場において、排他的ナショナル・アイデンティティを拒否し、多文化社会を積極的に支持する主張を行った。

〔13〕ジョゼフ・H・H・ワイラー（Joseph H. H. Weiler）、法学者、ヨーロッパ統合研究、比較憲法学。ニューヨーク大学ロースクール。欧州大学院代表を務める。訳書に『ヨーロッパの変容――EC憲法体制の形成』（広部和也、南義清、荒木教夫訳、北樹出版、一九九八）。

〔14〕シャルル・モーラス（Charles Maurras）、フランスの文芸評論家、王党派。一八六八-一九五二。アクション・フランセーズ（Action Française）は、ドレフュス事件を機に、モーラスらによって設立された王党派国粋主義団体。

〔15〕欧州の将来に関するコンベンションは、二〇〇二年に活動を開始。EU加盟国や欧州委員会などの一〇五名の代表から構成された。二〇〇三年に「欧州のための憲法を制定する草案」を承認した。

〔16〕多層的立憲主義（multilevel constitutionalism）は、一九九〇年代半ばにドイツで出現したアプローチであるが、現在では一般的に、国家を越える舞台においても、立憲的制度、規範、実践を適用できるとする立場を指す。

〔17〕カーゾン卿（Lord Curzon）、ジョージ・カーゾン（George Curzon）、一八五九-一九二五。イギリス保守党の政治家。インド総督、外務大臣を務めた。

〔18〕アラン・ジョクス（Alain Joxe）、フランスの社会学者、社会科学高等研究院で教授を務めた。訳書に『〈帝国〉と〈共和国〉』（逸見龍生訳、青土社、二〇〇三）。

〔19〕パブロ・ヴィラ（Pablo Vila）、アメリカの社会学者、テンプル大学。著書に *Crossing Borders, Reinforcing*

Borders: Social Categories, Metaphors, and Narrative Identities on the U.S.-Mexico Frontier〔『境界を越えること、境界を強化すること──アメリカ‐メキシコ国境地帯についての社会的カテゴリー、メタファー、ナラティブ・アイデンティティ』〕(University of Texas Press, Austin, 2000)。

〔20〕ヘアフリート・ミュンクラー(Herfried Münkler)、ドイツの政治学者、ベルリン・フンボルト大学。翻訳された論文として、「二十一世紀の戦争のシナリオ」(マティアス・ルッツ゠バッハマン、アンドレアス・ニーダーベルガー編、舟場保之、御子柴善之監訳、『平和構築の思想──グローバル化の途上で考える』梓出版社、二〇一一)。

〔21〕パスクワ法は、一九九三年に成立したフランスの移民規制関連法。「移民ゼロ」のかけ声のもと、国籍の取得や正規滞在資格の取得が制限され、多くの非正規滞在者を生み出した。

〔22〕これは『リベラシオン(Libération)』紙に掲載されたランシエールの「移民とコンセンサスの法」の一文。

〔23〕スタンリー・アロノヴィッツ(Stanley Aronowitz)、社会学者、ニューヨーク市立大学。雑誌『ソーシャルテクスト(Social Text)』の創刊者のひとり。著書多数。*The Death and Life of American Labor: Toward a New Worker's Movement*〔『アメリカの労働の生と死──新しい労働者運動へ向けて』〕(Verso, London-New York, 2014)など。

〔24〕ニーマル・ピュワー(Nirmar Puwar)、社会学者、ロンドン大学ゴールドスミスカレッジ。ポストコロニアル研究、ジェンダー研究。著書に*Space Invaders: Race, Gender and Bodies Out of Place*〔『空間の侵入者──人種、ジェンダー、場違いな身体』〕(Berg, Oxford, 2004)。

〔25〕アルノルト・ゲーレン(Arnold Gehlen)、ドイツの哲学者・人類学者・社会学者、一九〇四‐一九七六。訳書に『人間の原型と現代の文化』(池井望訳、法政大学出版局、一九八七、新装版二〇一五)など。

〔26〕ギュンター・アンダース(Günther Anders)、本名はシュテルン(Stern)、哲学者、一九〇二‐一九九二。フッサール、ハイデガーに学ぶ。ナチの迫害を逃れてアメリカに亡命。戦後は国際反核運動に取り組む。訳書に『われらはみな、アイヒマンの息子』(岩淵達治訳、晶文社、二〇〇七)、『異端の思想』(青木隆嘉訳、法政大学出版局、一九九七)など。

第八章　自律性のまなざし

——移民、資本主義、社会闘争

「移民の自律性について論じることは、移民を単なる経済的かつ社会的停滞への応答としてではなく、その字義通りに、社会運動として理解することである」(Papadopoulos, Stephenson, Tsianos 2008)。パパドプーロス[1]=スティーヴンソン[2]=ティアノス[3]は、このように書き、さらに続ける。「移民の自律性というアプローチは、もちろん、移民を社会的・文化的・経済的諸構造から孤立した存在とみなすわけではない。それとは逆のことが言える。つまり、移民はこれらの諸構造の内部の創造的力として理解されるのである」(2008, p. 202)。つまり、移民の自律性に取り組むためには、「異なった感性」、私の言葉で言うなら、異なったまなざしが必要とされるのだ。それは、移民たち自身の様々な主体的実践、欲望、期待、振る舞いに優先順位を置く見地から、移民たちの移動とコンフリクトを考察する。

これは、移民を実際より美化して描くことを意味するわけではない。なぜなら、これらの主体的実践と振る舞いに内在する両義性が、念頭に置かれているからだ。自由と平等を体現する新たな諸実践と同様に、支配と搾取をもたらす新たな諸装置が、社会運動とみなされた移民の内側には創出されている。この点で、移民の自律性アプローチは、「移動性の政治」を考察する独自の視角——このような政治の領域を物質的に構成する闘争や衝突の内部にある主体的賭け金を強調する視角——として理解する必要がある。ヴィッキー・スクワイア〔4〕（Squire 2011）によって用いられた用語で言うなら、移民の自律性アプローチは、「制御の政治」それ自体が「移民の政治」といかに折り合いをつけるよう強いられているのかを教えてくれる。後者は、前者による（再度）境界を画定する諸実践に対して構造的に過剰なのだ。実際、それは国家と法によって管理運営される排除と支配の一方的な過程としてではなく、緊張に満ち、コンフリクトに主導された過程として、非正規性（irregularity）が生み出されるさまの分析を可能とする。この過程では、移民たちの数々の主体的な移動や闘争こそが、影響力をもち、土台をなす要因なのである。

移民たちの移動ないしは闘争に関する主流派研究の説明は、たびたびシティズンシップというレンズを利用し、移民たちは市民になりたがっていると強く主張する。移民の自律性アプローチは、これとは異なることを行う。それは、移民たち――許可証があろうとなかろうと――が市民として行動しているという事実に目を向け、こう力説する。かれらはすでに市民なのであると（Bojadžijev, Karakayali 2007, p. 205）。これは、主流派研究によって用いられるそれとは異なったシティズンシップの概念化を必要とする。主流派研究は、すでに存在する法的・政治的枠組みの内部に移民を統合することに関心を集中させる。それとは逆に、私たちは、法的な見地からすれば、必ずしも市民ではない人びとによる様々な実践や訴えの重要性を強調する。それは、シティズンシップそれ自体の法的枠組みが改変されることについての十分な理解を展開するためである。ここからこそ、非正規移民たちの移動と闘争を、「流動する制度」としてのシティズンシップの構築と変革にとって中心的なものとして、概念化する可能性が切り開かれるのである（Balibar 2001［二〇〇八］; Isin 2002, 2009; Mezzadra 2004）。

だがそれにもかかわらず、私の観点からすれば（ここはパパドプーロス＝スティーヴンソン＝ティアノスによって採用された見解とは異なるところである）、移民の自律性アプローチは、資本主義の歴史と現況において、移動性が果たしてきた役割にかんする私たちの理解との関係のなかで、さらなる発展を成し遂げられなければならない。これは「移動する主体性を、資本主義の生産至上主義の主体性」(Papadopoulos, Stephenson, Tsianos 2008, p. 207)へと還元することでは些かもない。この読みは、移民たちのまさしく身体化された経験に刻印され続ける数々の緊張とコンフリクトに光を当て、資本主義のもとでの主体性の生産にかんする分析というより広い文脈に、移民の自律性アプローチを位置づけるのだ。移民の自律性アプローチの輪郭を描き出すために、本論はこの資本主義のもとでの主体性の生産という視角から、移民についての同時代の議論——「移民の新しい経済学」から統合、シティズンシップ、民主主義の概念にまで及ぶ——において賭けられている様々な問いを分析することになる。この論考で展開される主な論点はこうである。資本と移民のまわりでなされる現代の様々な社会闘争において、非正規性というのは、重大な政治的賭け金となる両義性にあふれた条件であるということだ。

本論の範囲と全体の論点を明確にしておくために、二つ、三つほど予備的なコメントをしておく必要があろう。何よりもまず、この論考によって提出されるのが、慎重にまた暫定的に「ヨーロッパ」と呼べるものの内側に本拠をもつ研究と政治的経験の内部で展開されてきた議論であることが強調されなければならない。私は、他の政治的・社会的文脈(アメリカから中国まで)に由来する資料についても検討するが、私の移民の自律性アプローチが、そのまま「グローバルな」スケールで適用しうると主張したいわけではない。もちろん、ヨーロッパとは様々な場所を人工的に統合するひとつの社会的構築物だ(ほんの三か国だけを挙げておこう。イタリア、ドイツ、イギリス。これらの国々は非常に異なった移民の歴史と景観を提出している)。また同時に、このようにヨーロッパを構築すると、「西洋的なもの」が特権化されることになり、中央・東ヨーロッパの独自性を考慮に入れようとするなら、以下のページで展開される理論的枠組みを、かなり精緻化し修正する必要性が生じてくるのは明白である。言うまでもないが、移民と資本主義について付加されるべき他の歴史が十分に考察されなければならないのなら、これはなおのこと当てはまるだろう。私は、現代のグローバルな移民の独自性を把握できる分析の枠組みを発展させる必要があると考えてはいるが、本論はある特定の「ロケーション」を有しているわけである。それにもかかわらず、私は、移民についての重要な議論が「ほとんどいつも、ヨーロッパへの移民という文脈、あるいはヨーロッパのかつての移住植民地への移民の文脈のなかで戦われてきた」（Chalcraft 2007, p. 27）ことに起因する、いくつかの限界と落とし穴については念頭に入れようとした。ジョン・チャルクラフト[5]によって説得力をもって論じられているように、もっと他の移民――特に、南から南の移民と称しうるもの――の数々の歴史と経験について考察する必要がある。こうした研究は、それとして有益であるのみならず、ヨーロッパまた「西洋」における移民を分析する方法を問題化するためにも有益であろう。つまりそれは、方法論のレヴェルにおいて、私たちの批判的まなざしを鍛え上げ、そして脱中心化することに資するのだ。

チャルクラフトの介入は、とりわけ重要である。というのは、彼の言及する議論が何よりもまず、以下の二つのあいだにある両極性と関わっているからである。それは「搾取」という見出しのもとでなされる移民に関する経済的考察と、主としてカルチュラル・スタディーズの理論家たちによって提出されているが、「基礎づけ主義のメタ・ナラティブ」や「自己と他者の単純な二項対立」（Chalcraft 2007, p. 27）に対し、移民の行為主体性と異種混淆性による不安定性の効果に光を当てる、より肯定的な見方とのあいだの両極性である。ここから二つ目の予備的なコメントが引き出される。移民の自律性アプローチは、チャルクラフトによって略述された、二つ目の立場に寄与するものとして容易に理解（誤解）される可能性がある。しかし実際には、このアプローチは搾取の現実をより深く批判的に理解する一助となろうとするものだ。それは、カルチュラル・スタディーズに由来する数多くの洞察を用いるかもしれないが、こうした研究によって把握されようとする条件と諸実践の重要性と同時に、その両義性をも強調する。チャルクラフトはレバノンのシリア人労働移民について著しているが、彼の洞察の多くは、ヨーロッパの視角からみても妥当なものである。実際、彼がこう告げるとき、チャルクラフトは世界じゅうで有効な主張を行っているとは言えないだろうか。「異種混淆性、越境、行為主体性は、分極化、ヒエラルキー化、疎外、商品化と節合する（できる）ものであるし、それらを推進する（できる）ものでさえある」（Chalcraft 2007, p. 46）。

そうであるにもかかわらず、移民の自律性アプローチを、「経済至上主義」の視角から区別するものがある。それは、このアプローチが資本関係の構成的かつ敵対的な要素として、生きた労働の主体性に力点を置いていることにある。これはアウトノミア派マルクス主義[6]の伝統にならうものであり、マルクスのより伝統的で「客観的な」読解においては容易に見失われる主体性という要素を堅持する。その上、搾取とはいつも、生産地点に限定されたものとしてみなすことのできない社会的過程であったし、こんにちではなおさらそう言える。搾取はむしろ、生産と再生産の編成全体と交差しているのだ。この観点からすれば、移民たちの搾取とは、移住過程と移住経験の全体を通じて突き止められなければならないものである。それは、搾取自体を可能にする条件としての、また搾取への潜在的な異議申し立ての物質的基盤としての、移民たちの行為主体性にいつも対峙することとなる。先ほど強調したように、この行為主体性、せめぎあわれ、矛盾に満ちた領域としての移民たちの主体性の生産こそが、本論で描こうとする移民の自律性アプローチの根底に位置するものにほかならない。

チャルクラフトによって概要が述べられた両極性を越えたところで、近年では「シティズンシップ研究（citizenship studies）」という分野が、「移動性の政治」に賭けられたものを理解する上で、非常に重要な貢献を行ってきた。以下のページで、私はこれらの貢献について説明するにあたり、エティエンヌ・バリバールとエンジン・イシン[7]の仕事と議論を交わすつもりである。また同様に、ジャック・ランシエールとボニー・ホーニッグ[8]のような研究者たちによって展開されてきた（ラディカル・）デモクラシーについての仕事と議論を交わすつもりだ。シティズンシップと民主主義の「アクティビスト的」次元を強調すること。それは、移民のもたらす政治的挑戦の把握を可能とする決定的な理論的進展である。しかし、このようなシティズンシップの説明は問題をはらんでいる。それは、シティズンシップと民主主義に関する分析を、現代資本主義の批判的理解と十分に関係づけることに失敗してきたことだ。「ネオリベラリズム」によって社会的シティズンシップが脱節合され、分解されてきたやり方を詳細に分析するのみならず、それに対応する主体性をめぐり争われる領域を注意深く検討しなければならない。これは現代の生きた労働の構成を組み立てている、数々の異質な主体位置に焦点を当てるよう強く要求するものである。本論で示そうとするように、移民はこの構成のなかで鍵となる役割を果たしており、この観点からこそ、移民は調査されるべきなのだ（Hardt and Negri 2009［二〇一二］, p. 134）。

こうした力点を置くことによって、非正規移民のどのような分析に対してもいくつかの重要な帰結がもたらされることになる。批判的シティズンシップ研究は、市民と非市民とのあいだのはっきりとした区分に、決定的な仕方で挑戦することに寄与してきたし、よそ者、部外者、在留外国人の行為主体性を前面に押し出してきた（Isin 2002）。だが、シティズンシップの言説それ自体は、歴史的にも理論的にも、内部と外部のあいだの区別を基盤にしている。シティズンシップの言説それ自体の内側にとどまりながら、この区別から逃れることは容易ではない。移民の移動や闘争についてシティズンシップの観点からなされた数多くの研究が、サン・パピエ、ないしは非正規移民に関心を集中させてきたのは偶然ではない。つまりそれらは、シティズンシップから排除された存在として構築された主体についての研究なのである。これらの研究は、必要不可欠なものであり重要でもある。しかしながら、非正規移民たちの闘争にのみ焦点を当てることは、「正規」移民たちもまた、ヒエラルキー化され、しばしば人種化されもするシティズンシップと「非正規性」の双方を生み出している、同じ制御レジームが生産した諸条件のなかで生き、闘っているという事実をみえなくする二項対立をつくり出す危険を犯すことになろう。二〇〇五年にフランスのバンリューで暴動が起こった。ここで、この暴動が重要なものとして思い出される。シティズンシップに関する批判的説明を、現代資本主義の批判分析と結合させることによってこそ、この過程の連続性を強調できるようになり、「非正規移民」それ自体にも異なった光を当てられるようになるのだ。これこそが本論の関心の的である。議論をはじめるにあたり、資本主義と移民のあいだの関係に力点を置くこととしよう。

移民、資本主義、移動性の飼い馴らし

移民と資本主義。間違いなく複雑なテーマである。歴史的視角においても、理論的視角においても、この表題のもとで取り組まれるべき一連の問題系は頭を混乱させるには十分であろう。したがって、本論によって論じられる事柄の範囲を定めることで議論をはじめよう。私が自らの考察を位置づけたいと欲する一般的文脈がある。それは史的資本主義における労働の移動性にかんする研究によって輪郭を描かれてきた文脈である(Moulier Boutang 1998; Steinfeld 2001; Van der Linden 2008 本書第二章; 参照)。これらの研究は、資本主義が以下のような構造的緊張によって特徴づけられていることを示してきた。それはすなわち、一方での、労働の移動性そのもの(それは当然、資本主義の発展によってもたらされる伝統的な社会的諸構造のたえざる転覆への素早い応答として理解されるべきだ)がそこにおいて表現される主体的諸実践の総体と、他方での、国家という基本的媒介を通じて、それらに「専制的」制御を課そうとする資本による試みとのあいだの構造的緊張である。移動性をめぐる数々の闘争が、資本主義の全歴

史と交差している。それはイングランドでの最初の囲い込みが地方の農業に従事する人びとを動態化させたその瞬間から、そして最初の奴隷船が大西洋を横切ったその瞬間から、「移民の政治」と「制御の政治」とのあいだの摩擦は、資本主義史のまさしく核心に住み着いていると言うことさえできよう。これらの緊張と闘争のもたらした結末は、ひとつの複雑な装置である。つまり、それは労働の移動性、さらには移動性の諸実践に対応する主体性の独自の形態——異質性にあふれた様々な欲望、習慣、生の形式——を価値増殖に利用すると同時に、抑制することに基づいているのだ（Read 2003, 特に第一章参照）。移民たちの政治と闘争において主要な賭け金となるのは、この複雑な装置に対する移動性の過剰性である。一方では、国家と他の政治的・行政的諸機関の媒介を通じて、資本は移動性の過剰性を価値のコードへと無理矢理に変えようとする。こうした媒介は、この過剰性を搾取することをもくろむ。他方では、移民の闘争は多くの場合、この過剰性の契機を、抵抗と組織化の物質的基盤へと改変することによって特徴づけられる。再度、レバノンのシリア人労働移民たちに関するジョン・チャルクラフトの論考を引用すれば、「システムが行為主体性を必要としているというまさにその事実が、以下のことを示している。摩擦と不安定性によって特徴づけられた文脈においては、この行為主体性が、体系的な蓄積に対し逆襲するために再び表明されるかもしれないことを」（Chalcraft 2007, p. 47）。

この観点からすると、移民は、資本主義の批判的理解を可能とする極めて重要な領域を構成していることになる。移民なしの資本主義は存在しない、と言えるのかもしれない。資本主義には、それ自身の構成と階級諸関係において戦略的役割を果たす労働の移動性を制御、もしくは飼い馴らそうとするレジームが伴っている。労働の移動と闘争の圧力のもとでいつもつくり変えられているこの移民レジームは、それによって資本のもとに労働が従属する複雑な諸形態が再構築される局面を提供している。これは、移動性の制御が、移民労働という部分性にはっきりと影響を与えていると同時に、労働諸関係の全体性に対して影響を与えているという意味で、まさにパラダイムとなるにふさわしい。それゆえに、現代の移民レジームの批判分析は、階級構成[9]の現代における変容に対する批判的視角を与えてくれるのだ。階級構成とは、イタリアのアウトノミア派マルクス主義の方針にそって定義できるものである（Mezzadra 2009 参照）。この観点からすると、非正規移民たちの移動と闘争も、それらを標的にする制御の政治も、労働市場の柔軟化と労働の「プレカリ化」と結びついた現代の様々な過程を考慮すれば、とりわけ重要なものとなる。当然ながら、近代期においては、数々の「非正規」な条件で生きる移民たちがいつも存在してきた。しかし、法的概念としての「非合法移民」、同様に制御の政策とパブリックな言説の明らかな標的とされた「非合法移民」というのは、一九七三年のオイルショック以後に、そしてフォード主義の危機にともなって、移民政策に根源的な変化が生じたことではじめて、ヨーロッパでは表面化するようになったのだ（Wihtol de Wenden 1988; Suárez-Navaz 2007, p. 23）。

他の北ヨーロッパ諸国の至るところでとられた同様の措置にそうかたちで、西ドイツで一九七三年一一月に移民の新規募集の停止がなされた。それは、戦後の西ヨーロッパの移民をめぐる数々の政策、景観を形づくってきた「ガストアルバイター」プログラムとモデルの終焉を意味した。家族再結合と庇護が、ヨーロッパ空間への合法的入国の主要ルートとなった。しかしながら、移住は新たに設けられた法的レジームとは関わりなく継続した。移住のこの自律的力学は、「ガストアルバイター」システムの最後の年月を特徴づけたラディカルな（しばしば自律的な）移民労働者たちの闘争という枠組みにおいて理解されなければならない。それがもっとも際立った表現を見出したのは、一九七三年の晩夏にケルンのフォード社工場で起こった劇的なストライキ[10]においてだった（Bojadžijev 2008, pp. 157-160）。これらの闘争も、一九七三年以後の自律的な移住も、ガストアルバイター・システムの背後にあったいわゆる「バッファ理論」の限界を示している。この理論によると、移民労働者は、経済危機のときにはいつついかなるときでも強制送還できる（したがって、失業を外部化することによって）存在なのだ。

それと同時に、特に南ヨーロッパ諸国（のみではないが）の大規模なインフォーマル経済部門の堅固さに加え、労働市場を柔軟化させせようとする当初の試みが、一九八〇年代初頭以来、「非正規」移民に適した経済的諸条件を強化することになった。それによって、安価で柔軟で言いなりになる労働の供給が容易となった。これは、一九九〇年代を通じて行われるヨーロッパの移民政策の路線にそっている。かなり異なった条件ではあるが、一九七〇年代半ば以降、北アメリカ、また新たに産業化した国々、石油産出諸国においても、同様の傾向を目にすることができる。トランスナショナルな資本の蓄積を助長するべく、きまって国家によって暗黙裏に受諾されることによって、高度に可動性のある「非正規」の労働力が、過去二〇、三〇年のあいだに増大するようになったのだ（Rosewarne 2001）。こうした諸条件のもとで、アン・マクネヴィン[11]は、以下のように提示する。「非正規移民は、経済上の参加者として、政治共同体に包含されるが、部内者の地位は否定されている。かれらは内にいる部外者なのだ」（MacNevin 2006, p. 141）。ここに、セキュリタイゼーションの様々な実践と技術が、九・一一のずっと以前に、この文脈においてはすでに出現していたと注釈をつけるべきだろう。非正規移民たちは、大衆の言説、行政管理の言説においては、侵入者として、それゆえに国家の主権とセキュリティへの重大な脅威として表象されてきた。こうして、かれらの移動性の空間と自由がいっそう制限されていくのである。ここで、このレヴェルについて詳細に調査するつもりはないが、一般的には移動性をめぐる現代の政治を、個別には非正規移民たちの置かれた条件を理解する上で、これは決定的に重要なことである（Bigo 2011 参照）。

私たちの多くは、異なった大陸で、またしばしば独立して仕事を行っているのだが、近年、移民の自律性理論を発展させせようとしてきたのは、このような政治的布置との関係においてにほかならない

（Moulier Boutang 1998; Mitropoulos 2007; Papadopoulos, Stephenson and Tsianos 2008; Bojadžijev and Karakayali 2007）。このアプローチは、需要と供給の「諸法則」に、現代の移民たちの移動を還元することができないことに着目する。このような諸法則こそが、こうした移動を統制しようと試みる国際分業と国家の諸政策を左右すると想定されているのである。さらにこのアプローチは、これらの移動を表現する数々の実践と主体的な要求の過剰性、おまけに、それらを規定する「客観的諸要因」に注意を向ける。また同時に、それは――バングラデシュから西ベンガルへの国境を越える移住に関して強い影響を与えた研究において、ラナビル・サマダー[12]が述べるように――かなり頻繁に「故郷の村・町・国における社会的諸関係の支配力、ゆるぎない権力ヒエラルキーの支配力から逃れようという移民たちの決定が……かれらの抵抗である」（Samaddar 1999, p. 150）ことも強調する。以下において、私はこのテーゼをより展開し深化させるつもりだ。移民の自律性アプローチによって、非正規移民を理解する上でいくつかの重要な洞察が提案されているわけであるが、特にそのさいのいくつかのやり方に焦点を当てることで、それに取り組みたい。はっきりと言うなら、このように労働移民と制御のあいだの緊張に力点を置くことで、移民のスペクトラム全体を構成する数々の主体位置の連続体の一部分として、非正規性という条件を把握できるようになるのである。非正規移民たちの根源的なプレカリティは、この点に関して言えば、ある独自の移民レジームによって、たえず生産、再生産される一連の特徴の極端な現れであり、その働きは、正規また非正規移民たちの生のみならず、難民たちの生をも条件づけるものである。

　またそれと同時に、私は、移民の自律性アプローチに由来するもっとも重要な理論的‐政治的結論のいくつかに焦点を当てるつもりである。とりわけ、統治可能な「フロー」という見地から移民たちの移動を表象することの危機について強調したい。「企業家たちの要求を考慮に入れ」ようと、「移民たちの主体的動機づけに目を向け」ようと、それとは関わりなく、目下のところ、この危機は著しいほどに明らかだ（Raimondi and Ricciardi 2004, 特に p. 11）。この危機はこんにち、統合という概念を中心に置いたあらゆる移民政策に対して、根源的な挑戦をさし向けている。以下で展開されるこの概念についての概略となる批判的見解とは無関係に、移民の自律性アプローチは、統合の概念によって論理上、前提とされている内部と外部とのあいだのはっきりとした境界があいまいになっていることに注意を向けることとなる。

移民の新しい経済学

移民の自律性というテーゼは、移民研究の国際レヴェルの主流派において、すでにある程度は暗に認められている。たとえば、スティーブン・カースルズとマーク・J・ミラーの古典的文献『国際移民の時代』は、婉曲的にこう述べている。

国際移民は相当程度自律的なものであり、政府の諸政策の影響を受けないものである。政府の諸政策はしばしば移民規制という目的を達成できないし、むしろ意図したこととは逆の結果を導くこともしばしばである。国際移民は人々と政府によって形作られるものである。個人、家族、コミュニティが不完全な情報や限られた選択肢のもとで行う決断が、時々の国際移民とその定住パターンに大きな影響を与える（Castles and Miller 2003, p. 278［二〇一一：三八六－三八七］）[13]。

プッシュとプルの「客観的」諸要因の組み合わせによってもたらされる作用との関係に、移民を内接させる新古典派の理論モデル（経済学的また人口学的）は、近年、激しい批判にさらされてきた。複数の専門分野からなるアプローチが、徐々に人気を博するようになってきたのである。「移住システム」

論は、人口移動の歴史的密度に注意を向ける一方、人類学者たちは、移民の自律性が物質的に表現される数々の振る舞いと実践を記述することを通じ、形成途中の新しいトランスナショナルな社会空間に関心を寄せる（Brettell and Hollifield, 2000; Portes and DeWind, 2007 参照）。国際レヴェルのアカデミックな議論のなかで、急速に「新たな正説」として定着してきた「移民の新しい経済学」（Massey et al. 1993; Portes 1997）と呼ばれるアプローチは、移住過程の各々の局面が引き起こされる上で、家族と「コミュニティ」のネットワークが根本的に寄与していることを強調してきた。とりわけそれは、ディアスポラ的でトランスナショナルな移住空間において生じる「エスニックな」形態をとる企業についての研究全体に新たな刺激を与えてきた。この企業形態においては、トランスナショナルな大企業の金融資本が依拠しているような「社会関係資本」が、家族とコミュニティのネットワークによって提供されているのである（たとえばJordan and Düvell 2003, p. 74 参照）。それゆえに、トランスナショナルなネットワークと社会関係資本は、移民の自律的力学を部分的に把握可能とする戦略的な概念であるというわけだ。

思うに、この「新たな正説」に関するどのような批判的議論も、以下の事実から出発しなければならない。それはまたしても私たちが、言葉の十全な意味において、社会統合の理論を扱っているということである。この理論において問題となるのは、統合という着想それ自体というよりも、移民に対するまなざしの種類である。このまなざしは、統合の概念が調査において鍵となる概念上のツールとして用いられるや否や生み出される。アルジェリア人の移民であった優れた研究者アブデルマレク・サヤッド（Sayad 1999）の論点を言い換えるなら、こうして多くの場合、いつもいわゆる（ナショナルな）「受け入れ社会」というレンズを通して、移民たちをみるようになる一種の鏡がつくり出されるのである。それは、「受け入れ社会」の「規準」、「受け入れ社会」の「問題」といったレンズでもある。したがって、統合概念の背後には、方法論的ナショナリズムの亡霊が横たわっている。それは、アメリカの文脈において、ニコラス・デジェノヴァ[14]（De Genova 2005）によって非常に効果的に批判された移民に対する「地元民の視点」という亡霊である。「移民の政治」と「制御の政治」とのあいだにある現実の緊張が、「移民の新しい経済学」と同様に、統合という鏡のなかでは消去されてしまうのだ。実際、この「新たな正説」は、以下のように移民に言及することで、北アメリカのパブリックな言説にみられる古典的作法にしたがっている。資本主義システム、そして「エスニシティの継承」というラインにそったアメリカのシティズンシップそのものに内在する、社会的に成功＝上昇していくという移動性。「新たな正説」は、この移動性を裏づける存在として移民に言及している。この枠組みにおいては、排除、スティグマ化、差別の過程は、資本主義（とシティズンシップ）の単なる副次的な効果として描写される。それの有する統合という規準に対して疑問が投げかけられないどころか、むしろその規準は、移民の存在そのものによって途絶えることなく再構築され、強化されるものとしてみなされているのだ。この点については後ほど戻るつもりであるが、まずは、「新たな正説」によって、「移民の政治」と「制御の政治」のあいだの緊張が消去されてしまうやり方に光を当てたい。

　アメリカにおいても、そこから遠く離れた別の場所においても、移民のまわりでなされる社会的・政治的闘争によって、近年、労働組合の深部からの再生が引き起こされてきた（たとえば Ness 2005 参照）。このような闘争は、九・一一の後に再び勢いを増し、二〇〇六年の動員[15]においてめざましい表現を見出すこととなった（Coutin 2007; De Genova 2009, 2011）。しかしながら、「新たな正説」の観点からすると、このような闘争はせいぜい、本質的に経済活動にかかわるシティズンシップへとアクセスする方途の単なる従属変数としてしかみなされない（Honig 2001, p. 81）。ここで提示されている北アメリカのシティズンシップは、一方的に拡張していくものとイメージされている。このイメージが、北アメリカの歴史のなかで包摂／排除の弁証法（特に「不法滞在外国人（illegal aliens）」の位置を通して）によって果たされてきた構成的な役割を考慮することはないし、文字通り、外国人市民（alien citizens）という形姿を生産してきた数々のエスニックまた「人種」のラインがもたらす国内のヒエラルキー化を考慮することもない（Ngai 2003, pp. 5-9; Lowe 1996 参照）。この点において、アメリカで広がる「新たな正説」と結びついた統合を中心とする枠組みは、移動性をめぐる現代の政治の核心を貫く数々の緊張を消去してしまうわけである。

移民の自律性テーゼは、このような背景事情に抗して再定義されなければならないし、その値打ちを測定されなければならない。特に一方では、移民たちの主体的輪郭を貫く自律性と「過剰性」の諸要素を内包するかれらの社会運動と、生きた労働の搾取とのあいだにみられる構成上の結びつきが強く主張されなければならない。また他方では、移民たち自身によって着手される様々な闘争が重視されなければならない（Bojadžijev, Karakayali, and Tsianos 2004）。とにかく、これらの闘争が念頭に置かれる必要がある。それは、こうした闘争が移民たちの経験のあり様に即したかたちで引き起こされているからというだけではない。それらが、「レイシズム」の新たな理論を展開する上で、不可欠の参照地点として有用だからでもある。レイシズム理論は、人種化の諸々のメカニズムによって形づくられた社会的諸関係にとって、こうした闘争が中心的な位置を示すやり方を説明しなければならない。そうすることで、「犠牲者」の見地からではなく、主体性、そして抵抗と闘争をもたらす変革的実践の表現という見地から、移民たちを考察することができるのだ。レイシズムは変態していくわけであるが、この点について言えば、それはこのような諸実践へのリアクションとしてもまた批判的に研究される必要があるだろう（Bojadžijev 2002, 2008 参照）。

そうであるにもかかわらず、移住が空っぽの空間において生じるものではないことは明らかである。

現代の移民は、一九八〇年代に数多くのアフリカ諸国でなされたＩＭＦ（国際通貨基金）の構造調整プログラム、さらには一九六〇年代以降の海外直接投資の流入、「輸出加工区」の創出、伝統的農業の崩壊によって引き起こされてきた根源的かつ破局的な変化という文脈において考察することなしには理解できない（特に、たとえばSassen 1988［一九九二］参照）。ここで概略を描かれている移民の自律性テーゼは、ノマディズムに関するいかなる唯美主義的な賛美からも確かな距離をとる。そして、移民たちの自律的で「手に負えない」諸実践と、これらの諸実践がそれらの内部で生起し、それらに抗って生起する諸条件とのあいだの緊張した関係を強調するのである（Benz and Schwenken 2005）。同時に、このテーゼが、ただ「構造的」過程に関する「マクロ分析」を、移民の主体的次元に関する「ミクロ分析」と統合することだけに限られることはない（Herrera Carassou 2006 参照）。それは、上述の「構造的」現象のいっさいが、いわゆる脱植民地化の時期に顕著だったシティズンシップをめぐる数々の社会的蜂起、数々の要求に対する応答として、どのように用いられているのかを明らかにする。

またその一方で、この経験の領域、それもまたひとつの闘争の場であるが、そこにおいて移民が表現する主体的振る舞いの豊かさを解き明かすことも目的としている。国際関係論におけるジェームズ・ロズナウの仕事を利用することで、ニコス・パパスタギャダス（Papastergiardis 2000）は、現代のグローバルな移住を特徴づけるルートとパターンの多数性を把握するため、さらに、これらの移動に結びついた数々の変化を予測することの不可能性を強調するために、乱流という概念を用いてきた。移民の自律性アプローチの観点からすると、こうした乱流の諸要素は、一方での移民たちの移動と、他方での「労働市場」とシティズンシップとの均衡（その秩序だった機能と再生産）のあいだの緊張を激化させるものとして解釈できよう。こうしたアプローチが主張するのは、移住がこれらの均衡に比して構造的に過剰であるということにほかならない。搾取と支配——その影響は現代の生きた労働の全体、シティズンシップの全体に広がっている——をもたらす諸装置の見直しがなされたとしても、この過剰性の周辺において、それはたえず危機に陥ることになるのだ。

移民の管理運営、非正規性の生産

移民レジームというのは、歴史においても、現代においても、主権のいくつかの鍵となる特徴に触れるものである。というのは、それらが、境界の管理、市民と外国人のあいだの区別、誰が国家領域へと入れるのかについての重大な決定を伴うものだからである。移民を管理運営する形成途中のグローバル・レジーム（Düvell 2002 参照）について私たちが論じるとき、移民にかんする統合された統治機関が出現していると言いたいわけではない。むしろ、様々な異種の知的・政治的コミュニティの内部で、知の集合体が矛盾を含みながら断片的に形成されているということに言及している。制御にかかわる行政上の技巧、専門的「基準」、「能力育成」プログラムが、グローバルなレヴェルで流通し、国家の移民政策の形成に深く影響を及ぼしているのだ（Bigo 2011; Rygeil 2011; Walters 2011 参照）。それゆえに、最近二〇年のあいだに、国際政治、そして当の主権の概念をつくりかえてきた数々の劇的な変容の内側で、発展途中のグローバルな移民レジームについての批判分析を形づくらなければならないのである。国家主権と資本主義の構成的な関係（同時にそれは緊張でもある）は、グローバル化の様々な過程と資本の金融化によって挑戦され、転地されてきた（Fumagalli and Mezzadra 2010［二〇一〇］）。サスキア・サッセンは、こう書いている。主権は「今なお体系的な特質を保持している」が、「その制度的な挿入や、法の源泉であるすべての正統なパワーを正当化し、吸収する能力は、不安定化しつつある」（Sassen 2006, p. 415［二〇一一：四五三］）。権力の新しい輪郭がつくられつつあるわけだが、そこにおいては、主権の諸論理がネオリベラルな統治性の諸論理と絡みあっている。つまりそれらは、リスク計算とリスク・マネージメントといった中立的な様式にしたがい、強制なき説得という滑らかな過程としてその姿をみせるガバナンスと絡みあっているのである（Bigo 2011; Rygeil 2011 参照）。この論考の目的からすれば、「ネオリベラルな政治的理性」が、そのガバナンスの諸戦略の対象となった主体を、ナショナルなレヴェルにおいても、「国際的な」レヴェルにおいても、「自律的なアクター」としてみなすよう強いられていることを心にとどめておくのが重要である（たとえば Hindess 2005 参照）。

主権の主体それ自体が、徐々に変化して異質なものとなっている。形成中のグローバルな移民レジームは、このはっきりとした一例を提供している。この移民レジームは、主権の行使に関しては、構造的に異種混淆的な混合のレジームなのである（Hardt and Negri, 2000〔二〇〇三〕第三章五節）。この主権レジームを樹立し機能させるには、これまでよりは少ない程度ではあるが、国民国家の参加が必要ではある。けれども、国家はグローバル化の文脈のなかでは、ＥＵのような「ポストナショナルな」構成体や、国際移住機関（ＩＯＭ）や「人道」ＮＧＯのような新しいグローバルなアクターと並んで存続することになる（Transit Migration 2007; Georgi 2007; Andrijasevic and Walters, 2010）。これは、現代の移民レジームの戦略的な場を考察するときに、念頭に置かれるべきとりわけ重要なことだ――その場とは、境界のことである（Mezzadra and Neilson 2008〔二〇一〇〕参照）。「制御の政治」に対してもっとも鋭い批判的立場に立つ分析家のひとり、ディディエ・ビゴ[16]が近年の仕事のなかで強調してきたように、国境を越えた警察活動がますます増えているという単純な事実が、「内部と外部のあいだの根源的な分離に依拠して、伝統的な境界の理解を生み出してきた数々のカテゴリーを混乱させているのだ」（Bigo 2005, p.115）。世界じゅうに及ぶいくつかの「境界景観（borderscapes）」において、「制御の政治」、そして「移民の政治」を分析することを通じて、私たちは、この根源的な区分がますます不安定になっているさまを見出すことができるだろう（Rajaram and Grundy-Warr 2007）。

近年、いく人かの批判的研究者によって、境界、さらには移民の拘禁収容所についての分析が重ねられてきた。拘禁収容所は、主権の一枚岩的な理解が復活してきたことに対応する「例外主義」の場として分析されてきた。こうしたアプローチは、境界の取り締まりに浸透している暴力と力による支配に光を当ててきたのである。しかしながら、それが有する「黙示録的語調」(Hardt and Negri 2009 [二〇一二], pp. 3-8; Balibar 2010) は、このような暴力と力が、権力と領土のより入り組んでいて、より洗練された集合体の内部で表明されているという事実を曇らせてしまう危険を犯している。また、移民たちは境界を「法の場所であると同時に、それを否定する批判の場所」(Lowe 1996, p. 35) へと改変することで、毎日のように境界に挑戦している。このアプローチは、これらの運動と闘争を除去するという危険も犯しているのだ。一方でのこれらの運動と闘争、他方での、制御と支配の新しいテクノロジーが、それを通して作動する境界の柔軟化をめぐる日々の過程。私は、これら双方を注意深く見守ることのほうがかなり生産的であると考える。つまり、[17]これらは地中海において生じている暴力に劣らないほど、凶暴で、致命的なもの――アキーユ・ンベンベ (Mbembe 2003 [二〇〇五]) を用いて言えば、「死政治的なもの」――なのだ。ちなみに、ある独自の計算によると、一九八八年以来、地中海では、一四九五七人の移民が、ヨーロッパへ達しようと試みて死亡している。[1][18]

非正規移民たち――部内者であると同時に部外者としても生み出される主体(マクネヴィンによって提出された用語で言えば「内にいる部外者」)――は、包摂と排除、内部と外部のあいだのとらえどころのない境界地帯に存在している。こうした主体は、様々な境界レジームと交差する闘争と緊張のなかで構成的な役割を果たしている。この点に関してこそ、非正規性が、これら境界レジームの戦略的賭け金のひとつとなるわけである。だから、境界を要塞化し、拘禁/追放の諸装置を洗練させることが、制御の政治の極めて直接的な効果であるという事実にもかかわらず、現代の移民を管理運営するレジームが、移民たちを排除する方向へと向かっているわけではないことは明らかだ。むしろこのようなレジームは、現代の移民たちの移動に特有の過剰性の（自律性の）諸要素を、経済的な観点から、評価、測定、ゆえに搾取するべく機能しているのである（De Genova 2011もまた参照）。別様に言おう。こうしたレジームの目的というのは、「豊かな国々」の境界を密閉して封鎖してしまうことでは些かもない。目的はむしろ、ダムのシステムを安定化させること、「非合法化を通して、移民労働を包摂する積極的な過程」を最終的には生み出すことなのだ（De Genova 2002, p. 439）。これには、示差的包摂（differential inclusion）という過程が伴っている（Mezzadra and Neilson 2010）。そこでは、非正規性というものが、移動性の政治のなかで生産された条件としても、そのなかの政治的な賭け金としても姿を現すのである。

非合法化、あるいは非正規化の過程は、移民労働の搾取との結びつきのなかでこそ定義できるわけである。これは、二〇〇〇年の経済協力開発機構（ＯＥＣＤ）の報告書のなかのクロード＝ヴァレンティン・マリーの主張において明らかである。それが示すのは、インフォーマル経済の内部で「非合法に」雇用されている移民労働が、多くの側面で、グローバル化の現局面を象徴しているということだ（Marie 2000）。これらの側面のいくつか、ＯＥＣＤの報告書においてはそれほど目立たないいくつかを特定してみよう。「非合法」あるいは非正規な移民というのは、労働の「柔軟性」、つまりまずは労働者の社会的振る舞いとして出現し、移動性によってもまた表現されたこの「柔軟性」が、そこにおいて制御と抑制のもっとも厳しい諸装置の働きと衝突する主体的形象であると言える。これは、「非合法」ないしは非正規な移民のなかに、階級構成全体の潜在する新たな「前衛」を特定することではまったくない。むしろ、生きた労働の現代の構成を読み解くためのレンズとして、この独自の主体位置を用いるということである。この階級構成は、その複雑な全体のなかで、「柔軟性」（移動性）と制御からなる様々な錬金術によって定められている。階級構成は、徐々にグローバルな次元において規定されるようになっているが、これには徐々に多様化する階層化の型が伴っている。一度、移民（とりわけ、現代の非正規移民）の観点から分析されるなら、それ特有の数々の分割をともなった労働市場というカテゴリーそのもの（Piore 1979）が、ここでは完全に問題含みの性質を示すことになろう。

マルクス主義による批判とは関わりのないところで、制度派経済学とアメリカの新経済社会学によって、労働市場という表現が、ただ比喩的な価値を有するだけであることが指摘されてきた。「市場」の存在、交換者の自立性、均衡化というその根本の条件が、労働「市場」に関しては不足していると考えられるのだ（たとえば Althauser and Kallebero 1981 参照）。現代の移民に関する限りでは、「国際移民」の労働状況が、どのように「社会的・文化的・制度的差別の諸過程と関係している」のかを示すために、ハラルド・バウダーが、[19]ピエール・ブルデューに由来する批判的洞察を利用している（Bauder 2006, p. 8）。実のところ、国民国家は、境界の取り締まりによって、そしてシティズンシップ政策を通して、「国内労働市場」を政治的・法的に絶え間なく構成する過程に日常レヴェルで（また移民を管理運営する発展途中のグローバル・レジームによって規定された条件下で）取り組んでいる。それゆえに、ここにおいて、つまり市場の論理が破綻する場所においては、移民の管理運営が戦略的な役割を果たすことになるのである。バウダーによって結びとして述べられているように、「シティズンシップとは、労働者たちに地位区分のヒエラルキーをあてがうための法的メカニズムなのである」（*ivi*, p. 26）。非正規移民という位置は、この法的メカニズムの本質をなす部分である。つまり、非正規性とは、このメカニズムの産物のひとつであると同時に、鍵となる必要条件でもあるのだ。このような条件において、労働移民について分析するとすれば、それはマルクス流のあるカテゴリーへと立ち戻ることが必要となる。その重要性については、ここで展開されるものとはかなり異なった方法ではあるが、晩年の著作のなかで、ルイ・アルチュセールによって力点が置かれてきた（たとえば Althusser 2006 参照）。[20]つまるところ、私たちは労働市場の社会学から、労働力と資本のあいだの出会いについて考察するよう求められているのだ。この出会いにおける支配と搾取の諸関係が、移動性の管理運営のなかで直接に賭けられているものなのである。

　これらの諸関係は、それらを構成する暴力とともに、たえずカードを切り直し、マルクス主義批判思想のなかのもっとも異端の諸伝統の内部に位置する理論モデルでさえもかき乱してしまうものである。ここでは、ひとつの決定的な論点に言及するにとどめておこう。それは、アウトノミア派マルクス主義の議論にとってとりわけ重要であり続けているものであり、特に『経済学批判要綱』のなかで、マルクスによってつくりあげられた二つの概念に対処しなければならない（Negri 1991［二〇〇三］）。それは、生きた労働の資本のもとへの形式的包摂と実質的包摂のことである。これには、絶対的剰余価値と相対的剰余価値の抽出が対応している。実質的包摂は、資本それ自体が直接に労働と協働の諸様型を組織し、労働の生産性を増大させる状況に言及するものである。その一方、形式的包摂は、資本による労働の組織化への介入が限られていて、剰余価値を増大させる唯一の方法が、労働日の延長に見出される状況を示すものである。かねてから、マルクス自身のなかにも存在するのだが、二つの包摂様式のあいだの関係を、形式的包摂から実質的包摂への歴史的移行の過程として、直線的かつ進歩的な見地から把握しようとする傾向がある（Chakrabarty 2000, 第二章参照）。さて、移民労働を注意深く分析してみよう。そうすれば、形式的包摂と実質的包摂、「非物質的労働」と強制労働とが同時に存在していることが示され、この分析は、先のような資本主義の歴史と現在の読解方法に異を唱えるものとなるのだ。それによって、「ニュー・エコノミー」と「いわゆる本源的蓄積」の新たな諸形態とのあいだに存在する構造的結びつきが前面へと押し出されることになる。加えて、この構造的結びつきによって引き起こされる「新しい囲い込み（new enclosures）」もまたともに前面へと押し出されるだろう（Mezzadra 2007, 2008;

Hardt and Negri 2009［二〇一二］, p. 229 and p. 245 参照）。

家族、世帯、コミュニティ

境界と移民レジームと交差する数々の闘争、緊張、暴力は、（境界をはるかに越えて）移住過程の全体に刻み込まれているし、移民たちの様々な主体的経験を形づくっている。それを念頭に置いた上で、後ろに戻って、「新たな正説」へと立ち帰る必要がある。それは、「新たな正説」が「移民の自律性」にもっとも大きな空間を与えていると思われる論点のひとつとの関係においてである。それというのは、家族とコミュニティのネットワークが、移住の力学と「受け入れ社会」への移民たちの統合との双方に対して果たしている根本的な寄与にかんする考察のことだ。アレハンドロ・ポルテス[21]は、移民たちの移動の主役としての合理的個人という、新古典派アプローチによって長きにわたって前提とされていた抽象的イメージを批判して、以下のように記している。「あらゆる事柄を、個人の領域へと還元してしまうようなやり方は、より複雑な分析単位——家族、世帯、コミュニティ——を、説明や予測の根拠として用いるのを妨げることによって、研究を不当に制限することに相当している」(Portes 1997, p. 817)。「新たな正説」の視角からするなら、ただこうした方法においてのみ、社会経験を分析の領域へと入り込ませることができるのである。

しかし、「移民の新しい経済学」によって新古典派経済学に対して展開される批判と、古典的なリベラル政治理論の個人の表象に対するコミュニタリアンによる批判。双方のあいだには、明らかな類似点が存在する。この類似点は、マイケル・ウォルツァーの移民に対する見解のなかに確証されている。彼の見解によれば、アメリカへやってくる「移民の波」は、主として以下のことに貢献している。移民たちは、受け入れ社会に贈り物をしてくれる。それはコミュニタリアンな救済だ。これこそが、資本主義の発展によって絶え間なく挑戦されている社会的紐帯に、情動を補充する役割を果たしてくれるのであると（たとえば Walzer 1992［二〇〇六］参照）。

思うに、この類似点こそが、家族やコミュニティ・ネットワークへの言及を無批判に行うことに対して警戒心を抱かせるのだ。ここ数十年のフェミニズム運動によって、西洋では極めてはっきりと問題視されてきたはずの社会的役割とジェンダー規範の有効性を再確立する目的のために、（一部の）移民たちの重要性に力点が置かれている。ボニー・ホーニッグによって見事に論じられたように、ウォルツァーの「進歩的な」着想は、このような一連の言説のなかへと容易に消え去ってしまうものである（Honig 2001, pp. 82-86）。この問題は、抽象的なものでもないし、明快さを欠いたものでもない。新しいトランスナショナルな結婚代理店の市場が、著しい勢いで拡大している。この市場は、家庭のなかのジェンダーの役割を家父長制的に「再び正常化」したいという男性の要求のまわりで誕生してきたのだ。そこにおいては、家族と夫の欲求が何よりも大事という「従順で忠実な」女性たちがさし出されているのである（Honig 2001, p. 89 参照）。この「従順で忠実な」女性たちが、実際にはグリーンカードという永住権を取得することにのみ関心があり、最初のチャンスを利用して素早く荷物をまとめて行方をくらまそうとしているのが明らかとなったときには、「新しい男性性」の異国趣味や幻想で育まれたこの外国人好きが、簡単に外国人嫌いへと変わってしまうことは言うまでもない……。

シェンゲン空間に入ってくる多くのセックス・ワーカーたち（Andrijasevic 2003 参照）とも類似する、こうした女性たちによってたどられた数々の逃走線によって、移民たちの主体性について思考するための特権的な視角がさし出されているように思われる。当然、問題は、移民たちの主体性について述べるために、新古典派経済学を復活させ、合理的個人という抽象的イメージを用いることではない。ここでは、移民に関するフェミニズム研究から学ぶべき数多のことがある。なぜなら、これらの研究が、合理的個人を根源的に批判する理論領域の内部から生み出されているからである（たとえばEhrenreich and Hochschild 2003; Phizacklea 2003; Decimo 2005; Parreñas 2009 参照）。「移民の女性化」という現象に、昨今では拍車がかかっている（たとえばCastles and Miller 2003［二〇一二］, p. 9）[22]が、それはとにもかくにも重要な調査領域なのだ。明らかに、私たちはここで途方もなく両義的な意味を有する過程と向きあっている。ラセル・サラサール・パレーニャス[23]（Parreñas 2001）は、ローマとロサンゼルスのフィリピン人家事労働者たちの置かれた条件について見事な分析を行っている。パレーニャスは、出身国の家父長制に支配された諸関係からの逃走が、西洋の「解放された」女性たちによって以前になされていた情動労働とケア労働の代わりを務めることと、いかにして相互に関係づけられるようになるのか考察している。彼女は、現代の女性移民によって、階級とジェンダーをめぐる従属の諸条件がいかにして再生産されているのかを、説得力をもって明らかにしているのである。「グローバル・サウス」内部での女性移民、特に「輸出加工区」の生産性を支えてきた労働力移動についてさらなる研究がすすめられるなら、おそらくはより深く、より精緻な洞察を与えることができるだろう（アジアの地域間での女性の移住については、たとえばOishi 2002 参照）。

一例を挙げるなら、潘毅[24]によって効果的に述べられている、現代中国において重大な意味をもつ女性の国内移住について考えるのがよいだろう（Pun 2005）。潘はエスノグラフィー調査の結果として、女性移民の力学によって、中国社会のなかに、激しく矛盾をはらんだ「静かなる社会革命」が生み出されていると強く主張する。それは、既存の田舎‐都市の分割に挑戦し、国家‐社会の関係性を形成し直し、そして家父長制家族をリストラクチャリングすることで、階級とジェンダーの諸関係をつくり直しているのだ（Pun 2005, p. 55）。中国では、戸籍制度（houkou system）[25]のまわりで、かなり複雑化された移民レジームが現れてきたことを思い出しておくのが重要だろう。それは、沿岸部の諸都市と経済特区を取り囲むすべての国内境界のまわりで、労働の移動性を濾過、制限、帰還させる上での重要な仕掛けであり続けている（Chan 2008; Fan 2008 参照）。こうして、実際には国内移民に対峙しているという事実とは関係なしに、非正規化をもたらす諸過程が引き起こされているのである。潘毅はこうした過程を、ヴィッキー・スクワイアによって「移民の政治」と「制御の政治」のあいだの緊張と述べられたものの見地から、申し分のないやり方で分析しているわけだ。

潘のような研究によって効果的に論証されていることは、移民というのが、一般的には、所属の伝統的システムを分解する、さらにはそれを絶え間なく再構成し、つくり直す諸過程の表出であるということにほかならない。これこそが、国際レヴェルの文献にかなり頻繁に現れる移民のイメージを、分析的レヴェルにおいても、政治的レヴェルにおいても、支持できないものとする。それはつまり、家族やコミュニティのネットワークのなかに完全にはめこまれていて、西洋的個人に反して提出される「伝統的な」主体としての移民のイメージだ（安心感を求めようが、敵意の表出としてであろうが）。移民はむしろ、「乗り継ぎの主体」として定義できる。ここでは、あらかじめ決定されたいかなる「テロス」をも含意させることなしに、「乗り継ぎ＝移行」という概念を用いていることをはっきりとさせておくのであれば[2]。

言うまでもなく、単数形の移民の主体性について論じることには何の意味もない。この概念は、ただ複数形に変化する以外にはないからである。当然だが、「移民」であることの様式には無数の方法がある。というのは、それらは、階級、ジェンダー、「人種」のラインによって形を与えられ、また分割されているからだ。にもかかわらず、移民の自律性アプローチによって提出された観点から、そして移民の政治と制御の政治のあいだの緊張に光を当てる視角から、現代資本主義における移動性の経験にいちど目を向けるなら、以下のことは明らかではないだろうか。それは、非正規性の有する両義性に力点を置くことによって、移動性の政治における戦略的賭け金として、主体性の生産を考察するための視点がもたらされるということだ。それは、主体性の生産を特徴づけるすべての緊張、暴力、闘争とともに、である。

こうして、今度は現代資本主義のもっとも革新的な特徴のいくつかについての批判分析を行うことが可能となる。これは、経済、政治、文化のあいだの伝統的な区分が決定的にぼやけてきたようにみえる状況を、私たちに理解するよう迫ってくる。それは、シティズンシップと「アイデンティティ」に生じている数々の変容を理解するという問題を同時に設定することなくして、労働の搾取と資本の価値増殖について論じることがもはや不可能であるということも示している。さらに言えば、それは所属の水準に生じている分解の諸過程の総体を同時に考慮することなくして、もはや労働者階級について論じることはできないということも意味している。これらの過程のなかにこそ、生きた労働の主体性によって刻印された消去不可能な痕跡を見出すことができるのであり、この主体性によってこそ、労働者階級はもはや反転不可能なやり方で、マルチチュードとして形成されるのである。

政治的想像力の諸限界に挑戦する

結論の前に、私は次の問題に対して注意を引いておきたい。それは、移民たちが置かれた条件を政治的に定義するというさらにすすんだ問題である。いったんかれらの条件が有する大枠の特徴を定め、その自律性の諸要素——社会運動とみなされる現代の移民を貫いているその過剰性の諸契機——を明らかにしたなら、ひとつの問題が残されることになる。移民たちの数々の闘争を、どのような方法で、政治的に理解することができるのか、また理解すべきなのか？　いまここにおいて、かれらの闘争は、どのような視角のなかに自らを組み込んでいるのか？　これらの問いに対して、部分的ではあるが最初の返答を行うために、さらには、私たちの政治的想像力の諸限界に注意を向けるために、ここで二冊の本を引き合いに出したい。それは、これらが近年の理論的‐政治的議論にもたらされたもっとも重要な功績のなかに位置していると考えるからだ。その二冊というのは、ジャック・ランシエールの『不和あるいは了解なき了解――政治の哲学は可能か』と、先ほどすでに名を出したボニー・ホーニッグの『民主主義と外国人』である。

ランシエールの議論は、様々な著者たちによって、その全般的な概略は描かれてきたので、ここではひとつのことだけを説明しておこう。ランシエールは、以下のように主張する。政治とは、「分け前なき者」の分け前の主体形成としてのみ存在する、と。政治は「何らかの話す存在同士の平等――算術的でも幾何学的でもない――の偶然性」を再び可動させ、そのただなかで、ランシエール自身によってポリスと定義されたものを支える「分け前の考慮＝計算」（配分の建築構造）を転覆するのである（Rancière 1998, p. 28［二〇〇五：五八］）(3)。『不和あるいは了解なき了解』が出版された翌年、一九九六年にサン・パピエたちの闘争が勃発した。「分け前なき者の分け前」への言及を、こうしたサン・パピエたちの闘争というレンズを通して読み解きたくなる誘惑に抗うのは難しい。実際、このような解読の仕方に正当性を与えているのは、ランシエールその人だ。彼は、「移民」がフランスにおいていかに比較的新しい主体であったのかを明らかにしている。かれらが「新しい」のは、非常に単純な理由による。それは、二〇年前の時点では、かれらは「移住労働者」と呼ばれていたがゆえに、「ポリス」の所定の（フォード主義的）レジームの配分メカニズムのなかで確かな分け前を有していたからである（Rancière 1998, p. 137［二〇〇五：一九三‐一九四］）。実のところ、一九九三年に日刊紙『リベラシオン（Libération）』に公表された、フランスのいわゆる「パスクワ法」についての記事のなかで、ランシエールはこの点を先取りしていた。この法は、移民に対する身元の取り締まりを容易にし、フランスで正規の居住権を得られる可能性を制限したものである（Rancière 2009, pp. 38-45）。この文脈においては、移民たちが「分け前なき者の分け前」という役回りを引き受けるもっとも明白な候補者である。ただ「分け前なき者の分け前」の主体形成だけが、政治的行為——つまりは普遍的なものの再創造——を引き起こすことができるのである。

ランシエールとはまた違った分析枠組みではあるが、ボニー・ホーニッグは、主としてランシエールの論法を繰り返している。ホーニッグは、「外国人好き」のイメージと、「外国人嫌い」のイメージとのあいだに存在する相応関係を、かなり説得力のあるやり方で批判している。前者は、移住してきた社会に何か与えるべきものを有する主体としての外国人のイメージであり、後者は、その社会から何かを「手に入れる」ことに関心をもつ何者かとしての外国人のイメージだ。両者の相応関係の批判を通じて、ホーニッグは、これらの論法の用語の使用順序を逆転させ、「この「手に入れる」というほうこそを、移民たちが私たちに与えるべきものとして」考えるよう提案するのである（Honig 2001, p. 99）。言葉を換えて言ってみよう。ホーニッグによるなら、（法的に成文化されたシティズンシップから根源的に排除されてさえいる）移民たちのシティズンシップが、そこにおいてその表現を見出す諸実践というのは、民主主義それ自体を支える土台に対して構造レヴェルで疑問を投げかけるものとみなされる。これこそが、民主主義の制度上の輪郭を越えたところで、強度を増すという意味においても、拡大するという意味においても（ゆえに国民国家の境界を越えたところで）、民主主義の運動を深化させ、修正する方向へと、この運動を再び切り開いていくのだ[4]。このようにして具体化される「政治共同体」のイメージというのは、私たちの政治的想像力の諸限界に挑戦するものであると言うことができよう。

ランシエールは、こう書いている。政治共同体とは「一時的で局所的な中断と亀裂の共同体であり、この中断と亀裂によって、平等の論理はポリス的共同体を共同体自身から切り離すことになる」

（Rancière 1998, p. 137［二〇〇五：一八六］）。移民に関して言うなら、このアプローチは、エティエンヌ・バリバールによってたどられた研究の道筋と申し分なく一致している。サン・パピエたちの闘争に政治的かつ理論的レヴェルで熱心に関与しはじめることで、バリバールは「反乱するシティズンシップ」という魅力的な形象と、「異種混淆的」で国境を横断する政治的アクターを提示するようになったのである（Balibar 2010）。特に、シティズンシップという概念に関して言えば、ここでも再び、ランシエールのアプローチは、移民の自律性アプローチの一部として、私たちが展開してきた政治的・理論的諸実践と対応してもいる。私たちは、ある意味においては、シティズンシップの法的・制度的枠組みから、シティズンシップの運動を区別し、シティズンシップの諸実践という見地から、移民たちの運動や闘争に目を向けてきたわけだ。この諸実践は、エンジン・F・イシン（Isin 2008）が「シティズンシップの行動（acts of citizenship）」と呼ぶものを、毎日の移民たちの経験レヴェルにおいて可能とするものである。これらの「行動」には、「ハビトゥスからの断絶が必ず伴っている」（Isin 2008, p. 18）と述べられている。移民の自律性アプローチが特に関心を示すのは、移民たちがシティズンシップの諸実践を通じて、かれらの権利を直接的に行使する諸契機である。こうした諸実践によってはっきりと示されるのは、労働市場と社会的協働の編成全体のなかで、移民たちの果たしている中心的役割だ。とりわけ、移民の自律性アプローチは、非正規移民たちが、「非合法市民」として、あるいは「承認されていないが認知されている」市民として、数々の権利を行使する諸契機に関心を有している。このような市民は、かれらの労働者としての地位のまわりにおいて政治的に動員されているのである（Rigo 2007; Sassen 2006, pp. 294-296［二〇一一：三二二］; Rigo 2011 もまた参照）。

アメリカで、二〇〇五年、二〇〇六年に生じた移民たちの巨大な運動について省察したさいに、ジュディス・バトラーが書き表したように、ストリートに繰り出した「非正規」の移民たちは、法のもとでかれらが有してはいない権利（平和的な集会の自由、言論の自由のような権利）を行使した。それは、社会的‐経済的編成の内部に、自分たちがさし込まれた状態を停止させるシティズンシップの行動にほかならない。バトラーは、こう主張している。「［かれらは］その権利を行使していますが、しかしだからといって、それを「得る」ことにはなりません。その要求は権利の主張、権利の行使の始まりではありますが、まさにその理由のために効果をもつことの始まりというのではありません」（Bulter in Bulter and Spivak, 2007, p. 64［二〇〇八：四六‐四七］）。

結論

本論考の冒頭で提唱したように、移民の自律性アプローチを特徴づけるのは、シティズンシップの法的地位に関するかれらの位置とは無関係に、移民が市民として行動する（act）という事実を強調することにある。ただここには、バトラーの用語で言うところの「効果」の問題が残る。それは、ランシエールとホーニッグの両者の仕事がそこに含まれる、「ラディカル・デモクラシー」というアプローチの内部で未解決のままで残っているものだ。非正規移民たちの置かれた条件、かれらの運動、闘争こそが、現代の局面において戦略的重要性を有する限り、この問題はとりわけ明らかである。エンジン・イシン（Isin 2009）は、たとえば、一九九六年のフランスのサン・パピエたちの運動によって引き起こされた、シティズンシップのアクティビスト的次元（権利を主張する権利）を重視する。思うに、これはシティズンシップと移民をめぐる理論的議論に対するひとつの重要な貢献ではある（McNevin 2006 もまた参照）。しかしながら、それはバトラーによって概略を描かれた問題の本質には触れていない。現代の批判的でラディカルな議論では、政治はただ断絶、あるいは出来事という見地からのみ理解される傾向がある。ランシエールの言葉で言うなら、関心の的は、「コンセンサスの時間性を中断する」「政治的契機の特異性」のままであり続けるというわけだ（Rancière 2009, pp. 7–9）。

このような関心は、重要であり、興味をそそるものではあるが、私は闘争のまた別の時間性の重要性を強調したい。それは、出来事に固有の時間性とも異なっているし、当然、コンセンサスに固有の時間性とも異なっている。私がここで考えているのは、数々の衝突と連帯を通して、反乱を可能とする諸条件をつくり出す物質的諸実践の時間性だ。たとえば、それは非正規移民たちによる滞在権の行使を、その法的承認とは関係のないところで可能とした、一九九六年の以前と以後の双方のフランスにおける数々の実践を挙げることができよう。これらの実践に注意を向けると、非正規移民と正規移民とのあいだの境界というのは、たいていはぼやけているし、また移民と他の様々な闘争する主体とのあいだの出会いのための異質な連合、さらには共通基盤を築き上げるという可能性が、従来とは異なったいっそう見込みのある光のもとで出現する空間が切り開かれることになるのである。

非正規性は、現代資本主義のもとでの移動性の政治という観点からみれば、著しく両義的な条件として現れている。しかしその一方で、移民の自律性アプローチは、非正規性が、制御の政治と移民の政治のあいだにある数々の緊張にかかわる賭け金であるだけではないと提唱する。非正規性は、政治共同体――すなわち、社会的協働と生産をめぐる〈共〉（common）の諸条件――を真に理解すること、想像すること、再発明することにかかわる賭け金でもあるのだ。移民の自律性アプローチの提案者たちは、移民（非正規であろうと、正規であろうと）を、一種の「前衛」あるいは「革命的主体」としてみなすことができるなどという主張を些かも行ってはいない。むしろ、このアプローチは、より広い分析の枠組み、つまり生きた労働とその主体性という見地から、現代資本主義の数々の変容を探求する枠組みのなかに、非正規性の分析を位置づけるのだ。この論考は、この枠組みの内部において、シティズンシップや主権のような鍵となる政治的概念を分析してきたわけであり、さらには移民の闘争の分析と並んで、移民レジームと移民たちの移動の分析を展開してきた。言うまでもなく、移民の自律性アプローチをさらに進展させようとするなら、それは現代の生きた労働の構成が有する異質性と根源的な多様性に見事に適応した、集団的・長期的な研究また政治的プロジェクトの帰結でしかないだろう（Mezzadra 2007）。この研究と政治的プロジェクトにおいて、非正規性は、鍵となる戦略的賭け金であるし、おそらくそうあり続けるものであると思われる。

原注

（1）http://fortresseurope.blogspot.com を参照（閲覧日：二〇一〇年三月七日）。

（2）これは、たとえば乗り継ぎ＝移行過程の必然的な終着点として「統合」を仮定していた、シカゴ学派の移民に関する古典的な社会学とは真逆の状態にある。

（3）ここでランシエールは、警察学（Polizeiwissenschaften）の伝統についての後期フーコーの研究にならっている。

（4）政治を考案する上で、ホーニッグの仕事のなかで、ランシエールが参照されているのは明らかである。「新しい権利、権力、ビジョン」の現れを促すのは、「ポリス」レジームの「考慮＝計算」に属さない人たちの諸要求であるとされている。

訳注

〔1〕ディミトリス・パパドプーロス（Dimitris Papadopoulos）、科学、技術、労働、政治、社会理論のカルチュラル・スタディーズ。レスター大学。著書複数。たとえば、*Analysing Everyday Experience: Social Research and Political Change*〔『日常経験を分析する——社会調査と政治的変化』〕（Palgrave Macmillan, Basingstoke–New York, 2006）、ニーヴ・スティーヴンソンとの共著。

〔2〕ニーヴ・スティーヴンソン（Niamh Stephenson）、公衆衛生や地域医療の社会学研究を行う。オーストラリアのニューサウスウェールズ大学。

〔3〕ヴァシリス・ティアノス（Vassilis Tsianos）、ネグリやアガンベンの生政治の概念を用いて移民研究に取り組む。ハンブルク大学。論文に、L'enigma dell'arrivo: Su campi e spettri［「到着の謎――収容所と亡霊について」］（in S. Mezzadra, a cura di, *I confini della libertà: Per un'analisi politica delle migrazioni contemporanee*, DeriveApprodi, Roma, 2004）。マヌエラ・ボヤジエフ（第七章訳注7（二八〇頁）参照）らとの共著。

〔4〕ヴィッキー・スクワイア（Vicki Squire）、批判的シティズンシップ研究、移動性研究、セキュリティ研究。ウォーリック大学。著書に、*Post/humanitarian Border Politics between Mexico and the US: People, Places, Things*［『メキシコとアメリカの間のポスト／人道主義の境界政治――人、場所、モノ』］（Palgrave Macmillan, Basingstoke, 2015）など。

〔5〕ジョン・チャルクラフト（John Chalcraft）、中東近代史研究、帝国主義研究。ロンドン・スクール・オブ・エコノミクス。著書に、*The Invisible Cage: Syrian Migrant Workers in Lebanon*［『不可視の檻――レバノンにおけるシリア人移民労働者』］（Stanford University Press, Stanford, 2009）など。

〔6〕アウトノミア派マルクス主義とは、概ね、オペライズモ、ポスト・オペライズモと呼ばれる知的・政治的潮流に該当する。オペライズモについては、「新版へのはしがき」の訳注8（一五〇‐一五一頁）を参照。

〔7〕エンジン・イシン（Engin Isin）、批判的シティズンシップ研究、オープン・ユニバーシティ。雑誌『シティズンシップ研究（Citizenship Studies）』の共同編集長。著書・編著書多数。*Being Political: Genealogies of Citizenship*［『政治的であること――シティズンシップの諸系譜学』］（University of Minnesota Press, Minneapolis, 2002）など。

〔8〕ボニー・ホーニッグ（Bonnie Honig）、政治理論、フェミニズム研究。アメリカ・ブラウン大学。著書に*Emergency Politics: Paradox, Law, Democracy*［『緊急政治――パラドックス、法、民主主義』］（Princeton University Press, Princeton, 2009）など。日本語に訳された編著書に『ハンナ・アーレントとフェミニズム――フェミニストはアーレントをどう理解したか』（岡野八代、志水紀代子訳、未來社、二〇〇一）。

〔9〕階級構成については第六章の訳注9（二三四頁）を参照。

〔10〕一九七三年八月二四日から三〇日にかけて、ケルンのフォード社工場で、トルコ人労働者たちがストライキを行った。労働組合の指揮下ではなく、かれらの自己組織化でなされた。最終的には警察の介入によって、ストライキはつぶされた。

〔11〕アン・マクネヴィン（Anne McNevin）、政治学、国際関係論、移民研究。オーストラリア・モナシュ大学。著書に *Contesting Citizenship: Irregular Migrants and New Frontiers of the Political*［『シティズンシップを争う――非正規移民と政治的なものの新しいフロンティア』］（Columbia University Press, New York, 2011）。

〔12〕ラナビル・サマダー（Ranabir Samaddar）、南アジアの平和研究、難民研究、ナショナリズム研究。カルカッタ研究グループの代表。著書に *Emergence of the Political Subject*［『政治的主体の出現』］（Sage Publication, New Delhi, 2010）など。

〔13〕ここでメッザードラは、*The Age of Migration: International Population Movements in the Modern World* の第三版（二〇〇三年）から引用しているが、翻訳者が参照したのは、第四版（二〇〇九年）の日本語版（二〇一一年）である。ただし、引用箇所は双方の版において同様の文章である。

〔14〕ニコラス・デジェノヴァ（Nicholas De Genova）、人類学者、シカゴ大学。著書に *Working the Boundaries: Race, Space, and Mexican "Illegality" in Mexican Chicago*［『境界を操作する――メキシコ的シカゴにおける人種、空間、メキシコ人の「非合法性」』］（Duke University Press, Durham, 2005）など。

〔15〕この動員については、「新版へのはしがき」の訳注4（一五〇頁）参照。

〔16〕ディディエ・ビゴ（Didier Bigo）、批判的国際関係論、社会学。キングス・カレッジ・ロンドンとパリ政治学院に勤める。セキュリティ、監視、移動性、境界の研究に取り組む。著書多数。日本語に訳された論文として「国境概念の変化と監視体制の進化――移動・セキュリティ・自由をめぐる国家の攻防」（村上一基訳）（森千香子、エレン・ルバイ編、『国境政策のパラドクス』勁草書房、二〇一四）。

〔17〕アキーユ・ンベンベ（Achille Mbembe）、歴史学、政治学。アフリカについての論文多数。南アフリカ・ウィットウォーターズランド大学。著書に *De La Postcolonie: Essai sur l'imagination politique dans l'Afrique contemporaine*［『ポストコロニーについて——現代アフリカにおける政治的想像力についての論考』］（Karthala, Paris, 2000）など。訳出された論文として「ネクロポリティクス——死の政治学」（小田原琳、古川高子訳、『クァドランテ』第七号、二〇〇五）。

〔18〕 国連難民高等弁務官事務所（ＵＮＨＣＲ）によると、一九八八年から二〇一四年のあいだに、地中海では二一三四四人の移民が死んでいる。二〇一五年については、欧州対外国境管理協力機関（ＦＲＯＮＴＥＸ）のデータによると、四月一九日までのあいだに、一七五四人が死んでいる。

〔19〕 ハラルド・バウダー（Harald Bauder）、地理学者、カナダ・ライアソン大学。著書に *Labor Movement: How Migration Regulates Labor Markets*［『労働運動——移住が労働市場を規定する仕方』］（Oxford University, New York, 2006）など。

〔20〕 ここで参照されているアルチュセールの文献は、英語で独自に編集された論集である。ただし、メッザードラによって言及されている章は、日本語に訳出されている。「出会いの唯物論の地下水脈（一九八二年）」（市田良彦、福井和美訳、『アルチュセール哲学政治著作集（Ｉ）』藤原書店、一九九九）。

〔21〕 アレハンドロ・ポルテス（Alejandro Portes）、社会学者、プリンストン大学。著書多数。アメリカへの移民とその第二世代について研究を行う。訳書に『現代アメリカ移民第二世代の研究——移民排斥と同化主義に代わる「第三の道」』（ルベン・ルンバウトとの共著、村井忠政ほか訳、明石書店、二〇一四）。

〔22〕 訳注13と同様に、メッザードラが参照しているのは、*The Age of Migration: International Population Movements in the Modern World* の第三版（二〇〇三年）であるが、ここでは第四版（二〇〇九年）の日本語版（二〇一一年）を記しておく。

〔23〕 ラセル・サラサール・パレーニャス（Rhacel Salazar Parreñas）、社会学者、ジェンダー研究、移民研究など。南カリフォルニア大学。著書多数。訳された論文として、「グローバリゼーションの使用人（サーバント）——ケア労働の国際的移動」（小ヶ谷千穂訳、『現代思想』青土社、三〇‐七、二〇〇二）、「女はいつもホームにある——グローバリゼーションにおけるフィリピン女性家事労働者の国際移動」（伊豫谷登士翁編、『移動から場所を問う——現代移民研究の課題』有信堂高文社、二〇〇七）など。

〔24〕 潘毅（Pun Ngai）、ジェンダー、移民、グローバル化、中国研究。香港理工大学。著書に *Made in China: Women Factory Workers in a Global Workplace*［『メイド・イン・チャイナ――グローバルな職場のなかの女性工場労働者』］（Duke University Press, Durham, 2005）など。

〔25〕 中国では「農村戸籍」と「都市戸籍」が分けられており、前者の戸籍をもつ農民は、都市部へ移住したとしても、「農民」のままであり、後者の戸籍をもつ都市住民に比して、住宅、教育、医療、社会保障、就労などにおいて劣位の境遇を受ける。また農村から都市への移住は、各種の証明書の提出が義務づけられることで、厳しく統制されてきた。

参考文献（第八章のみ）

Althauser, R. P. and A. L. Kalleberg (1981), 'Firms, Occupations, and the Structure of Labor Markets: A Conceptual Analysis', in I. Berg (ed.) *Sociological Perspectives on Labor Markets*, New York: Academic Press: 119-149.

Althusser, L. (2006), *Philosophy of Encounter. Later Writings 1978-87*, London – New York: Verso.

Andrijasevic, R. (2003), 'The Difference Borders Make: (Il)legality, Migration and Trafficking in Italy among Eastern European Women in Prostitution', in Ahmed, S., Castaneda, C., Fortier, A.-M. and Sheller, M. (eds), *Uprootings/Regroundings: Questions of Home and Migration*, Oxford – New York: Berg: 251-272.

Andrijasevic, R. and Walters, W. (2010), 'The International Government of Borders', in *Environement and Planning. D*, forthcoming.

Balibar, É. (2001), *Nous, citoyens d'Europe? Les frontiers, l'État, le peuple*, Paris: La Découverte.（エティエンヌ・バリバール『ヨーロッパ市民とは誰か』松葉祥一、亀井大輔訳、平凡社、二〇〇八年）

Balibar, É. (2010), *La proposition de l'égaliberté. Essais politiques et philosophiques 1989-2009*, Paris: PUF.

Bauder, H. (2006), *Labor Movement. How Migration Regulates Labor Markets*, Oxford – New York: Oxford University Press.

Benz, M.; Schwenken, H. (2005), 'Jenseits von Autonomie und Kontrolle', in *Prokla. Zeitschrift für kritische*

Sozialwissenshaft, 140: 363-377.

Bigo, D. (2005), 'Globalized-in-security: the Field and the Ban-opticon', in N. Sakai and J. Solomon (eds), *Translation, Biopolitics, Colonial Discourse*, Hong Kong: Hong Kong University Press ('Traces', 4).

Bigo, D. (2011), 'Freedom and Speed in Enlarged Borderzones', in V. Squire (ed), *The Contested Politics of Mobility: Borderzones and Irregularity*, Abingdon: Routledge: 31-50.

Bojadžijev, M. (2002), 'Antirassistischer Widerstand von Migrantinnen und Migranten in der Bundesrepublik: Fragen der Geschichtsschreibung', in *1999. Zeitschrift für Sozialgeschichte des 20. und 21. Jahrhunderts*, 17, 1.

Bojadžijev, M. (2008), *Die windige Internationale. Rassismus und Kämpfe der Migration*, Münster: Westphälisches Dampfboot.

Bojadžijev, M., Karakayali, S., and V. Tsianos (2004), 'Le Mystère de l'arrivée: Des Camps et des Specters', *Multitudes*, 19: 41-52.

Bojadžijev, M. and Karakayali, S. (2007), *Autonomie der Migration. 10 Thesen zu einer Methode*, in Transit Migration Forschungsgruppe 2007: 203-209

Brettell, C. B. and Hollifield, J. F. (eds.) (2000), *Migration Theory. Talking Across Disciplines*, London - New York: Routledge.

Butler, J. and Spivak, G. Ch. (2007), *Who Sings the Nation-State? Language, Politics, Belonging*, London - New York - Calcutta: Seagull.（ジュディス・バトラー、ガヤトリ・C・スピヴァク『国家を歌うのは誰か?』竹村和子訳、岩波書店、二〇〇八年）

Caffentzis, G. (2003), "Guerra al terrorismo' e classe operaia americana', in *DeriveApprodi*, 24: 22-25. [THIS REFERENCE MUST BE REMOVED SINCE IT IS NOT QUOTED ANYMORE]

Castles, S. and Miller, M. J. (2003), *The Age of Migration. International Population Movements in the Modern World*, New York - London: Guilford Press.（S・カースルズ、M・J・ミラー『国際移民の時代［第四版］』関根政美、関根薫訳、名古屋大学出版会、二〇一一年）

Chakrabarty, D. (2000), *Provincializing Europe. Postcolonial Thought and Historical Difference*, Princeton – Oxford: Princeton University Press.

Chalcraft, J. 2007, 'Labour in the Levant', in *New Left Review*, 45, May – June: 27–47.

Chan, K. W. (2008), 'Internal Labor Migration in China: Trends, Geographical Distribution and Policies', *United Nations Expert Group Meeting on Population Distribution, Urbanization, Internal Migration and Development*, Department of Economic and Social Affairs, United Nations Secretariat, New York, 21–23 Jan.

Coutin, S. (2007), "Si, se puede!' Los sin papeles en Estados Unidos y la lucha por la legalización en los primeros años del siglo XXI', in in Suárez–Navaz, L., et al. (eds.): 155–183.

Decimo, F. (2005), *Quando emigrano le donne. Percorsi e reti femminili della mobilità transnazionale*, Bologna: Il Mulino.

De Genova, N. P. (2002), 'Migrant 'Illegality' and Deportability in Everyday Life', in *Annual Review of Anthropology*, 31: 419–447.

De Genova, N. (2005), *Working the Boundary. Race, Space, and Illegality in Mexican Chicago*, Durham – London: Duke University Press, 2005.

De Genova, N. (2009), 'Conflicts of Mobility, and the Mobility of Conflict: Rightlessness, Presence, Subjectivity, Freedom', in *Subjectivity*, 29: 445–466.

De Genova, N. (2011), 'Alien Powers: Deportable Labour and the Spectacle of Security', in V. Squire (ed), *The Contested Politics of Mobility: Borderzones and Irregularity*, Abingdon: Routledge: 91–116.

Düvell, F. (2002), 'Die Globalisierung der Migrationskontrolle. Zur Durchsetzung des europäischen und internationalen Migrationsregimes', in *Die Globalisierung des Migrationsregimes. Zur neuen Einwanderungspolitik in Europa, Materialien für einen neuen Antiimperialismus*, 7: 45–167.

Ehrenreich, B. and Hochschild, A. R. (eds) (2003), *Global Woman. Nannies, Maids, and Sex Workers in the New Economy*, New York: Henry Holt and Company.

Fan, C. C. (2008), *China on the Move. Migration, the State and the Household*, London – New York: Routledge.

Fumagalli, A. and Mezzadra, S. (eds) (2010), *Crisis in the Global Economy. Financial Markets, Social Struggles, and New Political Scenarios*, Cambridge, MA – London: Semiotext(e).（アンドレア・フマガッリ、サンドロ・メッザードラ編『金融危機をめぐる10のテーゼ』朝比奈佳尉、長谷川若枝訳、以文社、二〇一〇年）

Georgi, F. (2007), *Migrationsmanagement in Europa*, Saarbrücken: VDM.

Hardt, M. and Negri, A. (2000), *Empire*, Cambridge, Mass.: Harvard University Press.（マイケル・ハート、アントニオ・ネグリ『〈帝国〉』水嶋一憲ほか訳、以文社、二〇〇三年）

Hardt, M. and Negri, A. (2009), *Commonwealth*, Cambridge, Mass.: Harvard University Press.（マイケル・ハート、アントニオ・ネグリ『コモンウェルス（上下）』水嶋一憲監修、ＮＨＫ出版、二〇一二年）

Herrera Carassou, R. (2006), *La perspectiva teórica en el estudio de las migraciones*, México D.F.: Siglo XXI Editores.

Hindess, B. (2005), 'Citizenship and Empire', in Th. B. Hansen and F. Stepputat (eds.), *Sovereign Bodies. Citizens, Migrants, and States in the Postcolonial World*, Princeton – Oxford: Princeton University Press, pp. 241–256.

Honig, B. (2001), *Democracy and the Foreigner*, Princeton, NJ: Princeton University Press.

Isin, E. F. (2002), *Being Political. Genealogies of Citizenship*, Minneapolis, MN: University of Minnesota Press.

Isin, E. F. (2008), 'Theorizing Acts of Citizenship', in Isin, E. F. and Nielsen, G. M. (eds), *Acts of Citizenship*, London: Zed Books: 15–43.

Isin, E. F. (2009), 'Citizenship in Flux: The Figure of the Activist Citizen', in *Subjectivity*, 29: 367–388.

Jordan, B. and Düvell, F. (2003), *Migration. The Boundaries of Equality and Justice*, Cambridge: Polity Press.

Lowe, L. (1996), *Immigrant Acts. On Asian American Cultural Politics*, Durham, NC – London: Duke University Press.

Marie, C.-V. (2000), 'Measures Taken to Combat the Employment of Undocumented Foreign Workers in France', in *Combating the Illegal Employment of Foreign Workers*, Paris, OECD: 107–131.

Massey, D. S., Arango, J., Hugo, G. and J. E. Taylor (1993) 'Theories of International Migration: A Review and

Appraisal', in *Population and Development Review*, 19, 3: 431–466.
Mbembe, A. (2003), 'Necropolitics', in *Public Culture*, 15, 1: 11–40.（アキーユ・ンベンベ「ネクロポリティクス――死の政治学」小田原琳、古川高子訳、『クァドランテ』第七号、二〇〇五年、一一－四二頁）
McNevin, A. (2006), 'Political Belonging in a Neoliberal Era: The Struggle of the Sans-Papiers', in *Citizenship Studies*, 10, 2: 135–151.
Mezzadra, S. (2004), 'Le vesti del cittadino. Trasformazioni di un concetto politico sulla scena della modernità', in Id. (ed), *Cittadinanza. Soggetti, ordine, diritto*, Bologna, Clueb, 2004: 9–40.
Mezzadra, S. (2006), *Diritto di fuga. Migrazioni, cittadinanza, globalizzazione*, Verona: Ombre Corte.（本訳書）
Mezzadra, S. (2007), 'Living in Transition', in *Transversal*, 11–07 Online. Available HTTP: 〈http://translate.eipcp.net/transversal/1107〉(accessed 6th Marxh 2010).
Mezzadra, S. (2008), *La condizione postcoloniale. Storia e politica nel presente globale*, Verona: Ombre corte.
Mezzadra, S. (2009), *Italy, Operaism and Post-Operaism*, in *International Encyclopedia of Revolution and Protest*, ed. Immanuel Ness, Oxford, Blackwell Publishing, pp. 1841–1845.
Mezzadra, S. and Neilson, B. (2008), 'Border as Method, or, the Multiplication of Labor', in *Trasversal*, 06–08. Online. Available HTTP: 〈http://eipcp.net/transversal/0608/mezzadraneilson/en〉(accessed 6th March 2010)（サンドロ・メッツァードラ、ブレット・ニールソン「方法としての境界、あるいは労働の多数化」北川眞也訳、『空間・社会・地理思想』第一三号、二〇一〇年、五一－五九頁）
Mezzadra, S. and Neilson, B. (2010), 'Frontières et inclusion différentielle', in *Rue Descartes*, 67: 102–108
Mitropoulos, A. (2007), 'Autonomy, Recognition, Movement', in S. Shukaitis, D. Graeber, and E. Biddle (eds), *Constituent Imagination. Militant Investigations, Collective Theorization*, Oakland: AK Press: 127–136.
Moulier Boutang, Y. (1998), *De l'esclavage au salariat. Économie historique du salariat bridé*, Paris: Puf.
Negri, A. (1991), *Marx Beyond Marx. Lessons on the Grundrisse*, London: Pluto Press.（アントニオ・ネグリ『マルクスを超えるマルクス』清水和巳ほか訳、作品社、二〇〇三年）

Ness, I. (2005), *Immigrants, Unions, and the New U.S. Laqbor Market*, Philadelphia: Temple University Press.

Ngai, M. M. (2003), *Impossible Subjects: Illegal Aliens and the Making of Modern America*, Princeton – Oxford: Princeton University Press, 2003.

Oishi, N. (2002), *Gender and Migration: An Integrative Approach*, The Center for Comparative Migration Studies, University of California, San Diego, Working paper 49 (*www.ccis-ucsd.org/PUBLICATIONS/wrkg49.PDF*).

Papadopoulos, D., Stephenson, N., and Tsianos, V. (2008), *Escape Routes. Control and Subversion in the 21st Century*, London – Ann Arbor, MI: Pluto Press.

Papastergiadis, N. (2000), *The Turbulence of Migration. Globalization, Deterritorialization und Hybridity*, Cambridge: Polity Press.

Parreñas, R. S. (2001), *Servants of Globalization: Women, Migration and Domestic Work*, Palo Alto, CA: Stanford University Press, 2001.

Parreñas, R. S. (2009), *Inserting Feminism in Transnational Migration Studies*. Online. Available HTTP: 〈http://www.migrationonline.cz/e-library/?x=2183800〉 (accessed 7th March 2010).

Phizacklea, A. (2003), 'Gendered Actors in Migration', in J. Andall (ed), *Gender and Ethnicity in Contemporary Europe*, Oxford – New York: Berg: 23-87.

Piore, M. J. (1979), *Birds of Passage. Migrant Labour and Industrial Societies*, Cambridge: Cambridge University Press.

Portes, A. (1997), 'Immigration Theory for a New Century: Some Problems and Opportunities', in *International Migration Review*, 31, 4: 799-825.

Portes A. and DeWind, J., eds (2007), *Rethinking Migration. New Theoretical and Empirical Perspectives*, New York: Berghahn Books.

Pun, N. (2005), *Made in China. Women Factory Workers in a Global Workplace*, Durham, NC – London: Duke University Press.

Rajaram, P. K. and Grundy-Warr, C., eds. (2007), *Borderscapes. Hidden Geographies and Politics at Territory's Edge*, Minneapolis – London: University of Minnesota Press.
Raimondi, F. and Ricciardi, M. (2004), 'Introduzione', in *Lavoro migrante. Esperienza e prospettiva*, Roma: DeriveApprodi.
Rancière, J. (1998), *Dis-agreement. Politics and Philosophy*, Minneapolis: University of Minnesota Press.（ジャック・ランシエール『不和あるいは了解なき了解』松葉祥一ほか訳、インスクリプト、二〇〇五年）
Rancière, J. (2009), *Moments politiques. Interventions 1977-2009*, Paris: La Fabrique.
Read, J. (2003), *The Micro-Politics of Capital. Marx and the Prehistory of the Present*, Albany, NY: State University of New York Press.
Rigo, E. (2007), *Europa di confine. Trasformazioni della cittadinanza nell'Unione allargata*, Roma: Meltemi.
Rigo, E. (2011), 'Citizens despite borders: Challenges to the Territorial Order of Europe', in V. Squire (ed), *The Contested Politics of Mobility: Borderzones and Irregularity*, Abingdon: Routledge: 199-215.
Rosewarne, S. (2001), 'Globalization, Migration and Labour Market Formation: Labour's Challenge?', in *Capitalism, Nature, Socialism*, 12, 3: 71-84.
Rygiel, K. (2011), 'Governing Borderzones of Mobility through E-borders: The Politics of Embodied Mobility' in V. Squire (ed), *The Contested Politics of Mobility: Borderzones and Irregularity*, Abingdon: Routledge: 143-168.
Samaddar, R. (1999), *The Marginal Nation. Transborder Migration from Bangladesh to West Bengal*, New Delhi – London, Sage Publications.
Sayad, A. (1999), *La double absence*, Paris: Éditions du Seuil.
Sassen, S. (1988), *The Mobility of Labor and Capital. A Study in International Investment and Labor Flow*, Cambridge: Cambridge University Press.（サスキア・サッセン『労働と資本の国際移動』森田桐郎ほか訳、岩波書店、一九九二年）
Sassen, S. (2006), *Territory, Authority, Rights. From Medieval to Global Assemblages*, Princeton – Oxford: Princeton

University Press.（サスキア・サッセン『領土・権威・諸権利』伊藤茂訳、明石書店、二〇一一年）
Squire, V. (2011), 'The Contested Politics of Mobility: Politicising Mobility, Mobilising Politics', in V. Squire (ed), *The Contested Politics of Mobility: Borderzones and Irregularity*, Abingdon: Routledge: 1-26.
Steinfeld, R. J. (2001), *Coercion, Contract, and Free Labor in the Nineteenth Century*, Cambridge – New York: Cambridge University Press.
Suárez-Navaz, L. (2007), 'La lucha de los sin papeles. Anomalías democráticas y la (imparable) extension de la ciudadania', in Suárez-Navaz, L., et al. (eds.), *Las luchas de los sin papeles y la extensión de la ciudadanía. Perspectivas críticas desde Europa y Estados Unidos*, Madrid: Traficantes de Sueños: 15-33.
Transit Migration Forschungsgruppe (ed) (2007), *Turbulente Ränder. Neue Perspektiven auf Migration an den Grenzen Europas*, Bielefeld: Transcript Verlag.
van der Linden, M. (2008), *Workers of the World. Essays Toward a Global Labor History*, Leiden: Brill.
Walters, W. (2011), 'Rezoning the Global: Technological Zones, Technological Work, and the (Un-)Making of Biometric Borders', in V. Squire (ed), *The Contested Politics of Mobility: Borderzones and Irregularity*, Abingdon: Routledge: 51-73.
Walzer, M. (1992), *What it Means to Be an American*, New York: Marsilio.（マイケル・ウォルツァー『アメリカ人であるとはどういうことか』古茂田宏訳、ミネルヴァ書房、二〇〇六年）
Wihtol de Wenden, C. (1988), *Citoyenneté, nationalité, et immigration*, Paris: Arcantere.

訳者解説

本書は、Sandro Mezzadra, *Diritto di fuga: migrazioni, cittadinanza, globalizzazione, edizione nuova* (Verona, ombre corte, 2006) の翻訳である。イタリアでは、二〇〇一年に、同出版社から初版が出版されている。本書の第一部がそれに該当する。二〇〇六年に、第二部が追加され、新版として出版された。

日本語版の本書は、著者の承諾を得て、第二部の構成を一部変更している。原著では、第二部に Confini, migrazioni, cittadinanza〔境界、移民、シティズンシップ〕と題された章と、Lo sguardo dell'autonomia〔自律性のまなざし〕と題された短い文章が所収されている。後者は、原著の最後に置かれている。これら二つの文章は、他の章の内容と重なっていると判断し、今回訳出はしていない。またすでに「新版へのはしがき」でも述べられているように、原著の第二部には、Capitalismo, migrazioni e lotte sociali. Appunti preliminari a una teoria dell'autonomia delle migrazioni〔資本主義、移民、社会闘争——移民の自律性理論へ向けての予備的メモ〕という論文が収められているが、これはすでに北川によって訳出されているため〔「社会運動として移民をイメージせよ？——移民の自律性を思考するための理論ノート」『空間・社会・地理思想』一二号、二〇〇八〕、本書の第八章には、この論文を引き継ぎながらも、まったく新たな論文として提出された The Gaze of Autonomy: Capitalism, Migration and Social Struggles を訳出している。

なお、原著の初版、つまり第一部の内容に、本書の第六章と第八章の旧版を追加したスペイン語版が、スペインの出版社 Traficantes de Sueños とアルゼンチンの出版社 Tinta Limón から、二〇〇五年に出版されている。

本書の内容について、ここで改めて多言を要する必要はないだろう。多様な学問分野を横断するその理論的射程の広さと深さは、文化・社会・経済・政治の領野、さらには歴史的かつ地理的な軸を自在に横断する各章の軌跡に明らかである。じっさい著者は、移民の研究は「全体的社会事実」として研究されなければならないとも述べていた。本書の反響については、著者自身が「新版へのはしがき」で述べている通りである。

ただし、著者のサンドロ・メッザードラは、日本語環境ではそれほど知られた名前ではないかもしれない。すでに彼が編集を務めた『金融危機をめぐる一〇のテーゼ』やいくつかの論文が翻訳されている（著者紹介を参照）とはいえ、著者の研究内容については、ほとんど紹介されていない（北川による二〇〇八年の解説において多少は述べられている。前掲「社会運動として移民をイメージせよ？」に掲載）。メッザードラの単著としては、本書が初の日本語訳でもあるので、特に移民との関わりに焦点をしぼって、ここで簡単に提示しておきたい。

一九六三年生まれのメッザードラは、現在ボローニャ大学で教鞭をとりながら、多岐にわたる分野において活発な仕事を行っている。まず、本書『逃走の権利（Diritto di fuga）』以外の著書・編著書を以下に記しておこう。

著書

・*La costituzione del sociale: il pensiero politico e giuridico di Hugo Preuss*［『社会的なものの構成——フーゴー・プロイスの政治的・法的思想』］（Bologna, il Mulino, 1999）

・*Il pensiero politico contemporaneo: il Novecento e l'età globale*［『現代政治思想——二〇世紀とグローバル時代』］（Bologna, il Mulino, 2005（2011）［Carlo Galli と Edoardo Greblo との共著］）

・*La condizione postcoloniale: storia e politica nel presente globale*［『ポストコロニアルという条件——グローバルな現在における歴史と政治』］（Verona, ombre corte, 2008）

・*Border as Method, or, the Multiplication of Labor*［『方法としての境界、あるいは労働の多数化』］（Durham, NC and London, Duke University Press, 2013［Brett Neilson との共著］）

・*Nei cantieri marxiani: il soggetto e la sua produzione*［『マルクスの諸作業場にて——主体とその生産』］（Roma, Manifestolibri, 2014）

編著書

・*I confini della globalizzazione: lavoro, culture, cittadinanza*［『グローバル化の諸境界——労働、文化、シティズンシップ』］（Roma, Manifestolibri, 2000［Agostino Petrillo と共編］）

・*Genova, Oltre New York: tesi sul movimento globale*［『ジェノヴァ、ニューヨークを越えて——グローバル運動についてのテーゼ』］（Roma, DeriveApprodi, 2001［Fabio Raimondi と共編］）

・*Marx: antologia degli scritti politici*［『マルクス——政治的文書選集』］（Roma, Carrocci, 2002［Maurizio Ricciardi と共編］）

- *I confini della libertà: per un'analisi politica delle migrazioni contemporanee*〔『自由の境界――現代移民の政治的分析のために』〕（Roma, DeriveApprodi, 2004）
- *Cittadinanza: soggetti, ordine, diritto*〔『シティズンシップ――主体、秩序、法権利』〕（Bologna, CLUEB, 2004）
- *Crisi dell'economia globale: mercati finanziari, lotte sociali e nuovi scenari politici*（Verona, ombre corte, 2009）〔『金融危機をめぐる一〇のテーゼ――金融市場・社会闘争・政治的シナリオ』、朝比奈佳尉、長谷川若枝訳、以文社、二〇一〇［Andrea Fumagalli と共編］〕
- *The Borders of Justice*〔『正義の諸境界』〕（Philadelphia, PA, Temple University Press, 2011［Étienne Balibar と Ranabir Samaddar との共編］）
- *In the Multiple Shadows of Modernity: Strategies of Critique of Contemporary Capitalism*〔『モダニティの多数の影のなかで――現代資本主義批判戦略』〕（Saarbrücken, Lambert Academic Publishing, 2011［Vando Borghi と共編］）
- *Movimenti indisciplinari: migrazioni, migranti e discipline scientifiche*〔『規律化されない移動――移住、移民、学問分野』〕（Verona, ombre corte, 2013［Maurizio Ricciardi と共編］）
- *The Biopolitics of Development: Reading Michel Foucault in the Postcolonial Present*〔『開発の生政治――ポストコロニアルな現在においてフーコーを読む』〕（New Delhi and Heidelberg, Springer, 2013［Julian Reid と Ranabir Samaddar との共編］）

他にも様々な媒体に数多の論文を執筆しているが、この一覧からだけでも、イタリア語、さらには英語において、著者が精力的に研究活動を行っていることがよくうかがえよう。シティズンシップ、境界、政治、グローバル化、ポストコロニアル、マルクスなど、本書の立論に不可欠な用語、さらには問題系に言及されている。またこの一覧以外にも、著者は多方面における研究成果のイタリア語版の編集に積極的に携わってきた。ラナジット・グハとガヤトリ・スピヴァクの編著、パルタ・チャタジー、T・H・マーシャル、W・E・B・デュボイス、マックス・ウェーバーら。それは、本書で言及されてきた研究者・思想家たちの著書でもある。

しかし、著者にとってもっとも重要な位置を占めてきた知的潮流は、イタリアのオペライズモにほかならない。それは、ポスト・オペライズモを牽引する知識人としても知られる著者自らが、本書でも公言している通りである。『逃走の権利』というタイトルを導いたのも、やはりオペライズモという理論的、そして政治的立場にある。

メッザードラの知的態度は、一〇代の頃、一九七〇年代末に政治活動をはじめたときに形成されはじめた。それは何より、オペライズモに理論的寄与を果たした知識人たちの著作によって育まれてきたようである。特には、伝統的なマルクス主義の外部においてマルクスを読み直してきたマリオ・トロンティやアントニオ・ネグリらの著書である。本書の訳注（「新版へのはしがき」訳注8（一五〇－一五一頁））でもすでに述べたように、オペライズモは一九六〇年代初頭から、マルクスの読解において、コペルニクス革命とも称される方法論的革新をもたらしてきた。それは、一般的に考えられてきたように、資本主義の発展が労働者たちの闘争を規定するわけではなく、労働者たちの闘争のほうが資本主義の発展のあり様を規定するというアプローチに象徴される。闘争が資本主義的発展を規定するのであれば、潜在的に、労働者たちの闘争、さらにはそれを可能とするかれらの主体性は、資本主義社会の客観的諸条件によって課された枠組みには収まらないものとなる。いつもそこからあふれだし、いつもそれより過剰となる。ズル休みという表現をとろうと、ストライキという表現をとろうとも。オペライズモ、さらにはそこから展開された七〇年代の議会外左翼諸運動のアウトノミアは、この過剰性を注視し、何よりそれを無条件に肯定するものだったのだ（たとえこの過剰性に一定の組織づけを求めようが、過剰性に自律的運動としての爆発を求めようが）。

「私がオペライスタの教えを利用しているのは明らかです」（Mezzadra, L'intervista a Sandro Mezzadra 3 aprile 2001, www.autistici.org/operaismo/mezzadra/mezzadra.doc）と述べるように、このオペライズモ的読解が、著者の移民への理解に強い影響を与えているのは明白である。オペライズモ、さらにはアウトノミアを特徴づけた過剰性、自律性、拒否、逃走といった概念が、本書においても決定的な役割を果たしている。実際のところ、六〇年代のオペライズモにおいても、移民というテーマ、生きた労働の移動性への視点は存在していた。それは、一九五〇年代以降、イタリア南部から北部へと移住した数多の移民たちを通じてのことである（以下を参照。『国家と低開発――イタリア南部の場合』（Luciano Ferrari Bravo, Alessandro Serafini, *Stato e sottosviluppo: il caso del Mezzogiorno italiano*, Milano, Feltrinelli, 1972. ombre corte, 2007）。オペライズモの文脈で鍵となるのは、確かにカネ欲しさに北部の工業地帯へと移住したが、労働をただ苦役としてしか理解できなかった南部出身者の主体形成過程だ。「彼らは北部の工場に辿り着くと、みんな逃げ出しました……アウトノミアはこうした南部からの労働者たちのおかげで、その力を増大させることに成功したのです」（Franco Berardi（Bifo）、北川によるインタビュー、二〇〇九年三月二日）。一九七一年の『ぼくたちはすべてがほしい』（Nanni Balestrini, *Vogliamo tutto*, Milano, Feltrinelli, 1971. DeriveApprodi, 2009）という小説に、この振る舞い、この逃走のイマジナリーは見事に描写されている。

しかし、たとえ南部出身者の果たす重要な役割に気づいていたとしても、イタリアの国境を越えてくる移民への視点は示されていなかったのかもしれない。またより理論的なことだが、移動それ自体が資本主義的発展、労働者の闘争、そして双方の力学に与える政治的効果への視点が十分に示されていたとは言えないのかもしれない。当時のオペライズモ、アウトノミアの政治的文書で言われる労働者が、基本的にイタリア人のことを指していたのは確かである。メッザードラは別のところでこう述べている。「アウトノミアに出自をもつ［イタリアの］アクティビストにとって、レイシズムと移民は、政治的想像力の一部を占めていなかったのです」(Mezzadra, L'homme de la frontière Entretien avec Sandro Mezzadra, 2014, http://www.vacarme.org/article2682.html)。もちろん、これは南部出身者の生産過程ならびに政治的過程において果たした役割、さらにはかれらへの激しいレイシズムの存在を否定しているわけではない（イタリアという国民国家の構成にとって南部へのレイシズムは不可欠でさえあった。加えて、一九世紀後半からのイタリアの植民地主義は当然、非ヨーロッパ世界へのレイシズムと一体化したものであった）。ただこの想像力の不足の一因は、イタリアの戦後の経済発展が、フランスやドイツとは違い、まさしく南部という国内にある大量の労働力を用いて成し遂げられてきたことに求められよう。つまるところ、オペライズモ、アウトノミアのなかで、「イタリアへの移民は、階級構成の分水嶺として、その現実の問いとして、理論的問題ではなかった」(Moulier Boutang L'intervista a Yann Moulier Boutang, 7 luglio 2001, www.autistici.org/operaismo/moulier/moulier.doc）ということである。

しかしその一方で、メッザードラはこうも述べている。「移民をこのように読解すること［歴史的に資本主義によって課されてきた移動性の制限に対立し、それを上回りもする移民たちによる逃走の権利の自律的行使］は、それほど独自のことではない」(Mezzadra 2001)。独自ではないとすれば、どこかですでにこのようなアプローチで、移民は読解されていたことになる。実のところ、それはオペライズモなのだ。しかし、イタリアのオペライスタたちではない。それはフランスのオペライスタ、先の段落の最後の引用文の語り手であるヤン・ムーリエ＝ブータンである。

ムーリエ＝ブータンの資本主義と移民についての研究は、第二章をはじめとして、本書でも相当に重視されている。六八年以来、フランスで活発に政治活動を展開していたムーリエ＝ブータンは、一九七〇年を過ぎてから徐々にイタリアのオペライスタたちに接近する。最初はトロンティの著書の翻訳、それから議会外左翼集団ポテーレ・オペライオの知識人、特にセルジョ・ボローニャ、ロマーノ・アルクアーティ、ネグリらと出会うことになる。

イタリアとフランス、双方の階級構成を注視することとなったムーリエ＝ブータンからすると、両者のあいだにあるもっとも大きな差異のひとつは、明らかに移民労働者の存在にある。まずフランスの状況では、階級構成における移民労働者の存在を無視することはできないと言う。「フランスの労働者階級がフランス人であった試しなど一度たりともない。最初にフランス人の労働者階級がいて、それから移民によってそれが解体されたと言われていました。しかし、実際にはこの種のことが起こったことなどない」（Moulier Boutang 2001）。思い切って言うならば、これはフランス人の労働者階級は存在しないということ、フランスの労働者階級それ自体が、はじめからすでに移民労働者によっても構成されていたということである。

このように労働者の階級構成における地理の多数性と移動性を見出すムーリエ＝ブータンは、イタリアの階級構成についてはこう述べる。「私はフィアットの仲間たち、ないしはロマーノ・アルクアーティに以下のことを説明するのが困難だったことを覚えています。それは、二二の国籍からなる労働者を有することは、イタリア人労働者階級を有することと同じではないということです。たとえイタリア南部出身者たちがいたとしても、それはまた別のことだったでしょう。一九七三年に三〇〇人のチュニジア人がフィアットに雇われたときに、私はアルクアーティとトニ・ネグリに、非常に重要だからこの現象を注視しなければならないと言ったことをよく覚えています。かれらは実行しませんでした。これは重大な過ちだったと思います」（Moulier Boutang 2001）。

一九七〇年代半ばを過ぎ、イタリアでは議会外左翼の闘争が、社会化された労働者（operaio sociale）という新たな労働者形象をめぐり論戦を行う一方、これまで準拠してきた労働者大衆の解体に伴って、運動はその大衆的基盤を失いつつあった。一般的な物言いをすれば、一九八〇年一〇月のトリノでのフィアット争議における敗北によって、六八年以降の運動は最終的な敗北を喫したと言われる。一万人以上の労働者の解雇に反対する労働側の無期限工場占拠が、中間管理職、技術者、事務系職員など、いわば労働者（社会化された労働者?）による反ストライキデモによって粉砕されるというショッキングな結末であった。その後はネオリベラルな主体性を基盤として、フレキシブルな蓄積体制が前景化する。ここにおいて、ムーリエ＝ブータンは挑戦的な指摘をする。当時トリノ地域にはすでに、一定数の移民労働者が存在していたのではないか、と。そして、もしかれらの存在を階級構成において決定的な意味をもつものとして分析し、かれらとの関係を築いていたなら、運動はどのような展開を経験しえたのかと問いかけるのだ（このあたりの事情についてはより精緻な調査が必要となろう）。

とするなら、メッザードラは、この「忘れられた」移民たち、このヨーロッパ外からの移民たちの存在の政治的潜在力を見出したのだと言える。八〇年代が終わった後に、オペライズモの知的遺産の「すべてが消え去ったように思えた時代」（Mezzadra 2001）の後に（メッザードラはこの時期、政治活動を中断し、ホッブズや近代政治思想を学び、さらには一九世紀のドイツの法学、社会学、国家論などを研究していた）。一九九三年夏のジェノヴァ、彼が青年時代に政治活動に励み、その後も知的・政治的拠点としてきたジェノヴァにおいて。九〇年代のジェノヴァは、他のイタリア諸都市のように、もう「白い都市」ではない。ヨーロッパの外からきた移民たちが住む町へと変貌していた。九三年の夏、この町で起こった「人種暴動」によって、メッザードラは移民の存在を見出した。いや正確に言うならば、移民たちのほうから呼びかけられ、見出されたのだ。

当時、ジェノヴァの歴史的中心地区にはアフリカからの移民たちが集住するようになっていた。これを「侵略」とみなし反発する住民たちによって、治安維持を理由に、移民を監視さらには攻撃するいくつかの組織が形成されていた。移民への攻撃には、少なくとも地区の数百人の若者が参加していた一方で、抵抗の側は数十人の参加者にとどまっていたようである。「この問題の新しさと緊急さを理解」(Mezzadra 2001) し、状況を打破しなければならなかった。レイシズムという問題との対決。著者によれば、ここにおいて決定的だったのは、移民たちの主体的行為、政治的行為にほかならない。

衝突から一ヶ月半が経った九月の半ばに、ここに［議論の場に］、一度モロッコ人の若者たちがやってきて、私たちに言ったのです。「ここで連中がみんなを排除している」。つまり、オープンな衝突の局面に続いて、警察が物理的に、歴史的中心地区にいる移民の存在という問題を「解決」していたのです。移民たちが住んでいた家を排除することで。移民たちは私たちに言いました。「あなたたちは左翼だろ。何とかする必要がある」。こうして、翌日の夜にこの場所でもう一度会う約束をしました。率直なところ、そこに集まるのは、私たちと四、五人のモロッコ人の若者ぐらいだと思っていました。しかし、一五〇人から二〇〇人におよぶ移民たちを前にしたときは、本当に驚きました。かれらは怒りに満ちており、事をなす準備ができていたのです (Mezzadra 2001)。

ここに見出されたのは、移民たちの集団行動、そしてかれらと協働することを通じて変化する著者をはじめとするイタリア、ヨーロッパに属する人間たちの主体性である。ここから数週間で、歴史的中心地区のなかに、移民とイタリア人からなる自主防衛のアソシエーションが結成された。それが本書でも言及されている、二〇〇一年ジェノヴァでの反G8行動の先陣を切った移民のデモを組織した「ジェノヴァ開放都市アソシエーション」だ。このアソシエーションは、地元の諸機関、警察に圧力をかけることを通じて、歴史的中心地区を物理的・象徴的に支配していた住民組織との激しい闘争を行った。そして、非常に重要な意義のある結果を勝ちとったという。「住民組織の独占を粉砕し、ジェノヴァの公共圏の内部へと移民たちを急襲させたのです。それは私の政治闘争の経験のなかでもっとも重要な成果のひとつだったと思います。おそらく、もっとも確かな、もっとも真の社会闘争として思い出す経験です」（Mezzadra 2001）。

本書の言葉を借りるなら、これは移民たちによるシティズンシップの実践、シティズンシップの運動にほかならない。もとから「移民」というテーマに関心を示していたわけではなかった著者が、そこに知的かつ政治的重要性を見出し、『逃走の権利』の諸論考（特に第一部）を書き上げた背景には、このような移民たちとの出会い、そして闘争があった。この経験は、本書の理論的方向性に大きな影響を与えていると言えよう。資本、そして生きた労働のグローバル化のなかで、オペライズモは移民と出会った。いや、国境を越えて移動する移民たちによって、オペライズモは挑戦を受けたのだ。

移民の存在と闘争によってこじ開けられ、虚をつかれているのは、イタリアの国境だけではなかった。私たちには部分的にしか知られていなかった世界が急襲してきたことで挑戦を受けたのは、私たちの理論的・政治的想像力であり、私の教養を培ってきた批判的思想のカノンだったのだ。このような意識から、一連の集団的行程が、次から次へと広がっていくこととなった（Mezzadra, *La condizione postcoloniale: storia e politica nel presente globale*, Verona, ombre corte, 2008, p. 7.）。

移民たちの急襲。これこそが、ポストコロニアル研究、デュボイス、ファノンらへと、マルクスの「いわゆる本源的蓄積」(『資本論』第一巻第二四章)などへと、著者の目を向けさせてきた現実であり、オペライズモを、他の地域の政治的文脈において形成されたこうした諸理論と異種混淆させる端緒となった現実である。もはや「アウトノミアに出自をもつアクティビストにとって、レイシズムと移民は、政治的想像力の一部を占めてはいない」などとは言えない現実が、移民たちの行使する逃走の権利によって形づくられてきたわけなのだ。

このような著者の関心の広がりは、本書の第二部に収められたそれぞれの対談、ならびに第八章の内容にも示されるものである。エティエンヌ・バリバール、ブレット・ニールソン、コレクティボ・シトゥアシオネスとは、本書の対談以外でも、移民についてのみならず、他のテーマにおいても共同で仕事を行っている。バリバールとはヨーロッパ論、ニールソンとは境界についての共著書、コレクティボ・シトゥアシオネスとはラテンアメリカにおける運動と制度との関係(その一部は廣瀬純とコレクティボ・シトゥアシオネスの共著書『闘争のアサンブレア』(月曜社、二〇〇九)に所収)や現代の資本主義読解(ヴェロニカ・ガゴとの共著)など。その他の研究者とも頻繁に共同で執筆しているが、ポストコロニアル研究者・酒井直樹とも翻訳という概念に関して仕事を行っている。

最後に付言するなら、著者は目下のところ、「エウロノーマデ(EuroNomade)」という知的・政治的プロジェクト(http://www.euronomade.info)において、第七章でも議論されたヨーロッパ政治空間の可能性をめぐって活発な議論を展開している。エウロノーマデは、広い意味では、ポストフォード主義をめぐる議論を通じて、九〇年代に入る頃からオペライズモの遺産が新たな展開をみた文脈に位置していると言える(第五章参照。メッザードラはこの時期に創刊された雑誌への寄稿・編集に携わり、ネグリやパオロ・ヴィルノらと知り合った)。それは、「非物質的労働」、「認知資本主義」、「マルチチュード」などの概念が練り上げられていった過程でもある。著者は移民労働、ないしは労働の多数性の重要さを指摘し、非物質的労働のみを理論的・政治的中心に据える立場とは距離をとる。現在の階級構成において見逃せないのは、労働のプレカリティと移動性としている(本書第二章、第六章、第八章、新版へのはしがき参照)。このプロジェクトは、現在の反資本主義闘争においては、ヨーロッパという場が政治的に鍵となるのであり、そこを捨象してはオルタナティブなどあり得ないとしている。直近では、ギリシャのシリザ、スペインのポデモスの台頭を受けて、運動と制度との関係めぐって活発な議論が展開されているが、この方向付けにおいては、主としてメッザードラとネグリが核となる役割を果たしている印象だ。

無数の身体が、ヨーロッパを横断し続けている。アジアからの、アフリカからの有象無象の移民たち(この危機下においては明らかに「白い」ヨーロッパ人もまた含まれよう)。既存のヨーロッパの社会的・政治的構成には何ら包摂されない、いや包摂されようがないほどまでに圧倒的に過剰である。「承認されていないが認知されている」(本書三一二頁)どころか、もはや承認されてもいないし認知もされていない無数の身体が、カレー、ヴェンティミッリア、ボルツァーノ、ミラノ中央駅、シチリア島、ランペドゥーザ島、トリポリの海岸、ハルツーム、アディスアベバ、アスマラ、ダダーブ、ミュンヘン中央駅、ニッケルスドルフ、ブダペスト、スコピエ、ゲブゲリア、レスヴォス島、コス島、コバニ、ロジャヴァなどを横断し、ヨーロッパ政治空間を脱構成している。かれらの移動、かれらの運動、かれらの「逃走の権利」が、ヨーロッパの物質的構成を脱構成している。壁、人道的で軍事的な境界、下からのレイシズム、剝き出しの暴力にさらされながら、そこから逃れながら。

二〇一五年四月、イタリアのとあるデモ。たくさんの移民たちが一斉にプラカードを掲げた。そこにはこう書かれていた――diritto di fuga

本書を翻訳するにあたり、ほんとうに多くの方から助けられた。著者のもとをいっしょに訪れた大城直樹先生。サンドロのマシンガントーク（反ファシズム、階級意識、階級構成、大学、そしてワイン）に、二人で圧倒されたことを思い出します。櫻田和也さん、原口剛さん、水嶋一憲さん。櫻田さんには、お忙しいところ、訳文を一部チェックもしていただいた。いろいろと困ったときにはつい彼を頼ってしまい、頭が下がる思いである。原口さんは、釜ヶ崎の日雇い労働者が実践していた「トンコ（＝仕事からの逃亡）」の話で、本書（トンコの権利？）のもちうる射程の広さを教えてくれた。水嶋さんには、「構成（costituzione）」という用語の意味をめぐって重要なコメントをいただいた。また数年前に、本書の内容を都市文化研究会で報告したときにいただいた様々なご意見は、本書のオリジナリティを理解する上で貴重な助けとなった。箱田徹さん、福田裕大さんにもお世話になった。かれらは一文のフランス語の翻訳のために、とても労力を割いてくださった。その姿勢には、未熟な一翻訳者として身の引き締まる思いがした。またカタルーニャ語を含んだ人名の表記方法については、竹中克行先生に教えていただいた。そして著者のサンドロ。翻訳の打診をはじめ、日本語版の構成についてのこちらからの提案や相談にいつも快く応じてくれた。ここで名前をあげられない方々もたくさんいる。みなさま、ほんとうにありがとうございます。

最後に、日本語環境にこうしたヨーロッパの分厚い著書を翻訳、出版できる貴重な機会を与えていただき、さらには編集過程でとても貴重なアドバイスをいくつも与えてくださった、人文書院の松岡隆浩さんに心より感謝いたします。

「フクシマ」のすべての人びとに、逃走の権利を

二〇一五年八月

北川　眞也

参考文献（序論～第七章）

ACCARINO B.
1999 *La rappresentanza*, Il Mulino, Bologna.
AGAMBEN G.
1995 *Homo sacer. Il potere sovrano e la nuda vita*, Einaudi, Torino.
1996 *Mezzi senza fine*, Bollati Boringhieri, Torino.
ALTVATER E., B. MAHNKOPF
1996 *Grenzen der Globalisierung. Ökonomie, Ökologie und Politik in der Weltgesellschaft*, Westfälisches Dampfboot, Münster,.
AMBROSINI M.
2001 *La fatica di integrarsi. Immigrati e lavoro in Italia*, Il Mulino, Bologna.
AMSELLE J.L., E. M'BOKOLO
1985 *Au cœur de l'ethnie. Ethnie, tribalisme et État en Afrique*, La Découverte & Syros, Paris 1999[2].
AMSELLE J.-L.
1990 *Logiche meticce. Antropologia dell'identità in Africa e altrove*, trad. it. Bollati Boringhieri, Torino 1999.
1996 *Vers un multiculturalisme français*, Aubier, Paris.
ANDERSON B.
1991 *Comunità immaginate. Origini e diffusione dei nazionalismi*, trad. it. Manifestolibri, Roma 1996.
ANDRIJASEVIC R.
2004 *I confini fanno la differenza: (il)legalità, migrazione e tratta in Italia dall'est europeo*, in "Studi culturali", I, 1.
ANTHIAS F.
1997 *Diasporas: Beyond Ethnicity?*, in "Sociology", XXXII, 3.
ANZALDÚA G.
1987 *Terre di confine/La frontera*, trad. it. Palomar, Bari 2000.
APPADURAI J.
1996 *Modernity at Large: Cultural Dimensions of Globalization*, University of Minnesota Press, Minneapolis (trad. it. *Modernità in polvere*, Meltemi, Roma 2001).
APPIAH A.K.
1994 *Identity, Authencity, Survival: Multicultural Societies and Social Reproduction*, in CH. TAYLOR et al., *Multiculturalism. Examining the Politics of Recognition*, a cura di A. Gutmann, Princeton University Press, Princeton.
ARENDT H.
1951 *Le origini del totalitarismo*, trad. it. Comunità, Milano 1996.

ARONOWITZ S.
2003 *How Class Works. Power and Social Movement*, Yale University Press, New Haven-London.

BACCELLI L.
1999 *Il particolarismo dei diritti. Poteri degli individui e paradossi dell'individualismo*, Carocci, Roma.
BADE K.J.
1980a *Massenwanderung und Arbeitsmarkt im deutschen Nordosten von 1880 bis zum Ersten Weltkrieg. Überseeische Auswanderung, interne Abwanderung und kontinentale Zuwanderung*, in "Archiv für Sozialgeschichte", XX.
1980b *Politik und Ökonomie der Ausländerbeschäftigung im preußischen Osten 1885-1914. Die Internationalisierung des Arbeitsmarktes im "Rahmen der preußichen Abwehrpolitik"*, in H.-J. PUHLE, H.-U. WEHLER (a cura di), *Preußen im Rückblick*, Vadenhoeck & Ruprecht, Göttingen.
1984 *"Preußengänger" und "Abwehrpolitik". Ausländerbeschäftigung, Ausländerpolitik und Ausländerkontrolle auf dem Arbeitsmarkt in Preußen vor dem Ersten Weltkrieg*, in "Archiv für Sozialgeschichte", XXIV.
2000 *Europa in Bewegung. Migration vom späten 18. Jahrhundert bis zur Gegenwart*, Beck, München.
BADIE B.
1995 *La fine dei territori*, trad. it. Asterios, Trieste 1996.
BALES K.
1999 *I nuovi schiavi. La merce umana nell'economia globale*, trad. it. Feltrinelli, Milano 2000.
BALIBAR É.
1992 *Le frontiere della democrazia*, trad. it. Roma, Manifestolibri, 1993.
1997 *La paura delle masse. Politica e filosofia prima e dopo Marx*, trad. it. Mimesis, Milano 2001.
1998 *Droit de cité. Culture et politique en démocratie*, La Tour d'Aigue, l'Aube.
2001 *Noi cittadini d'Europa? Le frontiere, lo Stato, il popolo*, Manifestolibri, Roma 2004.
2003 *L'Europa, l'America, la guerra*, trad. it. Manifestolibri, Roma 2004.
2005 *Europe, Constitution, Frontière*, Éditions du Passant, Bègles.
BALIBAR É., I. WALLERSTEIN
1991 *Razza, nazione, classe. Le identità ambigue*, trad. it. Edizioni associate, Roma 1996.
BARONCELLI F.
2000 *Razzismo e correttezza politica: la riscossa della natura*, in MEZZADRA, PETRILLO (a cura di) 2000.
BASCETTA M.
2006 *Una libertà senza confini*, in "il Manifesto", 22 settembre.
BASSO F., F. PEROCCO (a cura di)
2003 *Gli immigrati in Europa. Diseguaglianze, razzismo, lotte*, Angeli, Milano.
BAUBÖCK R.
1994a *Changing the Boundaries of Citizenship*, in ID. (a cura di), *From Aliens to Citizens. Redefining the Status of Immigrants in Europe*, Avebury, Aldershot.

1994b *Transnational Citizenship. Membership and Rights in International Migration*, Elgar, Aldershot.
1998 *The Crossing and Blurring of Boundaries in International Migration. Challenges for Political and Social Theory*, in R. BAUBÖCK, J. RUNDELL (a cura di) 1998.
BAUBÖCK R., J. RUNDELL (a cura di)
1998 *Blurred Boundaries: Migration, Ethnicity, Citizenship*, Ashgate, Aldershot.
BAUMAN Z.
1998 *Dentro la globalizzazione. Le conseguenze sulle persone*, trad. it. Laterza, Roma-Bari 1999.
2001 *Voglia di comunità*, trad. it. Laterza, Roma-Bari.
BECK U.
1995 *Come i vicini divengono ebrei: la costruzione politica dello straniero*, trad. it. in ID., *I rischi della libertà. L'individuo nell'epoca della globalizzazione*, a cura di S. Mezzadra, Il Mulino, Bologna 2000.
BECK U., E. GRANDE
2004 *Das kosmopolitische Europa*, Suhrkamp, Frankfurt a.M.
BECK-GERNSHEIM E.
1999 *Juden, Deutsche und andere Erinnerungslandschaften*, Suhrkamp, Frankfurt a.M.
BERGER J., J. MOHR
1975 *A Seventh Man. A Book of Images and Words about the Experience of Migrant Workers in Europe*, Penguin, Harmondsworth.
BHABHA H.K.
1994 *I luoghi della cultura*, trad. it. Meltemi, Roma2001.
BIFFI G.
2000 *Sull'immigrazione: Intervento al seminario della Fondazione Migrantes*, in http://www.we-are-church.org/it/attual/Biffi-Islam.html, September 30.
BLANKE R.
1981 *Prussian Poland in the German Empire (1871-1900)*, Columbia University Press, New York.
BOAS F.
1932 *The Aims of Anthropological Research*, in "Science[N.S.]", 76.
BOBBIO N., N. MATTEUCCI, G. PASQUINO (a cura di)
1983 *Dizionario di politica*, Utet, Torino.
BOHLENDER M.
2000 *Povertà, lavoro e società civile. Il governo dei poveri nell'epoca della ricchezza delle nazioni*, in "Filosofia politica", XIV, 1.
BOJADZIJEV M.
2002 *Antirassistischer Widerstand von Migrantinnen und Migranten in der Bundesrepublik: Fragen der Geschichtsschreibung*, in "1999. Zeitschrift für Sozialgeschichte des 20. und 21. Jahrhunderts", 17, 1.
BOJADŽIJEV M., S. KARAKAYALI, V. TSIANOS
2004 *L enigma dell'arrivo*, in S. MEZZADRA (a cura di) 2004.
BOLTANSKI L., È. CHIAPELLO
1999 *Le nouvel esprit du capitalisme*, Gallimard, Paris.
BOMMES M., J. HALFMANN

1994 *Migration und Inklusion. Spannungen zwischen Nationalstaat und Wohlfahrtsstaat*, in "Kölner Zeitschrift für Soziologie und Sozialpsycholgie", XLVI, 3.

BONAZZI T.
1970 *Il sacro esperimento. Teologia e politica nell'America puritana*, Il Mulino, Bologna.

BONETTI P.
1999 *Anomalie costituzionali delle deleghe legislative e dei decreti legislativi previsti dalla legge sull'immigrazione straniera*, in "Diritto, immigrazione e cittadinanza", 2 e 3.

BRETTELL C.B., J.F. HOLLIFIELD (a cura di)
2000 *Migration Theory. Talking Across Disciplines*, Routledge, London-New York.

BROWN J.N.
1998 *Black Liverpool, Black America and the Gendering of Diasporic Space*, in "Cultural Anthropology", XIII, 3.

BRUBAKER R.
1993 *Cittadinanza e nazionalità in Francia e in Germania*, trad. it. Il Mulino, Bologna 1997.

BULMER M., A.M. REES (a cura di)
1996 *Citizenship Today. The Contemporary Relevance of T.H. Marshall*, UCL Press, London.

BURGIO A.
2001 *La guerra delle razze*, Manifestolibri, Roma.

BURKE A.
2001 *In Fear of Security: Australia's Invasion Anxiety*, Pluto Press, Sydney.

CAFFENTZIS G.
2003 *"Guerra al terrorismo" e classe operaia americana*, in "DeriveApprodi", 24, pp. 22-25.

CASTELLANO L.
1996 *La politica della motitudine*, Manifestolibri, Roma.

CASTLES S., A. DAVIDSON
2000 *Citizenship and Migration. Globalization and the Politics of Belonging*, Macmillan, London.

CASTLES S., M.J. MILLER
2003 *The Age of Migration. International Population Movements in the Modern World*, Third Edition, The Guilford Press, New York-London.

CAVALLETTI A.
2005 *La città biopolitica. Mitologie della sicurezza*, Bruno Mondatori, Milano.

CHAKRABARTY D.
1989 *Rethinking Working-Class History: Bengal 1890-1940*, Princeton University Press, Princeton-Oxford.
2000 *Provincializing Europe. Postcolonial Thought and Historical Difference*, Princeton University Press, Princeton-Oxford.

CHATTERJEE P.
1997 *A Possible India. Essays in Political Criticism*, Oxford University Press, Delhi.

CHRISMAN L., B. PARRY (a cura di)

2000 *Postcolonial Theory and Criticism, Woodbridge*, D.S. Brewer, Suffolk-Rochester, N.Y.
CLASTRES P.
1974 *La società contro lo Stato. Ricerche di antropologia politica*, trad. it. ombre corte, Verona 2003
CLIFFORD J.
1988 *I frutti puri impazziscono. Etnografia, cultura e arte nel XX secolo*, trad. it. Bollati Boringhieri, Torino 1993.
1997 *Strade. Viaggio e traduzione alla fine del XX secolo*, trad. it. Bollati Boringhieri, Torino 1999.
COHEN R.
1997 *Global Diasporas. An Introduction*, UCL Press, London.
COLE PH.
2000 *Philosophies of Exclusion. Liberal Political Theory and Immigration*, Edinburgh University Press, Edinburgh.
COLEMAN J.L., S.K. HARDING
1995 *Citizenship, the Demands of Justice and the Moral Relvance of Political Borders*, in SCHWARTZ (a cura di) 1995.
COSTA P.
1999-2001 *Civitas. Storia della cittadinanza in Europa*, 4 voll., Laterza, Roma-Bari.
CURZON LORD G.N.
1908 *Frontiers [The Romanes Lecture 1907]*, Clarendon Press, Oxford.

DAL LAGO A. (a cura di)
1998 *Lo straniero e il nemico*, Costa & Nolan, Milano-Genova.
DAL LAGO A.
1999 *Non-persone: L'esclusione dei migranti in una società globale*, Feltrinelli, Milano.
DAL LAGO A., A. MOLINARI (a cura di)
2001 *Giovani senza tempo. Il mito della giovinezza nella società globale*, ombre corte, Verona.
DAL LAGO A., E. QUADRELLI
2001 *La città e le ombre. Crimini, criminali, cittadini*, Feltrinelli, Milano.
DAL LAGO A., S. MEZZADRA
2002 "I confini impensati dell'Europa", in H. FRIESE, A. NEGRI, P. WAGNER (a cura di) 2002.
DAVIS M.
1991 *Città di quarzo. Indagando sul futuro a Los Angeles*, trad. it. Manifestolibri, Roma 1999.
2000 *I latinos alla conquista dell'America*, trad. it. Feltrinelli, Milano 2001.
DE CAROLIS M.
1994 *Tempo di esodo. La dissonanza tra sistemi sociali e singolarità*, Manifestolibri, Roma.
DE FEO N.M.
1992 *Riformismo, razionalizzazione, autonomia operaia. Il Verein für Sozialpolitik 1872-1933*, Manduria-Bari-Roma, Lacaita.
DE GENOVA N.P.

2002 *Migrant "Illegality" and Deportability in Everyday Life*, in "Annual Review of Anthropology", XXXI.

DELEUZE G., GUATTARI F.
1980 *Mille piani. Capitalismo e schizofrenia*, trad. it. Istituto della Enciclopedia Italiana, Roma 1987.

DIBBLE V.K.
1968 *Social Science and Political Commitment in the Young Max Weber*, in "Archives européennees de sociologie", IX, 1.

DIETRICH H.
2000 *Regime di controllo delle frontiere e nuove migrazioni nell'Europa di Schengen. Il caso tedesco*, in S. MEZZADRA, A. PETRILLO (a cura di) 2000.

DIRKS N.B. (a cura di)
1992 *Colonialism and Culture*, University of Michigan Press, Ann Arbor.

DUBOIS L.
2000 *La république métissée: Citizenship, Colonialism and the Borders of French History*, in "Cultural Studies", XIV, 1.

DUSSEL E.
1998 *Beyond Eurocentrism: The World-System and the Limits of Modernity*, in F. JAMESON, M. MYOSHI (a cura di), *The Cultures of Globalization*, Duke University Press, Durham-London.

DÜVELL F.
2002 "Die Globalisierung der Migrationskontrolle. Zur Durchsetzung des europäischen und internationalen Migrationsregimes", in AA.VV., *Die Globalisierung des Migrationsregimes. Zur neuen Einwanderungspolitik in Europa*, "Materialien für einen neuen Antiimperialismus", H. 7, 2002, pp. 45-167.
2004 "La globalizzazione del controllo delle migrazioni", in S. MEZZADRA (a cura di) 2004.

EHRENREICH B., A.R. HOCHSCHILD (a cura di)
2003 *Donne globali. Tate, colf e badanti*, trad. it. Feltrinelli, Milano 2004.

ELEY G.
1991 *Wilhelminismus, Nationalismus, Faschismus. Zur historischen Kontinuität in Deutschland*, Verlag Westfälisches Dampfboot, Münster.

EVE M.
2001 *Una sociologia degli altri e un'altra sociologia: la tradizione di studio sull'immigrazione*, in "Quaderni storici", XXXVI, 1.

FABIAN J.
1983 *Il tempo degli altri. La politica del tempo in antropologia*, trad. it. L'ancora del mediterraneo, Napoli 2000.

FAIST TH.
2000 *The Volume and Dynamics of International Migration and Transnational Social Spaces*, Oxford University Press, Oxford 2000.

FERRAJOLI L.
1994 *Dai diritti del cittadino ai diritti della persona*, in D. ZOLO (a c. di), *La cittadinanza. Appartenenze, diritti, identità*, Laterza, Roma-Bari.

FARINELLI F.

2000 *Friedrich Ratzel and the Nature of (Political) Geography*, in "Political Geography", 19.
FERRARI BRAVO L.
2001 *Dal fordismo alla globalizzazione*, Manifestolibri, Roma.
FORBERG M.
1990 *Foreign Labour, the State and Trade Unions in Imperial Germany, 1890-1918*, in W.R. LEE, E. ROSENHAFT (a cura di), *The State and Social Change in Germany, 1880-1980*, Berg, New York-Oxford-Munich.
FOX PIVEN F., R.A. CLOWARD
1997 *The Breaking of the American Social Compact*, The New Press, New York.
FRIESE H., A. NEGRI, P. WAGNER (a cura di)
2002 *Europa politica: ragioni di una necessità*, Manifestolibri, Roma.

GALLI C.
1998 *Cittadino, straniero, ospite*, in "Filosofia e teologia", XII, 2.
2001 *Spazi politici. L'età moderna e l'età globale*, Il Mulino, Bologna.
GALLISSOT E., A. RIVERA
1997 *L'imbroglio etnico*, Dedalo, Bari (2. ed. 2001).
GAMBINO F.
1993 *La trasgressione di un manovale: Malcolm X nella desolazione americana*, introduzione a MALCOLM X, *Con ogni mezzo necessario*, Shake, Milano 1993.
1996 *Alcune aporie delle migrazioni internazionali*, in "aut aut", 275 (ora in ID., *Migranti nella tempesta. Avvistamenti per l'inizio del nuovo millennio*, ombre corte, Verona 2003).
GAMBINO F., R. MUNGIELLO
2000 *Lavoro coatto contemporaneo. Analisi di quattro grandi aree economiche*, in S. MEZZADRA, A. PETRILLO (a cura di) 2000.
GARCÌA CANCLINI N.
1990 *Culturas híbridas. Estrategias para entrar y salir de la modernidad*, Grijalbo, México 1990.
1999 *La globalización imaginada*, Buenos Aires Paidós 1999.
GENOVESE E.D.
1979 *From Rebellion to Revolution. Afro-American Slave Revolts in the Making of the Modern World*, Baton Rouge, Louisiana State University Press.
GILROY P.
1993 *The Black Atlantic. Modernity and Double Consciousness*, Harvard University Press, Cambridge (Ma) (trad. it. *The Black Atlantic. L'identità nera fra modernità e doppia coscienza*, Meltemi, Roma 2003).
2000 *Against Race. Imagining Political Culture Beyond the Color Line*, Harvard University Press, Cambridge (Ma).
GLIOZZI G.
1977 *Adamo e il nuovo mondo. La nascita dell'antropologia come ideologia coloniale: dalle genealogie bibliche alle teorie razziali (1500-1700)*, La Nuova Italia, Firenze.
2004 *Migrazioni ieri e oggi: un tentativo di comparazione*, in "Passato e presente", XXII, 61.
GOZZINI G.

2004 *Migrazioni ieri e oggi: un tentativo di comparazione*, in "Passato e presente", XXII, 61.
GRILLO R., B. RICCIO, R. SALIH
2000 *Here or There? Contrasting Experiences of Transnationalism: Moroccans and Senegalese in Italy*, CDE, University of Sussex.
GUHA R.
1983 *Elementary Apsects of Peasant Insurgency in Colonial India*, Oxford University Press, Delhi.
GUHA R., C.CH. SPIVAK (a cura di)
1988 *Selected Subaltern Studies*, Oxford University Press, Oxford-New York.
GUTIERREZ D.G. (a cura di)
1996 *Bitween TWO Worlds. Mexican Immigrans in the United States*, Scholary Resources, Wilmingeton.

HAGE G.
1998 *White Nation. Fantasies of White Supremacy in a Multicultural Society*, Pluto Press Australia, Annandale.
HAGEN W.W.
1980 *Germans, Poles and Jews: The Nationality Conflict in the Prussian East, 1772-1914*, University of Chicago Press, Chicago.
HALL S.
1990 *Cultural Identity and Diaspora*, in J. RUTHERFORD (a cura di), *Identity: Community, Culture and Difference*, Lawrence & Wishart, London.
HAMMAR T.
1990 *Democracy and the Nation-State: Aliens, Denizens and Citizens in a World of International Migration*, Avebury, Aldershot.
HAMPTON J
1995 *Immigration, Identity and Justice*, in W.F. SCHWARTZ (a cura di) 1995.
HANSEN R., P. WEIL (a cura di)
1999 *Nationalité et citoyenneté en Europe*, La Découverte, Paris.
HARDT M., NEGRI A.
2000 *Empire*, Cambridge (Ma), Harvard University Press (trad. it. *Impero. Il nuovo ordine della globalizzazione*, Rizzoli, Milano 2002).
HARDT M.
2000 *La coscienza oscura degli studi postcoloniali*, in "Posse", 1.
HARNISCH H.
1983 *Zum Stand der Diskussion um die Probeme des "preußischen Weges" kapitalistischer Agrarentwicklung in der deutschen Geschichte*, in G. SEEBER, K.-H. NOACK (a cura di), *Preußen in der deutschen Gechichte nach 1789*, Akademie-Verlag, Berlin.
HENNIS W.
1987 *Il problema Max Weber*, trad. it. Laterza, Roma-Bari 1991.
HERBERT U.
1985 *Fremdarbeiter. Politik und Praxis des "Ausländer-Einsatzes" in der Kriegswirtschaft des Dritten Reiches*, Dietz Nachf, Berlin-Bonn.
1986 *Geschichte der Ausländerbeschäftigung in Deutschland 1880 bis 1980. Saisonarbeiter, Zwangsarbeiter, Gastarbeiter*, Dietz Nachf, Berlin-Bonn.

HESSE B.
2000 *Un/settled Multiculturalisms. Diasporas, Entanglements, Transruptions*, Zed Books, London-New York.
HESSE B. (a cura di)
2000a *Introduction: Un/settled Multiculturalisms*, in B. HESSE (a cura di) 2000.
2000b *Diasporicity: Black Britain's Post-Colonial Formations*, in B. HESSE (a cura di) 2000.
HIRSCHMAN A.O.
1970 *Lealtà, defezione, protesta*, trad. it. Bompiani, Milano 1992.
1993 *L'uscita, la voce e il destino della Repubblica democratica tedesca*, trad. it. in ID., *Autosovversione*, Il Mulino, Bologna 1997.
HONIG B.
1998 *Immigrant America: How Foreigness "Solves" Democracy's Problems*, in "Social Text", LVI, 3.
2001 *Democracy and the Foreigner*, Princeton University Press, Princeton, NJ.
HONNETH A.
1992 *Lotta per il riconoscimento*, trad. it. Il Saggiatore, Milano 2002.
HOOFD I.M.
2005 *The Use of the Migrant Metaphor Within Radical Italian Thought: Whose Liberation Are We Talking About, Anyway?*, in "Cultural Studies Review", XI, 2.
HUNTINGTON S.P.
1996 *Lo scontro delle civiltà e il nuovo ordine mondiale*, trad. it. Garzanti, Milano 1997.

JAGGAR A.M.
1998 *Globalizing Feminist Ethics*, in "Hypatia", XIII, 2.
JAMES, C.L.R.
1938 *I giacobini neri*, trad. it. Feltrinelli, Milano 1968.
JAMESON F., M. MYOSHI (a cura di)
1998 *The Cultures of Globalization*, Duke University Press, Durham-London.
JELLINEK G.
1894 *System der subjektiven öffentlichen Rechte, 2.* Aufl. 1905, Wissenschaftliche Buchgesellschaft, Darmstadt 1963.
JOPPKE CH.
1999 *How Immigration is Transforming Citizenship: A Comparative View*, in "Ethnic and Racial Studies", XXII, 4.
JORDAN B., F. DÜVELL
2003 *Migration. The Boundaries of Equality and Justice*, Polity Press, Oxford.
JOXE A.
2002 *L'impero del caos. Guerra e pace nel nuovo disordine mondiale*, trad. it. Sansoni, Milano 2003.

KERSTING W.
1998 *Einleitung*, in W. KERSTING, CH. CHWASZCZA (a cura di.), *Politische Philosophie der internationalen Beziehungen*, Suhrkamp, Frankfurt a.M..
KLEIN N.
2000 *No Logo. Economia globale e nuova contestazione*, trad. it. Baldini & Castol-

di, Milano.
KNOKE A.
1911 *Ausländische Wanderarbeiter in Deutschland*, A. Deichert, Leipzig.
KOFMAN E. et al.
2000 *Gender and International Migration in Europe. Employment, Welfare and Politics*, Routledge, London-New York.
KOSELLECK R.
1979 *Futuro passato*, trad. it. Marietti, Genova 1986.
KRANSNODEBSKI Z.
1995 *Max Weber und Osteuropa*, in "Berliner Journal für Soziologie", V, 3.
KYMLICKA W. 1995, *La cittadinanza multiculturale*, trad. it. Il Mulino, Bologna 1999.
KYMLICKA W., W. NORMAN
2000 *Citizenship in Culturally Diverse Societies: Issues, Contexts, Concepts*, in W. KYMLICKA, W. NORMAN (a cura di), *Citizenship in Diverse Societies*, Oxford University Press, Oxford-New York.

LACLAU E., CH. MOUFFE
1985 *Hegemony and Socialist Strategy. Towards a Radical Democratic Politics*, 2nd edition, Verso, London-New York 2001.
LAGUERRE M.S.
1998 *Diasporic Citizenship: Haitian Americans in Transnational America*, St. Martin's Press, New York.
LANDER E. (a cura di)
2000 *La colonialidad del saber: eurocentrismo y ciencias sociales. Perspectivas latinoamericanas*, CLACSO, Buenos Aires.
LANE T.
1987 *Gateway to Empire*, Liverpool University Press, Liverpool.
LE BRAS H.
1998 *Il demone delle origini. Demografia e estrema destra*, trad. it. Feltrinelli, Milano 2001.
LINDENLAUB D.
1967 *Richtungskämpfe im Verein für Sozialpolitik*, Steiner, Wiesbaden.
LINEBAUGH P.
1991 *The London Hanged. Crime and Civil Society in the Eighteenth Century*, Penguin, Harmondsworth 1993.
LINEBAUGH P., M. REDIKER
2000 *The Many-Headed Hydra: Sailors, Slaves, Commoners, and the Hidden History of the Revolutionary Atlantic*, Beacon Press, Boston (trad. it. *I ribelli dell'Atlantico. Marinai e rinnegati: la storia perduta di un'utopia libertaria*, Feltrinelli, Milano 2004).
LOOMBA A.
1998 *Colonialismo/Postcolonialismo*, trad. it. Meltemi, Roma 2000.

MACIOTI M.I., E. PUGLIESE
2003 *L'esperienza migratoria. Immigrati e rifugiati in Italia*, Laterza, Roma-Bari.
MAINE H.S.
1861 *Diritto antico*, trad. it. a cura di V. Ferrari, Giuffrè, Milano 1998.

MARIE C.-V.
2000 "Measures Taken to Combat the Employment of Undocumented Foreign Workers in France", in OECD, *Combating the Illegal Employment of Foreign Workers*, Oecd, Paris, pp. 107-131.
MARRA R.
1995 *La libertà degli ultimi uomini. Studi sul pensiero giuridico e politico di Max Weber*, Giappichelli, Torino.
MARSHALL T.H.
1949 *Cittadinanza e classe sociale*, trad. it. in ID., *Cittadinanza e classe sociale*, a cura di P. Maranini, Utet, Torino 1976.
MARTINIELLO M.
1997 *Le società multietniche*, trad. it. Il Mulino, Bologna 2000.
MARX K.
1867 *Il capitale. Critica dell'economia politica*, Libro I: *Il processo di produzione del capitale*, trad. it. Einaudi, Torino 1975.
MASPERO F., A. FRANTZ
1990 *Les passegers du Roissy-Express*, Éditions du Seuil, Paris.
MASSEY D.S., J. ARANGO, G. HUGO, J.E. TAYLOR
1993 *Theories of International Migration: A Review and Appraisal*, in 'Population and Development Review', 19, pp. 431-466.
MATZERATH H.
1985 *Urbanisierung in Preußen 1815-1914*, Kohlhammer-Deutscher Gemeindeverlag, Stuttgart-Berlin-Köln-Mainz.
MAZZI E.
2001 *La forza dell'esodo*, Manifestolibri, Roma.
METHA, U.S.
1999 *Liberalism and Empire. A Study in Nineteenth-Century British Liberal Thought*, University of Chicago Press, London-Chicago.
MEZZADRA S.
1996 *La comunità dei nemici. Migranti, capitalismo e nazione negli scritti di Max Weber sui lavoratori agricoli nei territori prussiani a est dell'Elba* (1892-1895), in "aut-aut", 275.
MEZZADRA S., M. RICCIARDI
1997 *Democrazia senza lavoro? Sul rapporto tra costituzione, cittadinanza, e amministrazione nella crisi dello Stato sociale*, in E. PARISE (a cura di), *Stato nazionale, lavoro e moneta nel sistema mondiale integrato*, Liguori, Napoli.
MEZZADRA S.
2000 *Migration - Kapitalismus - Nation. Der junge Max Weber zur Lage der Landarbeiter im ostelbischen Preußen*, in "Associations", IV, 2.
MEZZADRA S., A. PETRILLO (a cura di)
2000 *I confini della globalizzazione. Lavoro, culture, cittadinanza*, Manifestolibri, Roma.
MEZZADRA S.
2001 *Nella crisi della cittadinanza*, in DAL LAGO, MOLINARI (a cura di) 2001.
MEZZADRA S., A. DAL LAGO
2001 *Il movimento globale*, in "il Mulino", 397.

MEZZADRA S., F. RAIMONDI
2001 *Oltre Genova, oltre New York. Tesi sul movimento globale*, DeriveApprodi, Roma.

MEZZADRA S.
2001 *Diritto di fuga: migrazioni, cittadinanza, globalizzazione*, ombre corte, Verona.
2002a "Diritti di cittadinanza e Welfare State. *Citizenship and Social Class* di Tom Marshall cinquant'anni dopo," in T.H. MARSHALL, *Cittadinanza e classe sociale* Laterza, Roma-Bari,.
2002b "Immagini della cittadinanza nella crisi dell'antropologia politica moderna. Gli studi postcoloniali", in R. GHERARDI (a cura di), *Politica, consenso, legittimazione. Trasformazioni e prospettive*, Carocci, Roma.

MEZZADRA S., E. RIGO
2003 "L'Europa dei migranti", in G. BRONZINI, H. FRIESE, A. NEGRI, P. WAGNER (a cura di), *Europa, costituzione e movimenti sociali. La crisi della sovranità statale, la dimensione europea e lo spazio dei movimenti sociali*, Manifestolibri, Roma.

MEZZADRA S.
2004 "Le vesti del cittadino. Trasformazioni di un concetto politico sulla scena della modernità", in ID. (a cura di), *Cittadinanza. Soggetti, ordine, diritto*, Clueb, Bologna.

MEZZADRA S. (a cura di)
2004 *I confini della libertà. Per un'analisi politica delle migrazioni contemporanee*, DeriveApprodi, Roma.

MEZZADRA S., E. RIGO
2006 "Diritti d'Europa. Una prospettiva postcoloniale sul diritto coloniale", in A. MAZZACANE (a cura di), *Oltremare. Diritto e istituzioni dal colonialismo all'età postcoloniale*, Cuen, Napoli.

MEZZADRA S., F. RAHOLA
2006 *The Postcolonial Condition. A Few Notes on the Quality of Historical Time in the Global Present*, in "Postcolonial Text", II (2006), 1.

MEZZADRA S.
2006 *Citizen and Subject. A Postcolonial Constitution for the European Union?*, in "Situations", I, 2.

MILL J.S.
1861 *Considerazioni sul governo rappresentativo*, trad. it. a cura di M. Prospero, Editori Riuniti, Roma 1997.

MINTZ S.W.
1985 *Storia dello zucchero. Politica e cultura*, trad. it. Einaudi, Torino 1990.

MOROKVASIC M.
1983 *Women in Migration*, in A. PHIZACKLEA (a cura di), *One Way Ticket*, Routledge, London.

MORAWSKA E.
1989 *Labor Migrations of Poles in the Atlantic Economy, 1880-1914*, in "Comparative Studies in Society and History", XXXI.
2005 "Immigrati di ieri e di oggi in Europa e fuori: insediamento e integrazione", in T. CAPONIO, A. COLOMBO (a cura di), *Migrazioni globali, integrazioni locali*, Il Mulino, Bologna.

MORRISON T.
1992a *Giochi al buio*, trad. it. Frassinelli, Piacenza 1994.
1992b *Jazz*, trad. it. Frassinelli, Piacenza 1993.
MOUFFE CH.
1992 *Democratic Citizenship and the Political Community*, in EAD. (a cura di), *Dimensions of Radical Democracy. Pluralism, Citizenship, Community*, Verso, London-New York.
MOULIER BOUTANG Y.
1998 *De l'esclavage au salariat. Économie historique du salariat bridé*, Presses Universitaire de France, Paris (trad. it. *Dalla schiavitù al lavoro salariato*, Manifestolibri, Roma 2002).
MÜNKLER H.
2002 *Die neuen Kriege*, Rowohlt, Berlin.

NEGRI A.
2001 "Il mostro politico. Nuda vita e potenza", in U. FADINI, A. NEGRI CH.T. WOLFE (a cura di), *Il desiderio del mostro. Dal circo al laboratorio alla politica*, Manifestolibri, Roma.
2002 *Il* backlash *imperialista sull'Impero. Intervista con Ida Dominijanni*, in "il manifesto", 14 settembre.
NEUBACH H.
1967 *Die Ausweisungen von Polen und Juden aus Preussen 1885/86. Ein Beitrag zu Bismarcks Polenpolitik und zur Geschichte des deutsch-polnischen Verhältnisses*, Otto Harrassowitz, Wiesbaden.
NEVE M.
2004 *Itinerari nella geografia contemporanea*, Carocci, Roma.
NGAI M.M.
2003 *Impossibile Subjects: Illegal Aliens and the Making of Modern America*, Princeton University Press, Princeton-Oxford.
NICHTWEISS J.
1959 *Die ausländischen Saisonarbeiter in der Landwirtschaft der östlichen und mittleren Gebiete des Deutschen Reiches. Ein Beitrag zur Geschichte der preußisch-deutschen Politik von 1890 bis 1914*, Rütten & Loening, Berlin.
NOIRIEL G.
1991 *La tyrannie du national. Le droit d'asile en Europe 1793-1993*, Calmann-Lévy, Paris.

ONG A.
1999 *Flexible Citizenship. The Cultural Logics of Transnationality*, Duke University Press, Durham-London.

PALIDDA S.
2000 *Polizia postmoderna. Per l'etnografia del nuovo controllo sociale*, Feltrinelli, Milano.
PAPASTERGIADIS N.
2000 *The Turbolence of Migration*, Polity Press, Cambridge.
PARREÑAS R.S.
2001 *Servants of Globalization: Women, Migration and Domestic Work*, Stanford

University Press, Palo Alto, CA.
PATTON C., R.L. CASERIO
2000 *Introduction. Citizenship 2000*, in "Cultural Studies", XIV, 1.
PERERA S.
2002 *What is a camp...?*, in "borderlands", I, 1 (http://www.borderlandsejournal.adelaide.edu.au/vol1no1_2002/perera_camp.html)
PERKINS J.A.
1981 *The Agricultural Revolution in Germany, 1850-1914*, in "Journal of European Economic History", X.
PETRILLO A.
2000 *La città perduta. L'eclissi della dimensione urbana nel mondo contemporaneo*, Dedalo, Bari.
PHILIPPOVICH E. VON
1892 *Einleitung: Die Auswanderung als Gegenstand der Reichspolitik*, in ID. (a cura di), *Auswanderung und Auswanderungspolitik in Deutschland* ("Schriften des Vereins für Sozialpolitik", Bd. 52), Leipzig, Duncker & Humblot.
PHILLIPS M., T. PHILLIPS
1998 *Windrush. The Irresistible Rise of Multi-Racial Britain*, HarperCollins, London.
PICCININI M.
1995 *Codice, sistema e legislatura. Il laboratorio intellettuale di "Ancient Law"*, in "Materiali per una storia della cultura giuridica", XXV, 1.
2003 *Cittadinanza in saturazione. Note per una critica dei diritti*, in "DeriveApprodi", 24, pp. 119-122.
PIORE M.J.
1979 *Birds of Passage. Migrant Labour and Industrial Societies*, Cambridge University Press, Cambridge.
POLANYI K.
1944 *La grande trasformazione. Le origini economiche e politiche della nostra epoca*, trad. it. Einaudi, Torino 1974.
POLLAK M.
1986 *Un texte dans son contexte. L'enquête de Max Weber sur les ouvriers agricoles*, in "Actes de la recherche en sciences sociales", 65.
PORTES A.
1997 *Immigration Theory for a New Century: Some Problems and Opportunities*, in "International Migration Review", 31, pp. 799-825.
PRAKASH G. (a cura di)
1995 *After Colonialism. Imperial Histories and Postcolonial Displacements*, Princeton University Press, Princeton, NJ.
PRESCOTT J.R.V.
1987 *Political Frontiers and Borders*, Allen & Unwin, London.
PRIES L.
1998 *Transnationale Soziale Räume. Theoretisch-empirische Skizze am Beispiel der Arbeitswanderungen Mexiko-USA*, in U. BECK (a cura di), *Perspektiven der Weltgesellschaft*, Suhrkamp, Frankfurt a.M. 1998.
PUGLIESE E. (a cura di)
2000 *Rapporto immigrazione. Lavoro, sindacato, società*, Ediesse, Roma.

PUWAR N.
2004 *Space Invaders. Race, Gender and Bodies Out of Place*, Berg, Oxford-New York.

RAHOLA F.
2000 *In mezzo alle diaspore*, in "aut aut", 298.
2003 *Zone definitivamente temporanee. I luoghi dell'umanità in eccesso*, ombre corte, Verona.
RAIMONDI F., M. RICCIARDI
2004 "Introduzione", in *Lavoro migrante. Esperienza e prospettiva*, DeriveApprodi, Roma.
RANCIÈRE J.
1992 *L'immigré et la loi du consensus*, in "Libération", 12 luglio.
1995 *La mésentante. Politique et philosophie*, Galilée, Paris.
RATZEL F.
1897 *Politische Geographie*, 3. Aufl., durchgesehen und ergänzt von E. Oberhummer, Oldenbourg, München-Berlin 1923.
RAUTY R.
1999 *Il sogno infranto. La limitazione dell'immigrazione negli Stati uniti e le scienze sociali*, Manifestolibri, Roma.
REA A., J. WRENCH (a cura di)
1999 *Migrants, Ethnic Minorities and the Labour Market. Integration and Exclusion in Europe*, Macmillan, London.
READ J.
2003 *The Micro-Politics of Capital. Marx and the Prehistory of the Present*, State University of New York Press, Albany, NY.
REDIKER M.
1987 *Sulle tracce dei pirati*, trad. it. Piemme, Casale Monferrato 1996.
RICCIARDI M.
2001 *Rivoluzione*, Il Mulino, Bologna.
RIESEBRODT M.
1985 *Vom Patriarchalismus zum Kapitalismus. Max Webers Analyse der ostelbischen Agrarverhältnisse im Kontext zeitgenössischer Theorien*, in "Kölner Zeitschrift für Soziologie und Sozialpsychologie".
RIGO E.
2002 *Lo spazio comune di "libertà, sicurezza e giustizia"*, in "DeriveApprodi", 22.
2004 "Ai confini dell'Europa. Cittadinanze post-coloniali nella nuova Europa allargata", in S. MEZZADRA (a cura di) 2004.
RODRÍGUEZ N.
1996 *The Battle for the Border: Notes on Autonomous Migration, Transnational Communities and the State*, in "Social Justice".
ROLLER K.
1993 *Frauenmigration und Ausländerpolitik im Deutschen Kaiserreich. Polnische Arbeitsmigrantinnen in Preußen*, Bertz, Berlin.
ROSCIONI G.C.
2001 *Il desiderio delle Indie. Storie, sogni e fughe di giovani gesuiti italiani*, Einaudi, Torino.

ROVERSI A.
1984 *Il magistero della scienza. Storia del Verein für Sozialpolitik da 1872 al 1888*, Angeli, Milano.
RUBIO-MARÍN R.
2000 *Immigration as Democratic Challenge. Citizenship and Inclusion in Germany and the United States*, Cambridge University Press, Cambridge-New York.
RUSHDIE S.
1988 *I versi satanici*, trad. it. Mondadori, Milano 1989.

SAFRAN W.
1991 *Diasporas in Modern Society: Myths of Homeland and Return*, in "Diaspora", I, 1.
SAID E.W.
1978 *Orientalismo*, trad. it. Feltrinelli, Milano 1999.
1984 *Reflexions on Exile*, ora in ID., *Reflections on Exile and Other Essays*, Harvard University Press, Cambridge, MA 2002, pp. 173-186.
1993 *Cultura e imperialismo. Letteratura e consenso nel progetto coloniale dell'Occidente*, trad. it. Gamberetti, Roma 1998.
SALDÍVAR J.D.
1997 *Border Matters. Remapping American Cultural Studies*, University of California Press, Berkeley.
SALIH R.
2003 *Gender in Transnationalism: Home, Longing and Belonging among Moroccan Migrant Women*, Routledge, London.
SAMADDAR R.
2004 *The Politics of Dialogue: Living Under the Geopolitical Histories of War and Peace*, Ashgate, Aldershot.
SAMSA G.
2006 *Autonome Hintereingänge in die Festung Europa?*, in "AK - Analyse und Kritik", 506, 19. Mai.
SANTORO E.
1999 *Autonomia individuale, libertà e diritti. Una critica dell'antropologia liberale*, ETS, Pisa.
SARTORI G.
2000 *Pluralismo, multiculturalismo e estranei. Saggio sulla società multietnica*, Rizzoli, Milano.
SASSEN S.
1988 *The Mobility of Labor and Capital. A Study in International Investment and Labor Flow*, Cambridge University Press, Cambridge.
1996 *Migranti, coloni, rifugiati. Dall'emigrazione di massa alla fortezza Europa*, trad. it. Feltrinelli, Milano 1999.
SAUL K.
1983 *Um die konservative Struktur Ostelbiens: Agrarische Interessen, Staatsverwaltung und ländliche "Arbeiternot". Zur konservativen Landarbeiterpolitik in Preußen-Deutschland 1889-1914*, in D. STEGMANN, B.-J. WENDT, P.-CH. WITT (a cura di), *Deutscher Konservatismus im 19. und 20. Jahrhundert. Festschrift für Fritz Fischer*, Verlag Neue Gesellschaft, Bonn.

SAYAD A.
1996 *La doppia pena del migrante. Riflessioni sul "pensiero di Stato"*, in "aut aut", 275.
1999 *La double absence. Des illusions de l'emigré aux souffrances de l'immigré*, Seuil, Paris.
SCHIERA P.
1987 *Il laboratorio borghese. Scienza e politica nella Germania dell'Ottocento*, Il Mulino, Bologna.
SCHMITT C.
1950 *Il nomos della terra nel diritto internazionale dello "jus publicum europaeum"*, trad. it. Adelphi, Milano 1991.
SCHWARTZ W.F. (a cura di)
1995 *Justice in Immigration*, Cambridge University Press, Cambridge-New York.
SEELEY J.R.
1883 *The Expansion of England. Two Courses of Lessons*, Macmillan, London.
SHAPIRO M.J.
2000 *National Times and Other Times: Re-Thinking Citizenship*, in "Cultural Studies", XIV, 1.
SIVINI, G.
2005 "Le migrazioni dal fordismo alla globalizzazione," in ID. (a cura di), *Le migrazioni tra ordine imperiale e soggettività*, Rubbettino, Soveria Mannelli.
SÒRGONI B.
1998 *Parole e corpi. Antropologia, discorso giuridico e politiche sessuali interrazziali nella colonia Eritrea*, Liguori, Napoli.
SOSSI F. (a cura di)
1999 *Pensiero al presente: omaggio a Jean-François Lyotard*, Cronopio, Napoli.
SOSSI F.
2002 *Autobiografie negate. Immigrati nei Lager del presente*, Manifestolibri, Roma.
SOYSAL Y.N.
1994 *Limits of Citizenship. Migrants and Postnational Membership in Europe*, University of Chicago Press, Chicago-London.
2000 *Citizenship and Identity. Living in Diasporas in Post-War Europe?*, in "Ethnic and Racial Studies", XXIII, 1.
SPENCER S.
1995 *Migrants, Refugees and the Boundaries of Citizenship*, Institute for Public Policy Research, London 1995.
SPINNER J.
1994 *The Boundaries of Citizenship. Race, Ethnicity and Nationality in the Liberal State*, The Johns Hopkins University Press, Baltimore-London.
SPIVAK G.CH.
1988 *Can the Subaltern Speak?*, in L. GROSSBERG, C. NELSON (a cura di), *Marxism and the Interpretation of Culture*, University of Illinois Press, Urbana.
1999 *A Critique of Postcolonial Reason. Towards a History of the Vanishing Present*, Harvard University Press, Cambridge (Ma)-London.
STOLKE V.
2000 *Le nuove frontiere e le nuove retoriche culturali dell'esclusione in Europa*, in S. MEZZADRA, A. PETRILLO (a cura di) 2000.

TABUENCA CÓRDOBA M.S.
1997 *Aproximaciones criticas sobre las leteraturas de las fronteras*, in "Frontera Norte", IX, 18.
TAGLIAGAMBE S.
1997 *Epistemologia del confine*, Il Saggiatore, Milano.
THOMAS N.
1994 *Colonialism's Culture. Anthropology, Travel and Government*, Princeton University Press, Princeton, NJ.
THOMAS W.I., W.I. ZANIECKI
1918-1920 *Il contadino polacco in Europa e in America*, trad. it. Comunità, Milano 1968, 2 voll.
THOMAS W.I.
1921 *Gli immigrati e l'America. Tra il vecchio mondo e il nuovo*, trad. it. Donzelli, Roma 1997.
TOMLINSON J.
1999 *Sentirsi a casa nel mondo. La cultura come bene globale*, trad. it. Feltrinelli, Milano 2001.
TOUSSAINT LOUVERTURE F.D.
1997 *La libertà del popolo nero. Scritti politici*, a cura di S. Chignola, La Rosa, Torino.
TREBILCOCK M.J.
1995 *The Case for a Liberal Immigration Policy*, in W.F. SCHWARTZ (a cura di) 1995.
TRIBE K.
1989 *Prussian Agricolture - German Politics: Max Weber 1892-7*, in ID. (a cura di), *Reading Weber*, Routledge, London-New York.

ULLMANN, H.-P.
1995 *Das Deutsche Kaiserreich 1871-1918*, Suhrkamp, Frankfurt a.M.

VEENKAMP TH., T. BENTLEY, A. BUONFINO
2003 *People Flow. Managing Migration in a New European Commonwealth*, in www.demos.co.uk/peopleflow_pdf_media_public.aspx.
VILA P.
2000 *Crossing Borders, Reinforcing Borders: Social Categories, Metaphors, and Narrative Identities on the U.S.-Mexico Frontier*, Austin, University of Texas Press.
2003 "The Limits of American Border Theory", in ID., (a cura di), *Ethnography at the Border*, Univeristy of Minnesota Press, Minneapolis-London.
VIRNO P.
1994 *Mondanità. L'idea di "mondo" tra esperienza sensibile e sfera pubblica*, Manifestolibri, Roma.
1999 *Il ricordo del presente. Saggio sul tempo storico*, Bollati Boringhieri, Torino.
VITALE E.
2004 *Ius migrandi. Figure di erranti al qua della cosmopoli*, Bollati Boringhieri, Torino.

WALTERS W.

2002 *Mapping Schengenland: Denaturalizing the Border*, in "Environment and Planning D: Society and Space", XX, 5.
2004 *Secure Borders, Safe Haven, Domopolitics*, in "Citizenship Studies", 8.
WALVIN J.
2000 *Making the Black Atlantic: Britain and the African Diaspora*, Cassell, London-New York.
WALZER M.
1985 *Esodo e rivoluzione*, trad. it. Feltrinelli, 1986, Milano.
1992 *What it Means to Be an American*, Marsilio, New York.
WARK M.
2002 *Globalisation from Below: Migration, Sovereignty, Communication, in fibreculture*, in http://lists.myspinach.org/archives/fibreculture/2002-January/001 062.html).
WEBER M.
1895 *Lo Stato nazionale e la politica economica tedesca*, trad. it. in ID., *Scritti politici*, a cura di A. Bolaffi, Donzelli, Roma 1998.
1922 *Economia e società*, trad. it. Comunità, Milano 1986, 5 voll.
Die Lage der Landarbeiter im ostelbischen Deutschland, Max Weber Gesamtausgabe, Abteilung I, Bd. 3, 2 Halbbde., a cura di M. Riesebrodt, Mohr, Tübingen 1984 (cit. MWG I/3).
Landarbeiterfrage, Nationalstaat und Volkswirtschaftspolitik. Schriften und Reden 1892-1899, Max Weber Gesamtausgabe, Abteilung I, Bd. 4, 2 Halbbde., a cura di W.J. Mommsen in Zusammenarbeit mit R. Aldenhoff, Mohr, Tübingen 1993 (cit. MWG I/4).
WEILER J.H.H.
2003 "Federalismo e costituzionalismo: il 'Sonderweg' europeo", in G. ZAGREBELSKY (a cura di), *Diritti e Costituzione nell'Unione europea*, Laterza, Roma-Bari 2003.
WESTIN CH.
1998 *Temporal and Spacial Aspects of Multiculturality. Reflections on the Meaning of Time and Space in Relation to the Blurred Boundaries of Multicultural Societies*, in BAUBÖCK, RUNDELL (a cura di) 1998.
WIPPERMANN W.
1999 *Konzentrationslager. Geschichte, Nachgeschichte, Gedenken*, Elefanten Press, Berlin.

YOUNG R.J.C.
1995 *Colonial Desire. Hybridity in Theory, Culture and Race*, Routledge, London-New York.
2001 *Postcolonialism. An Historical Introduction*, Blackwell, Oxford-Malden.

ZANINI P.
1997 *Significati del confine. I limiti naturali, storici, mentali*, Bruno Mondadori, Milano.
ZINCONE G. (a cura di)
1992 *Da sudditi a cittadini. Le vie dello Stato e le vie della società civile*, Il Mulino, Bologna.

1994 *Uno schermo contro il razzismo*, Donzelli, Roma.
2000 *Cittadinanza: trasformazioni in corso*, in "Filosofia politica", XIV, 1.
2000 *Primo rapporto sull'integrazione degli immigrati in Italia*, Il Mulino, Bologna.
2001 *Secondo rapporto sull'integrazione degli immigrati in Italia*, Il Mulino, Bologna.

ŽIŽEK S.
1997 *Multiculturalism, or the Cultural Logic of Multinational Capitalism*, in "New Left Review", 225.
1998 *Ein Plädoyer für die Intoleranz*, Passagen Verlag, Wien.
2000 *The Ticklish Subject. The Absent Centre of Political Ontology*, Verso, London.
2004 *Organs Without Bodies. On Deleuze and the Consequences*, Routledge, London-New York.

ZOLO D. (a cura di)
1994 *La cittadinanza. Appartenenza, identità, diritti*, Laterza, Bari.
2000 *Cittadinanza. Storia di un concetto teorico-politico*, in "Filosofia politica", XIV, 1.

日本語訳

A

ジョルジョ・アガンベン（高桑和巳訳）『ホモ・サケル——主権権力と剥き出しの生』以文社、2007年。

————（高桑和巳訳）『人権の彼方に——政治哲学ノート』以文社、2000年。

ベネディクト・アンダーソン（白石さや、白石隆訳）『想像の共同体——ナショナリズムの起源と流行（増補版）』NTT 出版、1997年。

————（関根政美訳）「〈遠隔地ナショナリズム〉の出現」『世界』1993年 9 月号、179-190頁。

アルジュン・アパデュライ（門田健一訳）『さまよえる近代——グローバル化の文化研究』平凡社、2004年。

ハナ・アーレント（大久保和郎ほか訳）『全体主義の起原 1 ～ 3』みすず書房、1972 - 74年。

B

エティエンヌ・バリバール（松葉祥一、亀井大輔訳）『ヨーロッパ市民とは誰か——境界・国家・民衆』平凡社、2008年。

————（大中一彌訳）『ヨーロッパ、アメリカ、戦争——ヨーロッパの媒介について』平凡社、2006年。

――――（松葉祥一訳）『市民権の哲学――民主主義における文化と政治』青土社、2000年。

エティエンヌ・バリバール、イマニュエル・ウォーラーステイン（若森章孝ほか訳）『人種・国民・階級――揺らぐアイデンティティ』大村書店、1995年、新装版1997年（新版『人種・国民・階級――「民族」という曖昧なアイデンティティ』唯学書房、2014年）。

ジグムント・バウマン（澤田眞治、中井愛訳）『グローバリゼーション――人間への影響』法政大学出版局、2010年。

ホミ・バーバ（本橋哲也ほか訳）『文化の場所――ポストコロニアリズムの位相』法政大学出版局、2005年、新装版2012年。

フランツ・ボアズ「人類学研究の目的」、前野佳彦編・監訳『北米インディアンの神話文化』中央公論新社、2013年、78-102頁。

リュック・ボルタンスキー、エヴ・シャペロ（三浦直希ほか訳）『資本主義の新たな精神（上下）』ナカニシヤ出版、2013年。

C
ピエール・クラストル（渡辺公三訳）『国家に抗する社会――政治人類学研究』水声社、1989年。

ジェイムズ・クリフォード（太田好信ほか訳）『文化の窮状――20世紀の民族誌、文学、芸術』人文書院、2003年。

――――（毛利嘉孝ほか訳）『ルーツ――20世紀後期の旅と翻訳』月曜社、2002年。

ジェイムズ・クリフォード、ジョージ・マーカス編（春日直樹ほか訳）『文化を書く』紀伊國屋書店、1996年。

D
マイク・デイヴィス（村山敏勝、日比野啓訳）『要塞都市 LA』青土社、2001年、増補新版2008年。
ジル・ドゥルーズ、フェリックス・ガタリ（宇野邦一ほか訳）『千のプラトー――資本主義と分裂症』河出書房新社、1994年（河出文庫、三分冊、2010年）。

G
ポール・ギルロイ（上野俊哉、毛利嘉孝、鈴木慎一郎訳）『ブラック・アトランティック――近代性と二重意識』月曜社、2006年。

H
ガッサン・ハージ（保苅実、塩原良和訳）『ホワイト・ネイション——ネオ・ナショナリズム批判』平凡社、2003年。

アントニオ・ネグリ、マイケル・ハート（水嶋一憲ほか訳）『〈帝国〉——グローバル化の世界秩序とマルチチュードの可能性』以文社、2003年。

アルバート・O・ハーシュマン（三浦隆之訳）『組織社会の論理構造——退出・告発・ロイヤルティ』ミネルヴァ書房、1975年（新版、矢野修一訳、『離脱・発言・忠誠——企業・組織・国家における衰退への反応』ミネルヴァ書房、2005年）。

アクセル・ホネット（山本啓、直江清隆訳）『承認をめぐる闘争——社会的コンフリクトの道徳的文法』法政大学出版局、2003年、増補版2014年。

サミュエル・P・ハンチントン（鈴木主税訳）『文明の衝突』集英社、1998年。

ヴィルヘルム・ヘニス（雀部幸隆ほか訳）『マックス・ヴエーバーの問題設定』恒星社厚生閣、1991年。

J
C・L・R・ジェームズ（青木芳夫訳）『ブラック・ジャコバン——トゥサン＝ルヴェルチュールとハイチ革命』大村書店、1991年、増補新版2002年。
アラン・ジョクス（逸見龍生訳）『〈帝国〉と〈共和国〉』青土社、2003年。

K
ナオミ・クライン（松島聖子訳）『ブランドなんかいらない——搾取で巨大化する大企業の非情』はまの出版、2001年（新版、大月書店、2009年）。
ウィル・キムリッカ（角田猛之、山崎康仕、石山文彦訳）『多文化時代の市民権——マイノリティの権利と自由主義』晃洋書房、1998年。

L
エルネスト・ラクラウ、シャンタル・ムフ（山崎カヲル、石澤武訳）『ポスト・マルクス主義と政治——根源的民主主義のために』大村書店、1992、復刻新版2000年（第２版の新訳、西永亮、千葉眞訳、『民主主義の革命——ヘゲモニーとポスト・マルクス主義』ちくま学芸文庫、2012年）。
アーニャ・ルーンバ（吉原ゆかり訳）『ポストコロニアル理論入門』松柏社、2001年。

M
T・H・マーシャル、トム・ボットモア（岩崎信彦、中村健吾訳）『シティズンシップと社会的階級――近現代を総括するマニフェスト』法律文化社、1993年。

サンドロ・メッツァードラ、フェデリコ・ラオーラ（北川眞也訳）「ポストコロニアル状況」『空間・社会・地理思想』第13号、2010年、61-73頁。

J・S・ミル（水田洋訳）『代議制統治論』岩波文庫、1997年。

シドニー・ミンツ（川北稔、和田光弘訳）『甘さと権力――砂糖が語る近代史』平凡社、1988年。

トニ・モリスン（大社淑子訳）『白さと想像力――アメリカ文学の黒人像』朝日新聞、1994年。

――――（大社淑子訳）『ジャズ』早川書房、1994年（ハヤカワ epi 文庫、2010年）。

シャンタル・ムフ（千葉眞ほか訳）「民主主義的シティズンシップと政治共同体」『政治的なるものの再興』日本経済評論社、1998年、121-150頁。

P
カール・ポランニー（吉沢英成ほか訳）『大転換――市場社会の形成と崩壊』東洋経済新報社、1975（新訳、野口建彦、栖原学訳、東洋経済新報社、2009年）。

R
ジャック・ランシエール（松葉祥一、大森秀臣、藤江成夫訳）『不和あるいは了解なき了解――政治の哲学は可能か』インスクリプト、2005年。
サルマン・ラシュディ（五十嵐一訳）『悪魔の詩（上下）』新泉社、1990年。

S
エドワード・W・サイード（今沢紀子訳）『オリエンタリズム』平凡社、1986年（平凡社ライブラリー、二分冊、1993年）。

――――（大橋洋一訳）『文化と帝国主義１・２』みすず書房、1998／2001年。

カール・シュミット（新田邦夫訳）『大地のノモス――ヨーロッパ公法という国際法における』福村出版、1976年、二分冊新装版1984年（慈学社出版、2007年）。

シーレー（加藤政司郎訳）『英國膨張史論』興亡史論刊行會、1918年（『英国膨張史論』平凡社、1930年）。

ガヤトリ・C・スピヴァク（上村忠男訳）『サバルタンは語ることができるか』みすず書房、1998年。

ガヤトリ・C・スピヴァク（上村忠男、本橋哲也訳）『ポストコロニアル理性批判——消え去りゆく現在の歴史のために』月曜社、2003年。

T

W・I・トーマス、F・ズナニエツキ（桜井厚訳）『生活史の社会学——ヨーロッパとアメリカにおけるポーランド農民』御茶の水書房、1983年。

ジョン・トムリンソン（片岡信訳）『グローバリゼーション——文化帝国主義を超えて』青土社、2000年。

W

マイケル・ウォーザー（荒井章三訳）『出エジプトと解放の政治学』新教出版社、1987年。

マックス・ウェーバー（田中真晴訳）『国民国家と経済政策』未來社、1959年、新版2000年。

————（肥前栄一訳）『東エルベ・ドイツにおける農業労働者の状態』未來社、2003年。

————（武藤一雄、薗田宗人、薗田坦訳）『宗教社会学』創文社、1976年。

————（厚東洋輔訳）「経済と社会集団」、尾高邦雄編『世界の名著50　ウェーバー』中央公論新社、1975年、485-598頁。

Z

スラヴォイ・ジジェク（鈴木俊弘、増田久美子訳）『厄介なる主体１・２——政治的存在論の空虚な中心』青土社、2005／2007年。

マ　行

ラ　行

ワ　行

タ　行

ナ　行

ハ　行

人名索引

著者略歴

サンドロ・メッザードラ（Sandro Mezzadra）
1963年生。ボローニャ大学政治・社会科学研究科教員。現代政治理論、社会理論を専門とし、ヨーロッパの移民研究における第一人者のひとり。ポスト・オペライズモを牽引する知識人として知られる。マルクスやポストコロニアルという概念を用いて、グローバル資本主義の批判分析に取り組む。また、政治的ヨーロッパをめぐる昨今の論争にも積極的に介入してきた。翻訳に以下がある。『金融危機をめぐる10のテーゼ　金融市場・社会闘争・政治的シナリオ』（アンドレア・フマガッリとの共編、朝比奈佳尉、長谷川若枝訳、以文社、2010年）、「社会運動として移民をイメージせよ？　移民の自律性を思考するための理論ノート」（北川訳、『空間・社会・地理思想』12号、2008年）、「ポストコロニアル状況」「方法としての境界、あるいは労働の多数化」（ともに北川訳、『空間・社会・地理思想』13号、2010年）、「地中海の自由」（柱本元彦訳、『現代思想』2011年9月）。

訳者略歴

北川眞也（きたがわ　しんや）
1979年大阪府生。関西学院大学大学院文学研究科博士課程修了。博士（地理学）。現在、三重大学人文学部准教授。訳書に、フランコ・ベラルディ『ノー・フューチャー　イタリア・アウトノミア運動史』（廣瀬純との共訳、洛北出版、2010年）。論文に、「移動＝運動＝存在としての移民　ヨーロッパの「入口」としてのイタリア・ランペドゥーザ島の収容所」（『VOL』第4号、2010年）、「ヨーロッパ・地中海を揺れ動くポストコロニアルな境界　イタリア・ランペドゥーザ島における移民の「閉じ込め」の諸形態」（『境界研究』3号、2012年）、「大都市をいまここでスクウォットせよ　ミラノ郊外における社会的場所への欲求」（『社会文化研究』第17号、2015年）、「移民の墓場と化す地中海　ヨーロッパに求められる応答責任」（竹中克行編『グローバル化時代の文化の境界　多様性をマネジメントするヨーロッパの挑戦』昭和堂、2015年）など。

ISBN 978-4-409-24103-5 C3036

逃走の権利
——移民、シティズンシップ、グローバル化

二〇一五年　一一月一〇日　初版第一刷印刷
二〇一五年　一一月二〇日　初版第一刷発行

著　者　サンドロ・メッザードラ
訳　者　北川眞也
発行者　渡辺博史
発行所　人文書院
〒六一二-八四四七
京都市伏見区竹田西内畑町九
電話〇七五(六〇三)一三四四
振替〇一〇〇〇-八-一一〇三

印刷　創栄図書印刷株式会社
製本　坂井製本所
装丁　上野かおる

書名	副題	著者	判型・頁数	価格
日本哲学原論序説	拡散する京都学派	檜垣立哉	四六上二八四頁	価格三五〇〇円
「聖戦」の残像	知とメディアの歴史社会学	福間良明	四六並四三〇頁	価格三六〇〇円
カリブ－世界論	植民地主義に抗う複数の場所と歴史	中村隆之	四六上四四〇頁	価格四〇〇〇円
いくつもの声	ガヤトリ・C・スピヴァク日本講演集	星野俊也編 本橋哲也・篠原雅武訳	四六上一五〇頁	価格一八〇〇円
フーコーの美学	生と芸術のあいだで	武田宙也	四六上三一六頁	価格三八〇〇円
制御と社会	欲望と権力のテクノロジー	北野圭介	四六並三七〇頁	価格三〇〇〇円
沖縄闘争の時代1960／70	分断を乗り越える思想と実践	大野光明	四六上三四〇頁	価格三八〇〇円
思想としてのミュージアム	ものと空間のメディア論	村田麻里子	四六上二九〇頁	価格三二〇〇円

（2015年11月現在、税抜）